思想的・睿智的・獨見的

經典名著文庫

學術評議

丘為君　吳惠林　宋鎮照　林玉体　邱燮友
洪漢鼎　孫效智　秦夢群　高明士　高宣揚
張光宇　張炳陽　陳秀蓉　陳思賢　陳清秀
陳鼓應　曾永義　黃光國　黃光雄　黃昆輝
黃政傑　楊維哲　葉海煙　葉國良　廖達琪
劉滄龍　黎建球　盧美貴　薛化元　謝宗林
簡成熙　顏厥安（以姓氏筆畫排序）

策劃　楊榮川

五南圖書出版公司 印行

經典名著文庫

學術評議者簡介（依姓氏筆畫排序）

- 丘為君　美國俄亥俄州立大學歷史研究所博士
- 吳惠林　美國芝加哥大學經濟系訪問研究、臺灣大學經濟系博士
- 宋鎮照　美國佛羅里達大學社會學博士
- 林玉体　美國愛荷華大學哲學博士
- 邱燮友　國立臺灣師範大學國文研究所文學碩士
- 洪漢鼎　德國杜塞爾多夫大學榮譽博士
- 孫效智　德國慕尼黑哲學院哲學博士
- 秦夢群　美國麥迪遜威斯康辛大學博士
- 高明士　日本東京大學歷史學博士
- 高宣揚　巴黎第一大學哲學系博士
- 張光宇　美國加州大學柏克萊校區語言學博士
- 張炳陽　國立臺灣大學哲學研究所博士
- 陳秀蓉　國立臺灣大學理學院心理學研究所臨床心理學組博士
- 陳思賢　美國約翰霍普金斯大學政治學博士
- 陳清秀　美國喬治城大學訪問研究、臺灣大學法學博士
- 陳鼓應　國立臺灣大學哲學研究所
- 曾永義　國家文學博士、中央研究院院士
- 黃光國　美國夏威夷大學社會心理學博士
- 黃光雄　國家教育學博士
- 黃昆輝　美國北科羅拉多州立大學博士
- 黃政傑　美國麥迪遜威斯康辛大學博士
- 楊維哲　美國普林斯頓大學數學博士
- 葉海煙　私立輔仁大學哲學研究所博士
- 葉國良　國立臺灣大學中文所博士
- 廖達琪　美國密西根大學政治學博士
- 劉滄龍　德國柏林洪堡大學哲學博士
- 黎建球　私立輔仁大學哲學研究所博士
- 盧美貴　國立臺灣師範大學教育學博士
- 薛化元　國立臺灣大學歷史學系博士
- 謝宗林　美國聖路易華盛頓大學經濟研究所博士候選人
- 簡成熙　國立高雄師範大學教育研究所博士
- 顏厥安　德國慕尼黑大學法學博士

經典名著文庫025

判斷力批判

Kritik der Urteilskraft

康德（Immanuel Kant）著

李秋零 譯注

經典永恆・名著常在

五十週年的獻禮・「經典名著文庫」出版緣起

總策劃 楊榮川

閱讀好書就像與過去幾世紀的諸多傑出人物交談一樣——笛卡兒

五南，五十年了。半個世紀，人生旅程的一大半，我們走過來了。不敢說有多大成就，至少沒有凋零。

五南忝爲學術出版的一員，在大專教材、學術專著、知識讀本出版已逾壹萬參仟種之後，面對著當今圖書界媚俗的追逐、淺碟化的內容以及碎片化的資訊圖景當中，我們思索著：邁向百年的未來歷程裡，我們能爲知識界、文化學術界做些什麼？在速食文化的生態下，有什麼值得讓人雋永品味的？

歷代經典・當今名著，經過時間的洗禮，千錘百鍊，流傳至今，光芒耀人；不僅使我們能領悟前人的智慧，同時也增深加廣我們思考的深度與視野。十九世紀唯意志論開創者叔本華，在其〈論閱讀和書籍〉文中指出：「對任何時代所謂的暢銷書要持謹慎的態度。」他覺得讀書應該精挑細選，把時間用來閱讀那些「古今中外的偉大人物的著作」，閱讀那些「站在人類之巔的著作及享受不朽聲譽的人們的作品」。閱讀就要「讀原著」，是他的體悟。他甚至認爲，閱讀經典原著，勝過於親炙教誨。他說：

「一個人的著作是這個人的思想菁華。所以，儘管一個人具有偉大的思想能力，但閱讀這個人的著作總會比與這個人的交往獲得更多的內容。就最重要的方面而言，閱讀這些著作的確可以取代，甚至遠遠超過與這個人的近身交往。」

爲什麼？原因正在於這些著作正是他思想的完整呈現，是他所有的思考、研究和學習的結果；而與這個人的交往卻是片斷的、支離的、隨機的。何況，想與之交談，如今時空，只能徒呼負負，空留神往而已。

三十歲就當芝加哥大學校長、四十六歲榮任名譽校長的赫欽斯（Robert M. Hutchins, 1899-1977），是力倡人文教育的大師。「教育要教眞理」，是其名言，強調「經典就是人文教育最佳的方式」。他認爲：

「西方學術思想傳遞下來的永恆學識，即那些不因時代變遷而有所減損其價值的古代經典及現代名著，乃是眞正的文化菁華所在。」

這些經典在一定程度上代表西方文明發展的軌跡，故而他爲大學擬訂了從柏拉圖的《理想國》，以至愛因斯坦的《相對論》，構成著名的「大學百本經典名著課程」。成爲大學通識教育課程的典範。

歷代經典·當今名著，超越了時空，價值永恆。五南跟業界一樣，過去已偶有引進，但都未系統化的完整舖陳。我們決心投入巨資，有計劃的系統梳選，成立「經典名著文庫」，希望收入古今中外思想性的、充滿睿智與獨見的經典、名著，包括：

- 歷經千百年的時間洗禮，依然耀明的著作。遠溯二千三百年前，亞里斯多德的《尼各馬科倫理學》、柏拉圖的《理想國》，還有奧古斯丁的《懺悔錄》。
- 聲震寰宇、澤流遐裔的著作。西方哲學不用說，東方哲學中，我國的孔孟、老莊哲學，古印度毗耶娑（Vyāsa）的《薄伽梵歌》、日本鈴木大拙的《禪與心理分析》，都不缺漏。
- 成就一家之言，獨領風騷之名著。諸如伽森狄（Pierre Gassendi）與笛卡兒論戰的《對笛卡兒沉思錄的詰難》、達爾文（Darwin）的《物種起源》、米塞斯（Mises）的《人的行爲》，以至當今印度獲得諾貝爾經濟學獎阿馬蒂亞・森（Amartya Sen）的《貧困與饑荒》，及法國當代的哲學家及漢學家朱利安（François Jullien）的《功效論》。

梳選的書目已超過七百種，初期計劃首爲三百種。先從思想性的經典開始，漸次及於專業性的論著。「江山代有才人出，各領風騷數百年」，這是一項理想性的、永續性的巨大出版工程。不在意讀者的眾寡，只考慮它的學術價值，力求完整展現先哲思想的軌跡。雖然不符合商業經營模式的考量，但只要能爲知識界開啓一片智慧之窗，營造一座百花綻放的世界文明公園，任君遨遊、取菁吸蜜、嘉惠學子，於願足矣！

最後，要感謝學界的支持與熱心參與。擔任「學術評議」的專家，義務的提供建言；各書「導讀」的撰寫者，不計代價地導引讀者進入堂奧；而著譯者日以繼夜，伏案疾書，更是辛苦，感謝你們。也期待熱心文化傳承的智者參與耕耘，共同經營這座「世界文明公園」。如能得到廣大讀者的共鳴與滋潤，那麼經典永恆，名著常在。就不是夢想了！

二〇一七年八月一日　於

五南圖書出版公司

導讀

臺灣大學哲學系副教授　楊植勝

一、《判斷力批判》的二分法，以及康德哲學的整體性與三分法

《判斷力批判》是康德三部批判作品（通稱「三大批判」）的最後一部。全書的結構延續前兩部，採取二分法的章節區分方式。首先，「判斷力的批判」二分爲「審美判斷力（die ästhetische Urteilskraft/ the aesthetic power of judgment）的批判」與「目的論判斷力（die teleologische Urteilskraft/ the teleological power of judgment）的批判」。其次，在「審美判斷力的批判」裡，再二分出「審美判斷力的分析論」與「審美判斷力的辯證論」；而在「目的論判斷力的批判」裡，再二分出「目的論判斷力的分析論」與「目的論判斷力的辯證論」。最後，在「審美判斷力的分析論」裡，又二分出「美者（das Schöne/ the beautiful）的分析論」與「崇高者（das Erhabene/ the sublime）的分析論」。熟悉前兩部批判作品的讀者，對於康德這樣的二分法結構必不陌生。

在康德文本各式各樣的二分法當中，尤以「分析論」（Analytik/ analytic）與「辯證論」（Dialektik/ dialectic）的二分法最常見，在三大批判裡都看得到。大體上，所謂的分

析論是建構性的，辯證論才具有對認識能力（理論理性、實踐理性、判斷力）的批評。如果康德所謂的「批判」（Kritik/ critique）有負面、否定，也就是我們口語說的「批評」的意思，那麼三大批判的「批判」就擺放在各部批判的「辯證論」當中。以《判斷力批判》爲例，康德對於審美判斷力的「批判」，擺放在「審美判斷力的辯證論」當中；而對於目的論判斷力的「批判」，則放在「目的論判斷力的辯證論」當中。相對於這樣的理解批判，有些學者因爲側重康德哲學建構性的面向，從而用正面、肯定的意思來解釋康德的「批判」一詞，例如定義批判爲「尋找可能性條件」，結果就把三大批判的重心擺放在各部批判的「分析論」當中。不論康德所謂的「批判」意義爲何，任何負面、否定的批評都必須建立在正確的理解上；因此，正面、肯定的建構當然要先於批判，也就是說，分析論要先於辯證論。對於一個需要導讀的康德哲學入門者，主要目的在理解康德所建構的判斷力是什麼，因此這篇導讀的重點擺放在分析論，而非辯證論，尤其是與美學密切關聯的「美」與「崇高」的分析論。

面對《判斷力批判》結構上這麼多層次的二分法，我們卻要從一個相反的觀點來理解這部作品，就是，它的主旨在於消弭康德哲學前兩部批判所出現的二元分裂，建立一個統一的哲學整體，也就是本書「導論」第三節的標題：「作爲哲學的這兩個部分結合成爲一個整體的手段的判斷力批判」。在這個標題中「哲學的這兩個部分」指的是「自然概念」（Naturbegriff/ concept of nature）的領域與「自由概念」（Freiheitsbegriff/ concept of freedom）的領域，或「顯象」（Erscheinung/ appearance）的領域與「物自身」（Ding an sich/ thing in itself）的領域，或就人的認識能力而言，「知性概念」（Verstandesbegriff/ concept of understanding）的領域與「理性概念」（Vernunftsbegriff/ concept of reason）的領域——不論康德用什麼名稱，這兩個領域大致相當於康德的前兩部批判，《純粹理性批判》與《實踐理性批判》，也就是他的理論哲學與實踐哲學，或自然哲學與道德哲學。康德哲學這兩者之間的分裂招致許多批評。《判斷力批判》的目的之一，就在建構連結兩者的可能性，如「導論」第二節所說：「現在，雖然在作爲感性東西的自然概念領域和作爲超感性東西的自由概念領域之間，強化了一道明顯的鴻溝，以至於從前者到後者（因而憑藉理性的理論應用）不可能有任何過渡，就好像這是兩個不同的世界，前一個世界不能對後一個世界有任何影響似的；但是，後一個世界畢竟應當對前一個世界有影響；也就是說，自由概念應該使透過它的法則所提出的目的，在感官世界中成爲現實。因此，自然必須也能夠這樣來設想，即它的形式的合法則性至少與要在它裡面造就的目的，按照自由法則的可能性相協調。」這個在自然當中能夠「與要在它裡面造就的目的，按照自由法則的可能性相協調」的東西，叫作「自然的形式合目的性」（die formale Zweckmäßigkeit der Natur/ the formal purposiveness of nature）。在康德前兩部批判裡，自然原本是沒有目的可言的；有目的可言的是自由概念的領域。但是在《判斷力批判》裡，藉由自然的形式合目的性，康德連結了自然概念的領域與自由概念的領域。

剛剛提到，自然原本是沒有目的可言的；所以「自然的形式合目的性」並不屬於自然，而是屬於人的認識能力當中的「判斷力」（Urteilskraft/ power of judgment）。康德稱它是判斷力的「先驗原則」（transzendentales Prinzip/ transcendental principle）。當我們的判斷力把它的這個先驗原則加在自然之上時，我們就會產生「愉快」（Lust/ pleasure）的情感。這種來自於判斷力先驗原則的愉快情感，也是我們在審美或鑑賞時所出現的愉悅感（Wohlgefallen/ satisfaction）。這樣，康德就把判斷力與審美乙事連結了起來；判斷力成爲人的審美的能力。對康德而言，審美不只是經驗的事情，而且是先驗的；詳言之，人在審美的時候，不單單只是用他的感官被動地經驗外在的事物，而且更重要地，用他的判斷力，主動地把合目的性的先驗原則加在審美的對象上。經驗是個人的、特殊的，但是先驗則是普遍的，是一種「人同此心，心同此理」的主體本質。康德據此說明審美產生愉快情感的普遍性，如「導論」第七節所言：「一個人在對一個對象的形式的純然反思中不考慮一個概念就感到愉快，儘管這個判斷是經驗性的，是一個個別的判斷，他也有理由要求任何人贊同；因爲這種愉快的根據是在反思性判斷的普遍的、儘管是主觀的條件中，亦即在一個對象（無論是自然的產物，還是藝術的產物）與諸認識能力相互之間的關係之合目的的協調一致中被發現的，這些認識能力是爲每一個經驗性知識（想像力和知性的經驗性知識）所要求的。」

在《判斷力批判》裡，判斷力與它的先驗原則（自然的形式合目的性）不但鋪陳出一套康德美學，也把康德的前兩部批判二元分裂的領域加以連結，建立一個統一的哲學整體。在這個哲學整體裡，出現了一個鼎足而立的三分局面，就是知識、道德與審美，它們剛好對應到人世間眞、善、美三種內在價值。要注意的是，這三者對康德而言並不是無差別並列的，因爲知識屬於自然概念的領域，道德屬於自由概念的領域，但是審美則沒有它自己的概念領域。康德把判斷力與它的先驗原則比作「橋」，連結自然與自由兩個截然二分的領域。因此，如果我們把判斷力放在中間，那麼，在康德的先驗哲學裡，就出現知性（涉及自然概念的領域）、判斷力（連結兩個領域的橋）與理性（涉及自由概念的領域）三種高級的認識能力。這三種高級的認識能力對應到人的認知、情感與意志，也就是所謂的「知、情、意」三種心靈的作用。據此，我們可以說，康德的三大批判——《純粹理性批判》探討人心靈的認知作用，解釋了人類文化的知識現象；《實踐理性批判》探討人心靈的意志作用，解釋了人類文化的道德現象；而《判斷力批判》則探討人心靈的情感作用，解釋了人類文化的審美現象。總而言之，知識、道德與審美是康德思想中人類三大普遍的文化現象；他的三大批判從人主體的知性、理性與判斷力三種認識能力，或認知、意志與感情三種心靈作用，來解釋這三大文化現象。這就是康德整體哲學的三分法。

二、《判斷力批判》對「美」的四個解釋

在「美者的分析論」裡，康德按照鑑賞判斷的四個「契機」（Momente/ moments），「質」、「量」、「關係」與「模態」（Modalität/ modality），分別導出一個對於美的解釋，因而共有四個解釋。一般人都會注意到，四個契機的區分對應康德在《純粹理性批判》對判斷裡知性的邏輯功能（logische Funktion des Verstandes/ logical function of the understanding）與範疇（Kategorien/ categories）的區分。其中唯一的不同是「質」與「量」的先後次序：《純粹理性批判》裡判斷與範疇的區分次序是「量」、「質」、「關係」與「模態」；而美的四個契機的區分次序是「質」、「量」、「關係」與「模態」。

但是在美的四個契機裡，其實還含有《純粹理性批判》的另一個特徵，我稱之爲「康德慣用的伎倆」。這個伎倆是，首先，引介兩個一般人認爲互相等同的概念，例如A與B。相對於A存在「非A」的概念，相對於B則存在「非B」的概念。一般人既然認爲A＝B，因此當然也認爲「非A」＝「非B」。康德分析一個個別的概念x常見的做法是：指出x隸屬於A，但並不屬於B（而是屬於「非B」），從而區畫出x在A且「非B」之內。這就是康德慣用伎倆的模式。

在《純粹理性批判》的「導論」裡，康德試圖分析所謂「科學的知識」；科學知識就是x。他首先區分兩種知識——「純粹知識」（die reine Erkenntnis/ pure cognition）

與「經驗知識」（die empirische Erkenntnis/ empirical cognition），或稱「先天的」（a priori）知識與「後天的」（a posteriori）知識。這兩種知識窮盡一切知識，所以如果說先天的知識是A，那麼後天的知識就是「非A」。接著，康德又區分兩種命題或判斷——「分析判斷」（die analytische Urteile/ analytic judgments）與「綜合判斷」（die synthetische Urteile/synthetic judgments）。這兩種判斷窮盡一切判斷，所以如果說分析判斷是B，那麼綜合判斷就是「非B」。在康德以前，很多哲學家——包括理性主義的萊布尼茲（Leibniz）與經驗主義的休姆（Hume）——都認爲，如果一個判斷是先天的，就是分析的，反之亦然（A＝B）；而如果一個判斷是後天的，就是綜合的，反之亦然（「非A」＝「非B」）。康德卻主張，一來，因爲科學的知識必須具有必然性與普遍性，所以它必須是先天的（A），不能是後天的；二來，因爲科學的知識必須能夠帶給人新知，所以它必須用綜合判斷表述（非B），不能用分析判斷表述。合而言之，科學的知識就是用「先天綜合判斷」（synthetische Urteile a priori/ synthetic judgments a priori）（A且非B）所表述的知識。《純粹理性批判》的任務既然是在爲科學的知識奠基，因此它的問題就是：先天綜合判斷如何可能？這是康德的第一批判所要解決的問題。

上述出現在《純粹理性批判》「導論」裡的分析，在《判斷力批判》「美者的分析論」的四個契機一而再、再而三、三而四地出現。在這四個契機，康德都是要分析「美者」的概念；美者就是x。

在第一契機，康德依照「質」來分析美，說美者是一種「愉悅」（A）的對象。愉悅的概念，一般的看法認爲與「興趣」（Interesse/ interest）（B）的概念一致，也就是說，令人愉悅就是令人感興趣，反之亦然（A＝B）。可是康德認爲興趣還連結著對象實際存在的想法；那就涉及欲望。但美是不涉及欲望的。對康德而言，有興趣的愉悅對象或者是「適意者」（das Angenehme/ the agreeable），或者是「善者」（das Gut/ the good），都不是美者；美者只有愉悅（A），沒有興趣（非B）。所以在這個契機，他對美的解釋是「不帶任何興趣的愉悅之對象」（x是A且非B）。

在第二契機，康德依照「量」來分析美，說美是一種具有「普遍性」（Allgemeinheit/ universality）（A）的愉悅對象。普遍性的概念，一般的看法認爲與「客觀性」（objektivität/ objectivity）（B）的概念一致，也就是說，普遍的都是客觀的，反之亦然（A＝B）；而特殊的則是主觀的，反之亦然（「非A」＝「非B」）。可是康德認爲審美雖然會普遍地愉悅人（A），卻是主觀地愉悅人，從而不具有客觀性（非B），因此美所具有的是一種「主觀的普遍有效性」（subjektive Allgemeingültigkeit/ subjectively universal validity）。具有客觀性的對象，可以在我們內心形成一個「概念」（Begriff/ concept）；美既然不具有客觀性，就不能形成一個概念。所以在這個契機，康德對美的解釋是「無須概念而普遍地令人愉悅的對象」（x是A且非B）。

在第三契機，康德依照「關係」來分析美，說美具有「合目的性」（Zweckmäßigkeit/

purposiveness）（A）。合目的性的概念，一般的看法認爲要與「目的」（Zweck/purpose）（B）的概念連結在一起，也就是說，要合目的，就表示有一個目的在；目的與合目的性是不可分離的（A＝B）。可是對於康德而言，如果一個人的愉悅是因爲達到了他的目的，那就不是美（而是善）了；美是不應該有目的的。因此美只具有「合目的性」的形式（A），而沒有一個「目的」的內容在（非B）。所以在這個契機，康德對美的解釋是「一個對象合目的性的形式，如果這形式無須一個目的的表象而在對象身上被感知到的話」（x是A且非B）。

在最後一個契機，康德依照「模態」來分析美，說美具有「必然性」（Notwendigkeit/necessity）（A），必然令人愉悅。與第二契機一樣地，一般的看法認爲必然性的概念與「客觀性」（B）的概念一致，也就是說，必然的都是客觀的，反之亦然（A＝B）；而偶然的則是主觀的，反之亦然（「非A」＝「非B」）。可是康德認爲審美雖然必然地令人愉悅（A），卻是主觀地令人愉悅，從而不具有客觀性（非B）。如上所述，美不具有客觀性，就不能形成一個概念。所以在這個契機，康德對美的解釋是「無須概念而被認識爲一種必然的愉悅之對象」（x是A且非B）。

三、《判斷力批判》對「崇高」與「美」的比較

「崇高」是西方美學的一個審美範疇，在美學的發展過程中，與「美」形成一個對比，構成近代歷史當中一種美學的二元性。我曾寫過一篇論文，〈論西方歷史中美學的二元性〉（刊載於《揭諦》第七期），解釋這個美學的二元性在西方歷史中到尼采爲止不同概念的發展。這裡只能介紹其中康德美學的部分。在他的《判斷力批判》的第二十三節，比較美者與崇高者的異同。我就以下三點論述這個異同，從中說明康德的崇高概念。

第一，美者與崇高者都「取悅」（gefällt/ pleases）人（本書譯爲「讓人喜歡」），也就是兩者都會帶給人愉悅感，而且不帶有所謂的「興趣」。但是美是直接帶給人愉悅感，崇高卻用間接的方式達到這個效果。這是因爲美本身就是正面的、肯定的，或者用口語來說，可愛的，所以人一看到美的事物，愉悅就油然而生。人會直接喜愛美的事物；但是對於崇高的事物則否，因爲它們總是令人生畏。一種令人生畏的事物是如何帶給人愉悅？康德說：「後者（崇高者的情感）則是一種僅僅間接地產生的愉快；也就是說，這使得它乃是透過一種對生命力的瞬間阻礙，以及接踵而至的生命力更爲強烈的湧流的情感而產生的。」這意思是，崇高先帶給人負面的、否定的感受——「對生命力的瞬間阻礙」——也就是不快或痛苦，然後因爲跟著一股「生命力更爲強烈的湧流的情感」沖走了阻礙，蓋過了原本的不快或痛苦，所以才會產生愉悅感。康德因此給出這樣的結語：「對崇高者的愉悅就與其說包含

著積極的愉快，倒不如說包含著驚讚和敬重；也就是說，它應當被稱爲消極的愉快。」人對美者的感情是「愛」，但是對崇高者的感情是「敬」。敬不是不快或痛苦，但是敬不像愛那麼直接喜歡或正面肯定；在敬的喜歡裡包含有不快與痛苦，在敬的正面肯定裡包含有負面的否定。這是美與崇高的第一個差異。

第二，美者與崇高者之所以能夠取悅人的原因，都在於它們協調了人內在不同的認識能力。但是美所涉及的不同認識能力是知性和想像力，而崇高所涉及的不同認識能力是理性和想像力。美與崇高在這裡所涉及的知性與理性兩種能力的區別，顯示引起它們的審美經驗對象是有別的。知性是人有關認知的能力；它與感性的對象有密切的關係：感性的對象用它在「有限性」（Begrenzung/ limitation）當中的「形式」（Form/ form，例如視覺上的形狀）顯現給感官，使人從中獲得審美經驗。因此，「有形」與「有限」正是美者的特性；美的事物不可能沒有一個有限的形式。相對於美，崇高所涉及的理性並不是認識能力當中涉及「認知」的能力，而是進一步做出「推理」的能力。這種能力會脫離感性的對象，從有限推往「無限」（Unbegrenztheit/ limitlessness），從部分推到整體。因此，當審美經驗涉及理性的時候，它就超越了眼前有形有限的對象，而進入「無形」（formlos/ formless）無限對象之化境。崇高者的「無形」與「無限」，是它與美者的第二個差異。

從《判斷力批判》第二十五節起，康德把這個無形無限的崇高二分爲「數學的崇高」（mathematisch-Erhabene/ mathematically sublime）與「力學的崇高」（dynamisch-

Erhabene/ dynamically sublime）來分別說明。數學的崇高指的是量體上無限大（康德稱之爲「絕對的」大）。因爲是無限大，當然就無形狀可言。至於力學的崇高，則是在「威力」（Macht/ power）上無限大。要注意的是，現實的感性事物，不管在量體上多麼大，或在威力上多麼大，都不可能大到無限大。所以「無限大」的這個無限性不來自於審美經驗的對象，而來自於審美經驗的主體。這也就是說，崇高的感受不但不限定在感性的對象上，而且，與美的感受相比，含有更多的主體性。在「力學的崇高」裡，康德沿用英國美學家柏克（Burke）對崇高所做的一個令人印象鮮明的說法——「雖然看似很可怕，但是己身很安全」。因爲如果己身是不安全的，也就是說，人陷入了險境，那麼他的內心當中就只有恐懼，而不會有審美的感受。但是康德把柏克的說法更進一步推向主體：「只要我們處身於安全之中，則它們的景象越是可畏懼，就將越是吸引人；而我們樂意把這些對象稱爲崇高，乃是因爲它們把靈魂的力量提高到其日常的中庸之上，並讓我們心中的一種完全不同性質的阻抗能力顯露出來，這種能力使我們鼓起勇氣，能夠與自然表面上的萬能相較量。」（第二十八節）從這句話的後半部可以看得出來，康德的崇高根本的重心已經不在引起崇高的對象上，而轉向他所謂的「我們心中的一種完全不同性質的阻抗能力」。這個阻抗能力要留待第三點才能解釋。

第三，不論是美者與崇高者所帶給人的愉悅感，還是他們所協調的認識能力，都是來自於判斷力加諸審美對象的合目的性。因爲這個合目的性如前所述，是先驗的，所以對審美對象所做美或崇高的判斷，就每個主體而言，都是普遍有效的判斷。這是兩者之所同。但是在另一方面，就合目的性所座落的位置而言，兩者卻有不同。美的合目的性比較簡單，它就座落在審美對象上。因爲，正如美所帶給人的愉悅感是直接的一樣，它的合目的性也彷彿早就已經存在審美對象的形式當中。這也就是說，美的感受有一個相應的獨立對象，彷彿這個對象就是美的一樣（其實是人的判斷力把合目的性的先驗原則加在它上面）。崇高則非如此。因爲崇高的審美對象根本不是「合目的的」；反而，它是「違背目的的」（zweckwidrig/ contrapurposive）。試想，一個會令人生畏的事物，怎麼能夠讓判斷力把合目的性加在它上面？以至於康德會說：「當我們把某個自然對象稱爲崇高的時候，我們表達得根本不正確，儘管我們能夠完全正確地把很多自然對象稱爲美的。」

現在，如果把自然對象稱爲崇高根本不正確，那麼，到底是什麼崇高？康德所給的答案，令人驚訝地，是感受到崇高的我們自己心靈裡的「理念」（Ideen/ ideas）：「對象適用於展現一種可以在心靈中發現的崇高；因爲眞正的崇高不能包含在任何感性的形式中，而是僅僅涉及理性的理念：雖然不可能有任何與這些理念相適合的展現，但這些理念卻正是透過這種可以感性地予以展現的不適合性而被啟動，並被召喚到心靈之中的。」這樣，康德就對崇高做出一個「哥白尼式的翻轉」（Kopernikanische Wende/ Copernican turn）。因爲一般人總以爲，說崇高，是審美的對象，也就是客體崇高；審美者只是欣賞到了那個客體的崇高。現在康德卻把主體與客體倒過來，說是在我們心靈裡理性的理念崇高；至於客體，作爲審美的對象，只是扮演了一個觸發的角色，讓眞正崇高的理念「被啓動，並被召喚到心靈之中」。

同樣也在這一點上，康德又一次區別美者與崇高者。在之前的一段引文裡，康德關於美的說法是，「我們能夠完全正確地把很多自然對象稱爲美的」，但是關於崇高，他卻認爲，「當我們把某個自然對象稱爲崇高的時候，我們表達得根本不正確。」現在我們可以理解癥結在於，康德雖然在一方面同意美感的重心是在審美的對象上；但是在另一方面，對於崇高感，他卻不同意把重心放在審美對象上，而要放在主體——他的理性的理念——上。這是一個令人詫異的對比。康德究竟有什麼理由，讓他用這樣的方式來設想崇高？在前一點裡曾經提到，現實的感性事物，不管在量體上多麼大，或在威力上多麼大，都不可能大到無限大；只有理念才有可能無限大。因此，如果崇高者的特性是「無形」與「無限」，那麼現實的感性事物就不可能是崇高的；只有理念才會是崇高的。而且，因爲理念是我們理性能力的產物，所以理性就是前述「我們心中的一種完全不同性質的阻抗能力」。

這顯示了崇高相對於美的第三個差異，就是，當美的合目的性座落在審美對象上，崇高的合目的性其實是座落在審美的主體心靈中，如康德所說：「自然的崇高者的概念遠不如自然中的美者的概念那樣重要和富有結果；它所表明的根本不是自然中的合目的的東西，而只是其直觀的可能應用中的合目的的東西，爲的是使一種完全不依賴於自然的合目的性在我們自己心中能夠被感覺到。」這個在自然當中所感覺到的「一種完全不依賴於自然」的合目的性，就是審美者自己的合目的性。在崇高的感覺裡，審美者在自然當中感覺到自己的合目的性凌駕於自然之上。康德的自然概念的領域與自由概念的領域原本是二分的。如果我們把他的自然概念理解爲中國哲學的「天」，而把自由概念理解爲中國哲學的「人」，那麼，崇高感也許類似於中國哲學所謂的「天人合一」；或者更好說，這是一種康德式的「天人合一」。康德用判斷力所帶給人的這種感覺，提供了連結自然概念與自由概念領域的可能性。

科學院版編者導言

威廉・文德爾班（Wilhelm Windelband）

《判斷力批判》的產生史的起跳點，恰恰就在於這本書的巨大歷史影響由以出發的地方：這就是在一個共同的觀點下討論美和藝術的問題與有機生命的問題。在這部著作的兩個部分中，作爲審美判斷力批判和目的論判斷力批判彼此並立的兩個實際領域，康德已各自長時間頻頻探討過了，並且激發了各種各樣的研究和表述；但是，兩個問題系列藉以同時獲得其在一個共同的原則之下的完成的那種趨同，卻絕沒有持續地和逐漸地透過建立兩個對象之間的實際關係而完成，而是相對迅速地和讓哲學家本人在某種意義上，驚喜地透過把兩個問題歸在批判哲學的一個形式上的基本問題之下來造就的。

對於康德來說，和對於整個十八世紀來說一樣，當其認識論的整個發展旨在於爲純粹自然科學，亦即爲牛頓的數學物理學理論找到哲學基礎的時候，對自然的目的論考察日益成爲一個主要的問題。這種純粹自然科學越是鮮明地集中於力學因果性的概念，有機生命就越是表現爲理論的自然解釋的一個邊界概念。這樣，康德在《一般自然史與天體理論》中就已經說明：在清楚完備地用力學理由說明一株草、一隻幼蟲的生成之前，卻能夠認識一切天體的形成、它們運動的原因；簡言之，能夠認識世界結構的整個當前狀況。①但是，在《純粹理性批判》中確立了關於純粹知性的範疇和原理的學說並原則上排除了目的概念之後，哲學家從他的理念學說出發，在他探討人類理性的自然辯證法的終極意圖的先驗辯證論附錄中，承認對自然的目的論考察具有範導性的意義，即是按照力學解釋的原理對世界上的事物的詳盡解釋表現爲不可能而言，可以這樣看待它們，就好像它們是從一個最高的理智獲得其存在似的。但是，研究有機目的論的問題的特殊誘因呈現給康德，是在與他的歷史哲學思考相聯繫的《人的種族的概念規定》中。康德在刊印於《德意志信使報》一七八八年一月號的《論目的論原則在哲學中的運用》這部作品中，爲他以上述發表在《柏林月刊》一七八五年十一月號的文章所採取的態度辯護，駁斥格奧爾格．福斯特爾（Georg Forster）的攻擊。這裡所陳述的原則，完全是當時在《純粹理性批判》和後來在《判斷力批判》中的原則，這些原則在那裡以其全部豐富多樣的運用而獲得了其更詳細的闡述。但是，這部在《實踐理性批判》完稿時寫就的作品中，沒有任何東西使人推論到作者在更大的維度上探討對象的意圖，沒有任何東西使人推論到這些問題應當與審美問題一起被置於其中的聯繫。

① 《前言》，見《康德全集》，第Ⅰ卷，二三〇頁。〔參見李秋零主編：《康德著作全集》，第一卷，二二六頁，北京，中國人民大學出版社，二〇〇三。——譯者注〕

康德早就以同樣強烈的個人旨趣追蹤著審美問題。《關於美感和崇高感的考察》就已經表現出從一個廣博的知識範圍出發的極爲豐富的機智評論，而從他的講演中，以及從他的反思中得出，他極爲熟悉他那個時代的美文學現象和藝術批判理論。[②]但是，他對此的旨趣最初僅僅是一種人類學的旨趣。他只是從心理學的立場出發考察這些對象，而且認爲相對於它們另一種學說的可能性在當時是被排除的。與此完全一致的是，康德在他的這個「經驗性的」時期在講臺上是完全在鮑姆加登（Baumgarten）的意義上，把美學當作邏輯學的補充並與之平行來探討的。如在《一七六五—一七六六年冬季學期課程安排的通告》中，邏輯學的預告的結尾處說道：「在這裡，同時材料上非常接近的淵源關係也提供了在理性批判的時候，也關注一些鑑賞力批判即美學的機會，其中一方的規則在任何時候都有助於闡明另一方的規則，而它們的區分也是更好地理解兩者的手段。」[③]康德實際上也繼續歸給鑑賞力問題以如此之多的重要性，以至於當他在一七七一年於教授就職論文之後計畫寫一部名爲

---

② 迄今，施拉普（Otto Schlapp）已經極爲詳盡地蒐集了大量的資料：《康德關於天才的學說和判斷力批判》，格廷根，一九〇一。

③ 《康德全集》，第II卷，三一一頁。〔參見李秋零主編：《康德著作全集》，第二卷，三一三頁，北京，中國人民大學出版社，二〇〇四。——譯者注〕

《感性和理性的界限》的著作時，他也想在其中討論這個問題。④對他來說，當時在根本上取決於，對基於人的不僅是感性而且還有知性的靈魂力量之主觀原則的東西與在整個世俗智慧中恰恰關涉對象的東西之區別的確定且清晰的認識，一般而言對人的最重要的目的有什麼重要的影響。如果在這種意義上，構成鑑賞學說、形而上學和道德之本性的東西的構想也應當包含在所計畫的著作中，那麼，這顯然具有如下的意義，即鑑賞學說會被闡述爲一種純粹經驗性的、不爲先天原則所規定的學說。因爲康德在《純粹理性批判》中還持這種立場，那裡在導論中關於先驗感性論是這樣說的：「唯有德國人如今在用感性論這個詞，來表示別人叫做鑑賞力批判的東西。在此，作爲基礎的是傑出的分析家鮑姆嘉登所持有的一種不適當的希望，即把對美的批判性判斷置於理性原則之下，並把這種判斷的規則提升爲科學。然而，這種努力是徒勞的。因爲上述規則或者標準就其來源而言僅僅是經驗性的，因而絕不能充當我們的鑑賞判斷必須遵循的先天規律；毋寧說，鑑賞判斷構成了那些規則的正確性的眞正試金石。因此可取的是，使這一稱謂再次死亡，並把它保留給是眞正的科學的學說，這樣

---

④ 參見一七七一年六月七日康德致馬庫斯·赫茨（Marcus Herz）的信，見《康德全集》，第X卷，一一七頁。〔參見李秋零編譯：《康德書信百封》，三一頁，上海，上海人民出版社，二〇〇六。——譯者注〕

一來，人們也就會更爲接近古人的語言和意義。」⑤同樣，在先驗方法論中關於純粹理性的法規的一個注釋中說道：「所以，我們的判斷只要與快樂或者不快相關，從而也就是實踐判斷，其要素就不屬於先驗哲學的範圍。」⑥

但是，在對這些對象的進一步研究中，康德的表述逐漸地發生了變化。其手稿產生於一七八六年的《純粹理性批判》第二版，就已經對那個地方做了一個值得注意的改動。在這裡，說的不是「就其來源而言」，而是「就其最主要的來源而言」，不是「規律」，而是「確定的規律」。因此，在這個時刻，必定是審美活動中的一種哪怕極小程度的先天性至少不再被康德完全視爲不可能的了。此外，他在同一個地方除了建議再放棄鮑姆加登的術語之外，現在也還看到了別的可能性，即「與思辨哲學分享這一稱謂，並部分地在先驗的意義上、部分地在心理學的意義上接受感性論」⑦。但恰恰是這種術語上的讓步，後來發展到康德自己爲在今天的意義上使用「美學」和「審美的」這些表述作出了決定性的規定，在這

---

⑤《純粹理性批判》，第一版，二一頁注，見《康德全集》，第Ⅳ卷，三〇頁。〔參見李秋零主編：《康德著作全集》，第四卷，二四頁注，北京，中國人民大學出版社。——譯者注〕

⑥《康德全集》，第Ⅲ卷，五二〇頁。〔參見李秋零主編：《康德著作全集》，第三卷，五一一頁，北京，中國人民大學出版社，二〇〇四。——譯者注〕

⑦參見李秋零主編：《康德著作全集》，第三卷，四六頁。——譯者注

個地方卻畢竟表現出，他當時也還根本上是在心理學意義上對待應當意味著鑑賞批判的美學，並且對其與先驗訓練的平行地位不感興趣。

但顯而易見，他對這些問題的研究越來越達到如此完整的結果，以至於他在撰寫自己的倫理學代表作期間就在考慮鑑賞學說的批判闡述了。我們從貝林（Bering）致他的一封信（一七八七年五月二十八日）⑧中得知，萊比錫博覽會目錄已經預告了一七八七年康德的一部《鑑賞批判奠基》；而他自己在同年六月二十五日致許茨（Schütz）的一封信⑨中，除了告知他打算下星期把《實踐理性批判》的稿子寄往哈勒付印之外，在結尾處還說，他如今必須馬上轉向《鑑賞批判基礎》。根據這些表述，似乎不排除（本諾·埃德曼〔Benno Erdmann〕的）假定，即康德有一段時間曾打算像把《道德形而上學的奠基》置於《實踐理性批判》之前那樣，也讓一個類似的奠基走在《鑑賞批判》之前，它也許同樣有這樣的任務，即闡述從對美者的通俗理解到哲學的，亦即批判的探討的過渡。在這種情況下，它就會負有闡述康德自己對對象的考察的發展進程、它被從心理學立場轉移到先驗立場的使命。但是，康德是否認真地著手也在這個領域作出這樣一種劃分，卻無法再做出裁定。

---

⑧《康德全集》，第X卷，四六五頁。

⑨同上書，四六七頁。〔參見《康德書信百封》，一〇七頁。——譯者注〕

無論如何，一七八七年給康德帶來了鑑賞理論中的巨變。在一七八七年十二月二十八日致萊因霍爾德（Reinhold）的信⑩中，他就《關於康德哲學的通信》向萊因霍爾德表示感謝，同時把關於目的論原則的文章寄給他用於《德意志信使報》，這封信使人毫不懷疑，康德在研究鑑賞判斷時獲得的新認識在根本上返回到對以前所考察的能力的解析——「使我在人的心靈中發現的系統的東西，讚賞這種東西，盡可能地論證這種東西，為我的餘生提供了充足的素材」。康德的自白尤其重要，不僅是它一般而言使人認識到他的哲學思維方式中系統因素的重要性，而且清晰地說出，他的著作中最強有力的這一部，就在他由此發現自己被迫對自己的理解作出深刻的、出乎他意料之外的修改的意義上基於這種系統的因素的作用。他在這封信中明確地說，他沿著這條系統的道路已經在這個領域發現了先天原則，而他過去曾認為這是不可能的。他在這裡簡明扼要地刻畫了劃分一般而言的批判哲學的大綱，他事後在《判斷力批判》的導論中——確切地說在其兩種形式中同樣地——貫徹了這個大綱：「心靈具有三種能力：認識能力、愉快和不快的感覺以及欲求能力。我在純粹（理論）理性的批判裡發現了第一種能力的先天原則，在實踐理性的批判裡發現了第三種能力的先天原則。」因此，鑑賞批判的任務在這個時候就註定是發現愉快和不快的感覺的先天原

⑩《康德全集》，第X卷，四八七至四八八頁。〔參見《康德書信百封》，一〇九至一一〇頁。——譯者注〕

則，而康德則透過把哲學的這個部分與理論哲學和實踐哲學並列，稱之爲目的論。

如果不是康德在當時就已經獲得了這樣的認識，即審美判斷的先天性基於認識能力的共同作用中的主觀合目的性，從而基於建立在這上面的情感的普遍可傳達性，歸根結柢基於一般意識或者人性的超感性基底，那麼，把鑑賞批判等同於目的論就會是不可能的。實際上，在一七八七年夏天完稿的《實踐理性批判》的方法論中，就已經有如下的說明：「就像所有那些東西一樣，我們對它們的觀察在主觀上造就了對我們的各種表象能力的和諧的意識，而且在它們那裡我們感覺到我們的全部認識能力（知性和想像力）都得到了加強，它們就產生出一種也能傳達給別人的愉悅，此時客體的實存仍對我們來說是無所謂的，因爲它只被視爲覺察到我們心中那些才能的超出動物性之上的稟賦的誘因。」⑪是的，對美者的分析論的根本要點的這種簡練的預告在那裡是處在這樣一種聯繫之中，其中也談到有機組織的合目的性，甚至談到判斷力的「讓我們感覺到我們自己的認識能力的工作」，但當然只是以後來的系統聯繫至多在萌芽中可認識的方式來談的。對於理解使康德達到這個讓他自己也驚喜的結果的思想發展來說，我們並不擁有可靠的說明，因此我們依賴於在《判斷力批判》自身

⑪《康德全集》，第V卷，一六〇頁。〔參見李秋零主編：《康德著作全集》，第五卷，一六八頁，北京，中國人民大學出版社，二〇〇七。——譯者注〕

中所包含的對這個結果的論證。但據此就很清楚，新的認識對於康德來說產生自他對審美判斷的邏輯結構的研究。因此，對於他和他的審美哲學來說，絕對根本性的是，美者的分析論是按照他的範疇學說的圖式劃分的，而且不可忽視的是，恰恰是從這種探討方式中產生出的決定性疑難就在於如下問題：審美判斷的普遍有效性如何與其個別品性相統一。審美問題的這種表述以一種令人信服的類比接續著康德為說明其範疇學說而在《導論》中新提出的那個認識論區分：感知判斷與經驗判斷的區分。按照康德的理解，這種關係與關於適意者的判斷和關於美者的判斷之間關係的類似是直接顯而易見的。⑫康德在那裡發現，個別的感知判斷唯有透過附加上作為確立原則的一個範疇，亦即一個概念才能夠成為要求普遍性的經驗判斷。與此相反，在美的判斷這裡，這種借著一個概念的確立可以明確地被排除，而且由此這對於哲學家來說成為一個邏輯問題。在康德於那種主觀合目的性中揭示出雖有其形式上的個別性及其對概念的獨立性卻使人理解審美判斷的普遍性的那種先天因素的時刻，對他來說，美學必然從心理學的領域移入了先驗哲學的領域。這樣一來，如康德以蘇爾策、孟德爾頌和特滕斯同時的劃分所認定的那樣，靈魂生活的第三個領域，即情感，成了批判方法的對象。

---

⑫ 這種類似是在Fr.布倫克那裡闡述的：《美者和適意者在康德的判斷力批判中的分離》，萊比錫，一八八九。

儘管一七八七年十二月二十八日致萊因霍爾德的信，表達了對情感能力的這種哲學批判與目的論的等同，它在另一方面卻不包含絲毫暗示，說這個新發現的哲學部分也應當包含其他問題，而且它極爲特別地並不提供絲毫的依據，說預計需要美者的這種先驗美學與這樣一些問題有某種聯繫，就像它們通常在別的地方，並且也被康德同時稱爲目的論的那樣。對《判斷力批判》的體系整體形象來說，決定性的規定以及兩方面的問題與反思性的判斷力的基本原則的關係，在這段時間尚未找到，或者至少尚未達到清晰的認識和表述。因此，就連康德在一七八七年十二月二十四日寫信告訴馬庫斯·赫茨（Marcus Herz）很快結束自己整個哲學代表作的希望⑬，也沒有實現，而且不僅是他在一七八八年三月七日致萊因霍爾德的信中談到的校長事務⑭，然後是撰寫針對埃貝哈德（Eberhard）的爭論文章在這期間造成了延緩，而且主要是對首先在這裡表述的問題的重新布局，使得這部著作在一七八九年五月十二日致萊因霍爾德的信中第一次以「我的《判斷力批判》（鑑賞批判是其中的一個部分）」的標題可望在下一個米迦勒節博覽會上出現。⑮因此，現在才實現了審美問題與狹義

---

⑬《康德全集》，第X卷，四八六頁。

⑭ 同上書，五〇五頁。〔參見《康德書信百封》，一一三頁。——譯者注〕

⑮《康德全集》，第XI卷，三九頁。〔參見《康德書信百封》，一二六頁。——譯者注〕

的目的論問題在判斷力的原則下的統一：而問題是，康德哲學的這種最後轉變是如何被發現的。眾所周知，如今所說的判斷力作為反思性的判斷力，與康德在《純粹理性批判》中所探討的那種判斷力具有完全不同的意義，後者在「原理分析論」中被稱為先驗判斷力，正是關於它的原理分析論構成了先驗學說。現在，與這種規定性的判斷力對峙的是反思性的判斷力，它是應當包含著情感能力的先天功能之先驗條件的原則。

即便在這裡，對於康德來說，本質上系統的思考也是決定性的。對於他區分為表象能力、情感能力和欲求能力的靈魂生活三個領域來說，又只能夠在三種所謂的高級認識能力中去尋找先天的原則，如果這樣的原則存在的話。這三種高級認識能力就是知性、判斷力和理性。他在知性中，也就是說，在範疇和原理中找到了先天認識的原則，按照《實踐理性批判》的研究在狹義的「理性」中，找到了欲求能力或者純粹意志的原則。這樣，對於情感的先天來說，如果應當有這樣一種先天的話，就只剩下判斷力來作為源泉了。但是，判斷力不能夠以它在「純粹知性概念的先驗演繹」中所擁有的作為感性資料，歸攝於範疇之下的那種意義的形態來承擔這種功能。毋寧說，在這個場合必須假定判斷力的一種完全不同種類的功能。總的來說，康德把判斷力的本質視為把特殊的東西歸攝在普遍的東西之下。⑫

---

⑯ 參見《純粹理性批判》，見《康德全集》，第III卷，一三一頁：「判斷力就是在把某物歸攝在規則之下的能

在這種歸攝如此發生，使得普遍的東西特殊化爲特殊的東西能夠被視爲一種概念的必然性的地方，我們就能夠憑藉作爲一種先驗的或者經驗性的能力的規定性判斷力這樣做：康德在這種意義上於先驗分析論中，把先驗判斷力闡述爲憑藉純粹知性概念的圖形，把感性歸攝在範疇之下。現在康德發現，審美判斷爲自己所要求的必然性和普遍有效性，基於對象的形式對於認識能力亦即感性和知性的協調的主觀合目的性，但絕不是基於概念。因此，在這裡表現出這樣一種判斷力，其中被表象的對象不再爲了認識而與普遍概念相關，而毋寧是爲了情感而與一個合目的性原則以普遍有效的方式相關。這樣，康德就揭示出一種無須普遍概念的判斷力的原則，他把這種判斷力稱爲反思性的判斷力，其中特殊的東西被歸攝於其下的普遍的東西不是在概念中給出的，而是必須去尋找。⑰這樣一來，一方面找到了把像愉快和不快這樣總的來說完全是經驗性的情感與反思性的判斷力聯繫起來，並由此使它們獲得先天性質的道路，但另一方面也給出了這樣的可能性，即在認識活動的領域裡，在特殊的東西不可能

力。」〔參見《康德著作全集》，第三卷，一二五頁。——譯者注〕

⑰ 參見《純粹理性批判》，見《康德全集》，第Ⅲ卷，四二九頁，那裡在這種意義上把理性的不容置疑的和建構性的應用與或然的和範導性的應用區別開來了。〔參見《康德著作全集》，第三卷，四二一頁。——譯者注〕

以規定性的判斷力的形式歸攝在普遍的東西之下的地方，到處都讓反思性的判斷力來代替它。如果看不出雜多憑藉規定性的判斷力的概念功能的綜合統一，那麼，反思性的判斷力就能夠以雜多歸攝在一個統一的目的之下的原則來代替它。從因果機械性的概念預設出發不能理解其必然性的那些有機自然產物的合目的性，被反思性的判斷力在這種觀點下來審視。但特別是，這個原則適宜於補充康德在自然形而上學方面的努力。因為如果在自然形而上學中，從普遍的東西匯出特殊的東西、普遍的東西特殊化為特殊的東西沿著規定性的判斷力的概念道路行不通，因此，如果自然的特殊顯象和合目的性在一種概念上可認識的必然性的意義上依然是偶然的，那麼，我們當作自然來思維的顯象之綜合統一就可以按照反思性判斷力的原則，被視為一個合目的的整體。

因此，我們必須又到最普遍的邏輯認識論問題中尋找情感能力與狹義的所謂目的論問題之關係的起跳點。因為從後來所謂的有機存在者的客觀合目的性的觀點，到確立審美判斷的心靈狀態中的所謂主觀合目的性，並沒有直接的道路。在批判哲學的思想中促成最後的統一的中間環節，毋寧說在於康德稱為自然的特殊化問題的那些思考。這就是如下問題：從純粹知性的那些同時是按照「純粹知性概念的先驗演繹」由知性規定給自然的普遍法則的原理中，在多大程度上可以演繹出特殊的自然法則。這個問題對於康德來說，在他於《自然科學的形而上學初始根據》中透過定言原理與數學原則的結合，進一步深入自然法則體系的特殊性之後，依然是一個體系的主要旨趣，而且眾所周知，他在老年時以不知疲倦地更新的種種嘗試來致力於回答這個問題，這些嘗試就寫在關於從形而上學到物理學的過渡的遺稿中。至於他在《判斷力批判》產生的時間裡忙於這件事，我們是從致赫茨的信中看出的，他於一七八九年五月二十六日在這封信中寫道：「我已經是六十六歲的人了，但還肩負著一個廣泛的工作，要完成我的計畫。這一方面在於提交批判的最後部分，即判斷力部分，它不久即將問世；另一方面在於按照批判哲學的那些要求，撰寫一個形而上學體系，既有自然形而上學，也有道德形而上學。」[18]因此，他尚未承認《自然科學的形而上學初始根據》是自然形而上學，同樣沒有承認《實踐理性批判》是道德形而上學。但是，他當時還以完全批判性的尖銳認爲從先驗原則引出特殊的自然法則爲不可能的事情，而且他在這裡只發現了目的論考察的出路，據此，所有個別的、經驗性認識可接近的合法則性協調成一個統一的經驗體系，這應當被視爲自然對於認識活動的合目的性。這是目的論的反思性判斷力的基本觀點，它使目的論的反思性判斷力與審美的反思性判斷力得到直接的類比。因此，在《判斷力批判》的兩篇談到目的論問題的導論中——無論是在康德最終置於這部著作前面的導論中，還是在我們只是從西吉斯蒙德．貝克（Sigismund Beck）那裡知道其摘錄的導論中——，都不是首先關涉生物的合目的性問題，而毋寧說在原則上關涉自然作爲一個經驗體

---

⑱《康德全集》，第XI卷，四九頁。〔參見《康德書信百封》，一三六至一三七頁。——譯者注〕

系的統一性問題。在同樣的意義上，即便是對於《判斷力批判》的導論來說，自然的形式合目的性原則，也以第Ⅶ節和第Ⅷ節劃分爲「自然的合目的性的審美表象」和「自然的合目的性的邏輯表象」。顯然，這裡作爲基礎的，是從《純粹理性批判》得知的感性論和邏輯論的劃分圖式，而且像那裡與先天認識相關一樣，在這裡與對反思性判斷力的先天考察相關。但是，兩個部分的共同之處依然是自然的一種形式合目的性的理性必然性。這是康德在《純粹理性批判》的地基上實現批判的形而上學時揭示的新的極限概念，而且審美的問題序列和目的論的問題序列必須一起交會在反思性的判斷力的原則上。

在以這種方式於一個全新的觀點下找到了新著作的系統框架之後，撰寫就能夠相對快地把康德大部分依據關於審美問題和目的論問題的講演具體地已經持續做過的所有特殊研究綜合起來。對情感能力和反思性判斷力之間聯繫的洞識，構成了原則上的闡發的本質性東西：在康德發現正是反思性判斷力爲情感能力提供其在美者和崇高者的審美功能之先天性的論證之後，狹義的目的論判斷的理論就必然取代審美判斷的理論，因爲即便是狹義的目的論判斷的理論，也必然導致在由反思性判斷力規定的對作爲一個合目的的經驗體系之自然的考察中來闡述他的論證。因此，有機生命問題與藝術問題的這種影響深遠的綜合，是在規定著康德世界觀之最後完成的關於作爲一個合目的的整體的經驗體系之統一性的思想下進行的。在康德認識論的原始預設及其形式與質料的嚴格分離中，蘊含著這樣的根據，即被給予的經驗內容相對於認識能力的綜合形式而言歸根結柢必定依然是某種偶然的東西，而它可以透過範疇獲得形式，可以被歸攝在原理之下，則構成一種非概念的、「幸運的」事實，這個事實不再能對於概念認識來說，而是只能對於目的論考察來說獲得一種必然性的品質：從這種關係出發來看，《判斷力批判》構成對《純粹理性批判》的一個不可或缺的補充，如同康德在另一個方向上透過《實踐理性批判》給出的補充一樣。九〇年代的思想工作，就完成了在八〇年代的思想工作中開始的東西。

在康德使這些思想聯繫達到系統的完成之後，《判斷力批判》的寫作看起來就進行得相對快了。康德就出版問題與柏林書商德·拉伽爾德（de la Garde）簽了約。康德曾應他的舊出版商的兒子——里加的約翰·弗里德里希·哈特克諾赫（Johann Friedrich Hartknoch）關於出版《美的鑑賞批判》的請求（參見其一七八九年八月十五、二十六日的信[19]）給予他一個不確定的允諾，此人如其一七九〇年十二月九、二十日的信[20]所示，對此痛感驚訝。康德的選擇似乎是因顧及出版社在製作迅速和經營可靠方面的工作能力而引起的，因爲他在一七九〇年一月二十一日藉寄送稿件第一部分的機會寫信告訴自己的學生、他推薦給德·拉伽爾德作校對者的基塞維特爾（Kiesewetter，一七八九年十月十五日致德·拉伽爾德的信

---

⑲《康德全集》，第XI卷，七一頁。

⑳同上書，二一七頁。

和一七八九年十一月十九日基塞維特爾的來信[21]），如果德·拉伽爾德不能在復活節博覽會之前完成這部著作，則基塞維特爾應當與另一位書商即希姆堡（Himburg）磋商。[22]他在同一天，連同寄送稿件寫信告訴德·拉伽爾德：「我把這稿件交給閣下您的出版社的第一個也是最重要的條件是：它將及時地被提交給下一個萊比錫復活節博覽會。如果您不敢說做到這一點，則請把這告訴受我所委託的基塞維特爾先生。然而我希望，在柏林或者臨近的薩克森畢竟有一家印刷廠，它將在十四天印刷五個印張，從而讓印刷儘早完成。但是，既然我毫不懷疑，您將在柏林找到這樣一位印刷商，所以我重申我的推薦，用基塞維特爾先生作校對，您爲此只需就像通常爲同樣的工作那樣慷慨地任意付費就可以了。」[23]基塞維特爾和德·拉伽爾德於一七九〇年一月二十九日的信[24]表明，出版商和校對者開始極熱心地遵循康德的意願了。然後，康德在二月九日給德·拉伽爾德寄送了第二部分稿件，此後就只

㉑ 同上書，九五、一〇六頁。
㉒ 同上書，一二一頁。
㉓ 同上書，一二二至一二三頁。
㉔ 同上書，一二四、一二六頁。

欠一小點了。㉕他在與出版商和校對者另一次書信往來中㉖，在說明他對書的裝幀和排印的滿意時表現出動人的堅定性。校對者如其一七九〇年三月三日的信所表明的那樣，要克服各種各樣的困境：「也就是說，稿件中有一些地方明顯包含著歪曲意思的書寫錯誤，我發現自己被迫在這些地方作出修改。」我們也了解到，他「在校對第二到第六印張時病了，因而是另一位㉗忠實地遵循手稿的人接手校對」。此時讓他極爲惱火的是，兩處歪曲意思的錯誤保留下來了，它們應當被歸爲印刷錯誤。㉘此後，在一七九〇年三月九日，康德（參見致德．拉伽爾德的信㉙）把稿件剩餘的文本寄給了出版商，並承諾耶穌受難週週末交出前言和導論。然後，這個諾言是在三月二十二日踐履的（參見一七九〇年三月二十五日致德．

㉕ 同上書，一二九至一三〇頁。

㉖ 同上書，一四一、一九三、三八三頁。

㉗ 這「另一位」據猜測是弗里德里希．根茨（Friedr. Gentz），從他現在發表的書信往來（Fr. 卡爾．韋迪希編：《弗里德里希．馮．根茨往來書信集》，第一卷，慕尼黑和柏林，一九〇九）中得知，他在《判斷力批判》出第一版時閱讀了第二校樣，並在致伽爾韋的一封信（一七九〇年十二月五日，參見上書第一卷，一八二頁）中提及，他在其中清除了數千個印刷錯誤。

㉘ 《康德全集》，第XI卷，一三六頁。

㉙ 同上書，一四〇至一四一頁。

拉伽爾德的信[30]）。同時，康德提供了他的贈送樣書的地址，其一覽表是蠻有趣的：波希米亞的文蒂施－格勒茨伯爵（Graf von Windisch-Grätz）、杜塞爾多夫的樞密顧問雅可比（Jacobi）、耶拿的萊因霍爾德教授、哈勒的雅克布（Jacob）教授、格廷根的布魯門巴赫（Blumenbach）教授，此外是柏林的財政樞密顧問烏略默爾（Wloemer）、迪·比斯特爾（D. Biester）、基塞維特爾、赫茨教授。[31]在此期間，就像從一七九〇年四月二十日致基塞維特爾的信中可以看出的那樣，康德通讀了校樣的一部分，但他就此寫道：「我開始通讀校樣，但（由於印刷錯誤）我實在是煩透了，因此就把它放下了，準備收到其餘部分再開始，以便能夠一下子處理完。」[32]然後，他附上了所發現的印刷錯誤的表格，還有一處遺漏，它們也許還能夠附在這部著作上，而且他還更詳細地談到出現在一個標題上的書寫錯誤。那個當然並不怎麼仔細的印刷錯誤表被附在這部著作的第一版上了，它按照康德的願望及時地出現在一七九〇年的復活節博覽會上。

---

[30] 同上書，一四二至一四三頁。〔參見《康德書信百封》，一四九至一五二頁。——譯者注〕

[31] 除此之外，根據德·拉伽爾德一七九〇年五月二十二日信中的名單（《康德全集》，第XI卷，一七二頁），還有所羅門·邁蒙（Salomon Maimon）和米歇爾森（Michelsen）教授。

[32] 《康德全集》，第XI卷，一五一至一五二頁。〔參見《康德書信百封》，一五二至一五四頁。——譯者注〕

如基塞維特爾在一七九〇年五月就已經向康德報告的那樣，出版商對這本書的銷量如此滿意，以至於他預計來年就需要出版一個新版本。就連德．拉伽爾德也在一七九〇年五月二十二日的信中證實了這一點[33]。然而，第二版並沒有如此快地問世。康德在一七九〇年九月二日，並在十月十九日[34]再次詢問出版商，他至遲應當在什麼時候寄出爲新版本所做的修訂。對此的答覆（《書信集》，第四二七a號）沒有保存下來，如我們從德．拉伽爾德一七九一年六月五日的信[35]中可以看出的那樣，它必定說的是新版本要到一七九一年夏天才行。此後德．拉伽爾德寫信說，他想在米迦勒節博覽會後開始印刷，並寄了一本拉開行距的樣書，康德簽收的日期是一七九一年八月十五日。出版商請求到十月底收到修訂，根據康德一七九一年十月二十八日的信，他不能滿足這個請求：「因爲我必須把我的全部時間不間斷地用於通透思考這裡所探討的事情，但我在剛過去的夏天裡直到十月分，都被非同尋常的公務和一些文字上不可避免的分心所阻，而未能獲得這個時間。」[36]他當時請求推遲到十一

---

[33] 《康德全集》，第XI卷，一七二頁。參見根茨一七九〇年十二月五日致伽爾韋的信（《弗里德里希．馮．根茨往來書信集》，第一卷，一八二頁）。

[34] 同上書，一九三至一九四、二一六至二一七頁。

[35] 同上書，二五七至二五八頁。

[36] 同上書，二八八頁。

月底，但此後——德．拉伽爾德對此是什麼態度，我們不得而知，因爲他的答覆（《書信集》，第四六三a號）沒有保存下來——只是在一七九二年三月三十日才告訴出版商，他打算在復活節後不久寄出校對過的樣書。㊲實際上，如六月十二日的信㊳所說，他在六月十日才寄出。當然，導論的校對直到一七九二年十月二日才到達，而且康德在這時說明：「在標題上加上『第二修訂版』這個表述，我認爲並不合適，因爲它並不完全誠實；修訂畢竟並不重要得足以使其成爲促銷的原因。因此，我也禁用那個表述。」㊴至於後一個問題，德．拉伽爾德一七九二年十一月二日遺憾地告訴他，「第二修訂版」已經出現在博覽會目錄上了㊵，康德也表示贊同，因爲這根本無足輕重。他就此在一七九二年十二月二十一日寫道：「這至少是不眞實的，儘管我覺得有一點點自吹自擂。」㊶但在書的標題上，附加詞「修訂」畢竟去掉了。無論如何，康德在一七九三年一月四日就已經可以爲新版本的裝幀考究的樣書向出

㊲ 同上書，三一七頁。
㊳ 同上書，三三七頁。
㊴ 《康德全集》，第XI卷，三五九頁。
㊵ 同上書，三六九頁。
㊶ 同上書，三八三頁。

版商致謝了。[42]康德爲第二版本身所做的改動很難，至少只能假定性地與如基塞維特爾在第一版中，現在的柏林校對者放手所做的改動區分開來。但是，究竟誰是這一次的校對者，卻無法完全確定。至於說又是基塞維特爾，也不能假定，一方面是因爲在與他的連續通信中找不到任何有關的東西，另一方面是因爲在他和康德之間，由於基塞維特爾的《邏輯學》而出現了一段暫時的不和諧（參見基塞維特爾一七九一年六月三日的信、德·拉伽爾德一七九一年六月五日的信、康德一七九一年八月二日的信）。與基塞維特爾的書信往來是在康德透過寄送一部作品——《純然理性界限內的宗教》——來遷就基塞維特爾之後，才由基塞維特爾於一七九三年六月十五日又重拾的。與此相反，極爲可能的是，第二（同樣還有第三）版的校對者是弗里德里希·根茨。根茨迄今發表了的書信往來雖然直接地僅僅說明了他在第一版的校對時的參與，但就像他已經根本上也是出自對「老保母即康德哲學」的愛（他曾是康德的聽眾[43]）而接手了那次校對[44]那樣，他也出自實際的旨趣，並且同時兼顧到很多尚存留下

㊷ 同上書，三八九頁。

㊸ 參見他父親致康德的信（《康德全集》，第X卷，二九四頁）及其對孟德爾頌的表述（同上書，三二二頁）以及弗里德里希·根茨致康德的信（同上書，三四六頁）。

㊹ 《弗里德里希·馮·根茨往來書信集》，第一卷，一五六頁。

來的印刷錯誤，第二次讀了這部著作。此際，他提到了新版本的需要，但——一七九〇年十二月五日——尚無這方面的部署。此外，既然出版商德·拉伽爾德是他的「很信任的朋友和親戚」㊺，而他的經濟狀況也長期使他必定歡迎這樣一項兼職工作，所以，這一切都說明可以把他視爲迄今徒勞地尋找的第二（和第三）版的校對者，而且如果編者們總是恰恰在避免語氣生硬和修飾表述方面成功地發現校對者的手跡，那就說明這是像弗里德里希·根茨這樣的一位頭等修辭學家。

這部著作還有一個第三版是在康德有生之年於一七九九年在德·拉伽爾德這裡出版的。不過，關於這個版本，書信中的資訊完全沒有提到。從與德·拉伽爾德和基塞維特爾的通信中，得不到任何與這個新版本有聯繫的東西。甚至在德·拉伽爾德和軍事樞密顧問舍弗納（Scheffner）之間尚未付印的書信往來中找到這方面的訊息的嘗試，也僅僅得知，德·拉伽爾德在一七九八年八月四日（書信集，第七七三a號）寄給康德《批判》第三版稿酬的匯票，並且認爲康德應當記得自己的承諾，至少還讓他出版自己著作中的一部；此外，在一七九八年九月三十日的信中，出現了關於康德也許在身體狀況的壓力下中斷與出版商的聯繫的一種看起來不怎麼友好的方式的說明：「您關於康德對我說的，當然說明了一些他對我

㊺《弗里德里希·馮·根茨往來書信集》，第一卷，一五九頁。

的古怪態度。我剛從巴黎返回，就給他寄去了他的《批判》第三版的稿酬，並藉此機會感謝他對費維格（Vieweg）的友好表示，即還想與我繼續合作。在我兩個月後沒有從他那裡得到回覆時，我請他至少鑒於程序告知收到錢了，但他直到現在也沒有回覆一個字。他似乎認爲，我的感謝包含著一種要求，即離開他現在的出版商。這樣做，他當然就會履行他的承諾，但卻並不會那麼給我帶來幸運，因爲我擁有的出版項目已超出我的力量允許我在三年裡所承擔的。」

第三版雖然在頁數和頁碼劃分上與第二版完全一致，但並不像人們大概認爲的那樣是一次沒有改動的重印，而是再次表現出大量語言上的改動，偶爾還有實際上的偏離，——這些改動在文風上是在第二版的改動的方向上進行的。因此，這裡是同一個校對者，因而據猜測是根茨參與了此事，如同在第二版時，他再次放手改動，這並非不可能，儘管不能以任何方式確認。

因此，關於這三個版本的印刷史我們所知道的，使得似乎不可能可靠地確立該著的一種在每個方面都回溯到康德自己的文本審核的形式。在第一版時，基塞維特爾就已經、有時另一位校對者亦插手其中；在第二版時，毫無疑問最重要的文本改動回溯到康德的拉開行距的樣書，但也有修辭上的潤色是由可能的校對者根茨加上的；最後在第三版時，我們沒有任何根據假定康德直接參與了改動，但也許可以預設，哲學家又對校對者所做的改動給予了普遍的同意。關於三個文本的關係，本諾．埃德曼在其《判斷力批判》的特別版本（一八八〇年）中有一個如此全面周到的研究，以至於在這裡必須指出。對於這個版本來說，大體上根據以上所述的關係，以第二版（A2）的文本爲基礎，康德本人還以可證明的方式參與了這個版本，儘管不是獨自從事的。不過，在第三版的某些改動明顯意味著表述的改進和有助於理解的地方，把它們用於從康德方面來看最後也如此達到合法性的改動，如同對於第二版的改動一樣，這表明是合目的的，也許還是必要的。

目次

前言

第一版，一七九〇年

人們可以把出自先天原則的認識能力稱爲純粹理性，而把一般而言對純粹理性的可能性和界限的研究稱爲純粹理性批判；儘管人們只是把這種能力理解爲在其理論應用中的理性，如同在第一部著作中也曾以那種稱謂出現一樣，當時還沒有想把理性的能力作爲實踐理性來按照其特殊的原則而予以研究。在這種情況下，那種批判就僅僅關涉我們先天地認識事物的能力，因而僅僅討論認識能力，而把愉快和不快的情感與欲求能力排除在外；在諸認識能力中則根據其先天原則來討論知性，而把判斷力和理性（作爲同樣屬於理論認識的能力）排除在外，因爲在這一進程中情況是，除了知性，沒有別的認識能力能夠提供先天的建構性認識原則。因此，其他認識能力中的每一種都會僞稱出自自己的根源而對知識的現金資產擁有份額，按照這種份額對它們全都進行審理的批判，所留下的東西無非就是知性先天地當作法則，爲作爲顯象之總和的自然所指定的東西（顯象的形式同樣是被先天地給予的）；但是，批判指點其他所有純粹概念都居於理念之下，理念對於我們的理論認識能力來說是越界的，但在這方面卻絕不是無用的或者可以缺少的，而是用做範導性的原則：一方面抑制知性的令人憂慮的僭妄，就好像它（由於它能夠先天地指出它所能認識的所有事物的可能性的條件）由此也就一般而言，把一切事物的可能性包括在這些界限之內似的；另一方面爲的是在考察自然時，按照一條知性儘管永遠達不到的完備性原則來引導知性，並由此來促進一切知識的最終意圖。

因此，眞正說來是知性，就它包含著先天的建構性原則而言，擁有其自己的領域，確切地說是在認識能力中擁有，它應當透過一般地如此稱謂的純粹理性批判，而針對其餘一切追求者來確保他自己獨占的財產。同樣，唯有就欲求能力而言才包含著先天的建構性原則的理性，在實踐理性批判中分得了自己的財產。

如今，在我們的認識能力的秩序中、在知性和理性之間構成一個仲介環節的判斷力，是否也獨自擁有先天的原則；這些先天原則是建構性的還是純然範導性的（因而不表明任何特有的領域），而且它是否會先天地把規則賦予作爲認識能力和欲求能力之間的仲介環節的愉快和不快的情感（正如知性爲認識能力，而理性爲欲求能力先天地指定法則那樣），這就是目前的判斷力批判所要討論的。

對純粹理性亦即我們根據先天原則作出判斷的能力進行的批判，如果不把判斷力獨自作爲認識能力也要求的判斷力批判作爲它的一個特殊部分來探討的話，就會是不完備的；儘管判斷力的諸原則在一個純粹哲學體系中，並不可以構成理論哲學和實踐哲學之間的一個特殊部分，而是只能在必要時附帶地加入雙方中的任何一方。因爲如果這樣一個體系應當有朝一日以普遍的形而上學名義來實現的話（十分完備地做到這一點是可能的，而且對於理性在一切關係中的應用來說也是極爲重要的），那麼，批判就必須事先對這座大廈的地基作出如此深的探查，直到不依賴於經驗的諸原則之能力的最初基礎所在的位置，以便大廈不在任何一個部分上沉陷，這沉陷是會不可避免地導致整體的坍塌的。

但是，人們從判斷力的本性（判斷力的正確應用是如此必然和普遍地不可缺少，因而健全知性這一名稱所指的不是別的什麼東西，而恰恰就是這種能力）中輕而易舉地就能夠得出，要找出判斷力的一條特有的原則，這必定伴隨著巨大的困難（因爲任何一條特有的原則，它都必須先天地包含在自身之中，若不然，它就不會作爲一種特殊的認識能力而本身經受最普通的批判了），儘管如此，這原則也必須不是從先天概念推導出來的；因爲這些概念屬於知性，而判斷力僅僅關涉知性的運用。因此，判斷力應當自己指出一個概念，透過這概念眞正說來沒有任何事物被認識，而是這概念僅僅充當判斷力的規則，但不是充當判斷力能夠使自己的判斷與之適合的一個客觀規則，因爲這就會又需要另一種判斷力，以便能夠裁決該判斷是否合規則的胃口。

由於一條原則（不管它是一條主觀的，還是客觀的原則）而導致的這種困境，主要出現在人們稱爲審美的、與自然或者藝術的美者和崇高者相關的評判中。而儘管如此，對判斷力在這些評判中的一條原則的批判性研究，卻是對這種能力的一個批判的最重要的部分。因爲儘管這些評判單憑自身對於認識事物沒有絲毫貢獻，但它們畢竟是只屬於認識能力的，並且表明這種能力根據某一條先天原則而與愉快或者不快的情感有一種直接的關係，並不與能夠是欲求能力的規定根據的東西相混淆，因爲欲求能力是在理性的概念中有其先天原則的。——但是，就對自然的邏輯評判而言，在經驗提出事物的一種合法則性，而關於感性東西的普遍知性概念不再足以理解或者解釋這種合法則性，而且判斷力從自身中能夠得出自然事物與不可認識的超感性東西之關係的一種原則，也必須僅僅著眼於自身而使用這原則來認識自然的地方，這樣一條先天原則雖然能夠並且必須被運用於認識世間存在者，同時開啓對實踐理性有利的前景；但是，它與愉快和不快的情感並沒有任何直接的關係，這種關係恰恰是判斷力的原則中的難解之點，它使得有必要在批判中爲這種能力劃出一個特殊的部分，因爲按照概念（從概念中永遠不能直接推論到愉快和不快情感）作出的邏輯評判至多能夠附屬在哲學的理論部分，連同對它的一種批判性限制上。

既然對作爲審美判斷力的鑑賞能力的研究在這裡不是爲了陶冶和培養鑑賞（因爲這種陶冶和培養即使沒有迄今和以後的所有這樣的研究也將進行下去），而純然是在先驗的意圖中進行的，所以，我自以爲這一研究就缺乏那種目的而言也將受到寬容的評判。但就先驗的意圖來說，它必須做好準備經受最嚴厲的檢驗。然而我希望，即便在這裡，解決一個如此糾纏著自然的問題的巨大困難，也可以用來作爲解決這個問題時的某些不能完全避免的模糊性作出辯解，只要足夠清楚地說明，原則已被正確地指出；假如由此推導出判斷力這種現象的方式不具有人們在別的地方，亦即對於根據概念的認識所能夠正當地要求的所有那些明晰性，則我相信在這部著作的第二部分中也達到了這種明晰性。

因此，我以此結束我的全部批判工作。我將毫不遲疑地著手學說的工作，以便盡可能地爲我日增的年齡再爭取到對此還算有利的時間。不言而喻的是，對於判斷力來說，這裡沒有一個特殊的部分，因爲就判斷力而言，效力的是批判而不是理論；相反，根據哲學被劃分爲理論哲學和實踐哲學以及純粹哲學被劃分爲同樣兩個部分，將是自然的形而上學和道德的形而上學來構成學說的工作。

導　論

一、哲學的劃分

如果就哲學透過概念包含著對事物的理性認識的諸原則（不純然像邏輯學那樣包含著一般思維的形式的諸原則，而不問客體的區別）而言，像通常那樣把哲學劃分爲**理論哲學**和**實踐哲學**，那麼，人們做得完全正確。但在這種情況下，爲這種理性認識的諸原則指定了它們的客體的那些概念，就必定是在類上不同的，因爲若不然，它們就沒有理由被劃分開來，劃分在任何時候都以分屬一門科學的不同部分的理性認識之諸原則的一種對立爲前提條件。

但是，只有兩種概念，它們允許其對象的可能性有同樣多的不同原則：這就是各個**自然概念**和那個**自由概念**。現在，既然前者使一種按照先天原則的**理論**知識成爲可能，而後者就前者而言在其概念中就已經只帶有一個否定的原則（純然的對立的原則），與此相反對於意志的規定則建立起擴展的原理，這些原理因而叫做實踐的，所以，哲學正當地被劃分爲兩個在原則上完全不同的部分，被劃分爲作爲**自然哲學**的理論哲學和作爲**道德哲學**的實踐哲學（因爲理性根據自由概念所作的實踐的立法，就是被這樣稱謂的）。但迄今爲止，爲了劃分不同的原則，並與這些原則一起也劃分哲學，流行著對這些術語一種巨大的濫用：因爲人們把按照自然概念的實踐與按照自由概念的實踐當作一回事，並如此在理論哲學和實踐哲學這些相同的稱謂下進行了一種劃分，透過這種劃分事實上什麼也沒有劃分開來（因爲兩個部分能夠擁有同一些原則）。

也就是說，作爲欲求能力的意志，是世界上多種多樣的自然原因中的一種，亦即按照概念產生作用的那種自然原因；凡是被表現爲透過一個意志而可能（或者必然）的東西，都叫做實踐上可能的（或者必然的）；與一個結果的物理學的可能性或者必然性不同，後者的原因不是透過概念（而是像在無生命的物質那裡透過機械作用，而在動物那裡則透過本能一樣）被規定爲因果性的。——在這裡，如今就實踐而言尚未規定的是：給意志的因果性提供規則的概念是一個自然概念，還是一個自由概念。

但後一種區別是根本性的。因爲如果規定因果性的概念是一個自然概念，那麼，諸原則就是技術實踐的；但如果它是一個自由概念，那麼，諸原則就是道德實踐的；而由於在一門理性科學的劃分中，事情完全取決於對象的那種需要不同的原則來認識的不同，所以，前一類原則就屬於理論哲學（作爲自然學說），後一類原則卻完全獨立地構成第二部分，亦即（作爲道德學說的）實踐哲學。

一切技術實踐的規則（亦即藝術和一般技巧的規則，或者也有作爲對人及其意志施加影響的一種技巧的明智的規則），就它們的原則基於概念而言，必須只被算做理論哲學的補充。因爲它們僅僅涉及事物按照自然概念的可能性，屬於自然概念的，不僅有爲此可以在自然中找到的手段，而且甚至有意志（作爲欲求能力，因而作爲自然能力），這是就它能夠由自然的動機按照那些規則來規定而言的。不過，這樣的實踐規則並不叫做法則（例如：像物理學的法則那樣），而是僅僅叫做規範；確切地說之所以如此，乃是因爲意志並不純然服從自然概念，而是也服從自由概念，它的諸原則與自由概念相關時就叫做法則，並且連同其推論構成了哲學的第二部分，亦即實踐的部分。

因此，就像純粹幾何學問題的解決並不屬於幾何學的一個特殊的部分，或者土地丈量術配不上一門與純粹幾何學有別的實踐幾何學的名稱，而作爲一般幾何學的第二部分一樣，實驗或者觀察的機械藝術或者化學藝術就同樣不可以，而且更不可以被視爲自然學說的一個實踐部分，最後，家庭經濟、地區經濟、國家經濟、交往藝術、飲食學的規範，且不說普遍的幸福學說，甚至就連爲了幸福學說的目的對偏好的抑制和對激情的約束也不說，都不可以被算做實踐哲學，或者這些東西根本不構成一般哲學的第二部分；因爲它們全都僅僅包含技巧的規則，這些規則因而只是技術實踐的，爲的是產生一種按照原因和結果的自然概念而有可能的結果，這些自然概念既然屬於理論哲學，就服從作爲出自理論哲學（自然科學）的純然補充的那些規範，因而不能要求在一種被稱爲實踐哲學的特殊哲學中有任何位置。與此相反，完全建立在自由概念之上、完全排除意志的出自自然的規定根據的那些道德實踐的規範，則構成規範的一種完全特殊的方式；它們也像自然所服從的那些規則一樣，絕對叫做法則，但卻不像後者那樣基於感性的條件，而是基於一個超感性的原則，並且在哲學的理論部分之外完全獨立地要求一個另外的部分，名叫實踐哲學。

由此可見，哲學所提供的實踐規範的總和，之所以構成哲學的一個被置於理論部分旁邊的特殊部分，並不是由於這些規範是實踐的；因爲即使它們的原則完全取自自然的理論知識（作爲技術上實踐的規則），它們也能夠是實踐的；而是由於它們的原則根本不是借自永遠以感性爲條件的自然概念，從而是基於唯有自由概念才透過形式的法則，使之可以辨識的超感性東西的，所以是道德實踐的，亦即不純然是這種或者那種意圖中的規範和規則，而且無須與目的和意圖先行發生關係就已是法則；而且如果是這樣，那總和就構成哲學的一個特殊部分。

二、一般哲學的領域

先天概念在多大的範圍具有其運用，我們的認識能力根據原則的應用所達到的範圍就有多大，從而哲學達到的範圍就有多大。

但是，那些概念爲了盡可能地實現對象的某種知識而與之發生關係的一切對象的總和，可以根據我們的認識能力對這種意圖不同的勝任或者不勝任來進行劃分。

概念如果與對象發生關係，無論對於這些對象的一種知識是否可能，就都擁有自己的疆場，這個疆場純然是按照它們的客體與我們的一般認識能力所具有的關係來規定的。——這個疆場的那個我們可能有所認識的部分，就是這些概念和為此所需要的認識能力的一個地域（territorium）。這個地域的那個由這些概念在其上立法的部分，就是這些概念和它們該有的認識能力的領域（ditio）。因此，經驗概念雖然在作為一切感官對象之總和的自然中擁有自己的地域，但卻沒有領域（而是只有其居留地，domicilium）；因為它們雖然被合法地生成出來，但卻不是立法的，相反，基於它們的規則都是經驗性的，因而是偶然的。

我們的全部認識能力有兩個領域，即諸自然概念的領域和自由概念的領域；因為認識能力是透過這兩者而先天地立法的。現在，哲學也按照這一點分為理論哲學和實踐哲學。但是，哲學的領域建立於其上和哲學的立法施行於其上的這個地域，卻永遠只是一切可能經驗的對象之總和，只要這些對象僅僅被當作純然的顯象；因為若不是這樣，知性就這些對象而言的立法就會是不可設想的。

透過自然概念來立法，這是透過知性發生的，並且是理論的。透過自由概念來立法，這是由理性而發生的，並且是純然實踐的。不過唯有在實踐中，理性才能是立法的；就（自然的）理論知識而言，它只能（作為憑藉知性而精通法則的）從所立的法中透過推理而得出結論，這些結論畢竟永遠只停留在自然那裡。但反過來，如果規則是實踐的，理性卻並不因此馬上就是立法的，因為這些規則也可能是技術實踐的。

因此，知性和理性在經驗的同一個地域上有兩種不同的立法，一種立法不可以損害另一種立法。因爲自然概念對於透過自由概念的立法沒有影響，同樣，自由概念也不干擾自然的立法。——至少無矛盾地設想兩種立法以及屬於它們的能力在同一個主體中的共存，其可能性是《純粹理性批判》所證明的，《純粹理性批判》透過揭示反對的理由中的辯證幻相而摧毀了這些反對的理由。

但是，這兩個雖然不在其立法上，但畢竟在其感官世界中的作用上不停地相互限制的不同領域，卻構不成一個東西，其原因在於：自然概念雖然在直觀中表現其對象，但卻不是將之表現爲物自身，而是表現爲純然的顯象；與此相反，自由概念在它的客體中雖然表現物自身，但卻不是在直觀中表現的，因而雙方沒有一方能夠獲得關於自己的客體（甚至關於能思維的主體）作爲物自身的一種理論知識，這物自身將會是超感性的東西，人們雖然必須把關於它的理念作爲經驗那一切對象的可能性的基礎，但卻永遠不能把這理念本身提升和擴展爲一種知識。

因此，對於我們全部的認識能力來說，有一個不受限制的，但也不可接近的疆場，這就是超感性東西的疆場，在其中我們爲自己找不到任何地域，因而在它上面既不能爲知性概念，也不能爲理性概念擁有一個用於理論認識的領域；這個疆場，我們雖然爲了理性的理論應用和實踐應用而必須用理念去占領，但我們在與出自自由概念的法則的關係中能夠使這些理念獲得的，卻無非是實踐的實在性，據此，我們的理論知識絲毫也沒有由此擴展到超感性的東西上面去。

現在，雖然在作爲感性東西的自然概念領域和作爲超感性東西的自由概念領域之間，強化了一道明顯的鴻溝，以至於從前者到後者（因而憑藉理性的理論應用）不可能有任何過渡，就好像這是兩個不同的世界，前一個世界不能對後一個世界有任何影響似的；但是，後一個世界畢竟應當對前一個世界有影響；也就是說，自由概念應當使透過它的法則所提出的目的，在感官世界中成爲現實。因此，自然必須也能夠這樣來設想，即它的形式的合法則性至少與要在它裡面造就的目的，按照自由法則的可能性相協調。——所以，畢竟必須存在著作爲自然之基礎的超感性東西與自由概念實踐上所包含的東西的統一性的某種根據，這個根據的概念雖然既沒有在理論上，也沒有在實踐上達到對這個根據的一種認識，因而不擁有特有的領域，但卻仍然使按照一方的原則的思維方式，向按照另一方的原則的思維方式的過渡成爲可能。

三、作爲哲學的這兩個部分結合成爲一個整體的手段的判斷力批判

就認識能力能夠先天地提供的東西而言對這些認識能力進行的批判，眞正說來在客體方面不擁有任何領域；因爲它不是任何學說，而僅僅是要研究，按照我們的能力現有的情況，一種學說透過這些能力是否以及如何是可能的。這個批判的疆場伸展到這些能力的一切僭妄之上，以便把它們置於它們的合法性的界限之內。但是，不能進入哲學的劃分之中的東

西，卻有可能作爲一個主要部分進入對一般純粹認識能力的批判中來；也就是說，如果它包含著一些自身既不適合於理論應用，也不適合於實踐應用的原則的話。

包含著一切先天的理論知識之根據的自然概念基於知性的立法——包含著一切無感性條件的先天實踐規範之根據的自由概念基於理性的立法。因此，這兩種能力除了按照邏輯形式，能夠被運用於不論何種起源的原則上之外，還每一個都按照內容有其自己的立法，在這立法之上沒有別的（先天的）立法，因而這種立法就論證了把哲學劃分爲理論哲學和實踐哲學的理由。

不過，在高等認識能力的家族中畢竟還有知性和理性之間的一個中間環節。這就是判斷力，關於它人們有理由按照類比來猜測，它即便不可以先天地在自身包含著一種自己的立法，但卻同樣可以先天地在自身包含著一條它所特有的尋求法則的原則，也許是一條純然主觀的原則。這個原則雖然不應有任何對象疆場作爲它的領域，但畢竟能夠擁有一個地域，而對於該地域的某種性狀來說，恰恰唯有這條原則才會有效。

但爲此，還（按照類比來判斷）有一個新的根據，來把判斷力與我們的表象能力的另一種秩序連結起來，比起與認識能力家族的親緣關係，這種連結看起來具有還要更大的重要性。因爲一切靈魂能力或者機能，都可以被回溯到這三種不能再從一個共同根據推導出來

的能力：認識能力、愉快和不快的情感和欲求能力①。對於認識能力來說，唯有知性是立法 178

① 對於人們作爲經驗性原則來使用的那些概念，如果人們有理由猜測它們與先天的純粹認識能力有親緣關係，那麼，由於這種關係而嘗試對它們作出一種先驗的定義，是有益處的；也就是說，透過純粹的範疇來定義，只要僅僅這些範疇就已經充分地說明眼前的概念與其他概念的區別。在這裡，人們遵循的是數學家的榜樣，數學家讓自己的課題的經驗性資料尚不確定，而只是把它們在這個課題的純粹綜合中的關係置於純粹算術的概念之下，並由此使該課題的解決普遍化。——人們曾由於一個類似的程序（《實踐理性批判》前言，一六頁）而指責我，並指責我對欲求能力的定義，即**憑藉其表象而是這些表象的對象之現實性的原因的能力**；因爲據說純然的願望畢竟也是欲求，但對此每一個人都告訴自己，他僅僅憑藉這些願望是不能產生出它們的客體的。——但這無非是證明了，在人心中也有一些使他自己與自己相矛盾的欲求，因爲他僅僅憑藉自己的表象就致力於產生客體，但他卻不能指望這表象有什麼成果，因爲他意識到，他的機械力量（如果我可以這樣稱謂非心理學的力量的話）必須由那個表象來規定，以便（因而是間接地）產生出客體，但這些力量要麼不充分，要麼所關涉的根本就是不可能之事，例如：使發生了的事不曾發生（O mihi praeteritos, etc.〔哦，要是……把逝去的年華送還給我就好了〕*），或者在焦急的等候中能夠取消直到期待的那個瞬間到來的中間時間。——儘管我們在這樣一些幻想的欲求中意識到我們的表象不足以（或者根本不適合於）成爲它們的對象的原因，但畢竟在每一個願望中都包含有這些對象的關係作爲原因，因而包含著它們的因果性的表象，在這個願望是一種情緒，亦即是**渴望**的時候，這一點就尤其明顯。因爲這些幻想的欲求由此證明，它們使人心

的，如果認識能力（如它不與欲求能力相混淆而被單獨考察時也必定發生的那樣）作爲一種理論認識的能力與自然發生關係的話，唯有就自然（作爲顯象）而言，我們才有可能透過先天的自然概念來立法，而先天的自然概念眞正說來也就是純粹的知性概念。——對於作爲一種依據自由概念的高級能力的欲求能力來說，唯有理性（自由概念唯有在理性中才成立）才是先天地立法的。——現在，在認識能力和欲求能力之間所包含的是愉快的情感，就像在知

膨脹和萎縮，並如此耗盡力量，以至於這些力量透過表象而反覆地緊張起來，但卻讓心靈在考慮到不可能性時不斷地又沉淪回到疲憊中去。甚至對避開巨大的、就人們所看出而言無法避免的災禍的祈求，以及爲達到以自然的方式不可能的目的而採取的諸多迷信的手段，都證明了表象與其客體的因果關係，這種因果關係甚至不能由於意識到不足以達到努力的效果而被阻擋。——但是，爲什麼在我們的本性中被置入了對有意識地爲空的欲求的這種癖好，這是一個人類學上的目的論問題。看起來，如果直到我們確保我們的能力足以產生一個客體之前，我們都不應當被規定去使用力量的話，這些力量在大多數情況下就會依然未曾使用。因爲通常我們唯有透過嘗試自己的力量才認識自己的力量。因此，在空的願望中的這種錯覺只不過是我們的本性中的一種善意安排的結果罷了。

---

*維吉爾：《伊尼特》，Ⅷ，五六〇，完整的詩句爲：O mihi praeteritos referat si Juppiter annos〔哦，要是朱庇特把逝去的年華送還給我就好了〕。——科學院版編者注。

性和理性之間所包含的是判斷力一樣。因此，至少暫時可以猜測，判斷力同樣獨自包含著一個先天原則，而且既然與欲求能力必然結合在一起的是愉快或者不快的情感（無論愉快或者不快是像在低級的欲求能力那裡一樣先行於這種能力的原則，還是像在高級的欲求能力那裡一樣只是從道德法則對這能力的規定中產生出來），判斷力同樣將造成從純粹的認識能力，亦即從自然概念的領域向自由概念的領域的一種過渡，就像它在邏輯應用中使得從知性向理性的過渡成為可能一樣。

因此，即使哲學只能被劃分為兩個主要部分，亦即理論哲學和實踐哲學，即使我們關於判斷力自己的原則有可能說出的一切在哲學中都必須被算做理論的部分，亦即被算做依據自然概念的理性知識，然而，必須在著手建立那個體系之前就為了它的可能性而澄清這一切的純粹理性批判，畢竟是由三個部分構成的：純粹知性批判、純粹判斷力批判和純粹理性批判，這些能力之所以被稱為純粹的，乃是因為它們是先天地立法的。

四、作為一種先天地立法的能力的判斷力

一般判斷力是把特殊的東西當作包含在普遍的東西之下，來對它進行思維的能力。如果普遍的東西（規則、原則、法則）被給予了，那麼，把特殊的東西歸攝在普遍的東西之下的判斷力（即使它作為先驗的判斷力先天地指明了諸條件，唯有依據這些條件才能被歸攝在那

種普遍的東西之下）就是規定性的。但如果只有特殊的東西被給予了，判斷力爲此必須找到普遍的東西，那麼，這種判斷力就純然是反思性的。

規定性的判斷力從屬於知性提供的普遍的先驗法則，它只是歸攝的；法則對它來說是先天地預先確定下來的，因此它不必爲自己想到一條法則，以便能夠把自然中的特殊的東西置於普遍的東西之下。——然而，自然有如此多種多樣的形式，彷彿是普遍的先驗自然概念有如此之多的變異，它們透過純粹知性先天地立的那些法則依然未得到規定，因爲這些法則僅僅一般而言地關涉一個自然（作爲感官的對象）的可能性，但這樣，對於這些變異就也必須有一些法則，這些法則雖然作爲經驗性的法則按照我們知性的洞識來看可能是偶然的，但如果它們應當叫做法則的話（就像一個自然的概念也要求的那樣），就必須從雜多之統一性的一個儘管不爲我們所知的原則出發被視爲必然的。——反思性的判斷力的職責是從自然中的特殊的東西上升到普遍的東西，因此它需要一個原則，它不能從經驗借來這個原則，因爲這原則恰恰應當爲一切經驗性的原則在同樣是經驗性的，但卻更高的原則之下的統一性提供根據，因而爲這些原則相互之間的系統隸屬的可能性提供根據。因此，這樣一個先驗原則，反思性的判斷力只能當作法則自己給自己確立，不能從別處拿來（因爲若不然，它就會是規定性的判斷力了），也不能指定給自然，因爲關於自然法則的反思取決於自然，而自然並不取決於我們力圖去獲得一個就這些法則而言完全是偶然的自然概念所依據的那些條件。

現在，這個原則不可能是別的，而只能是：既然普遍的自然法則的根據在我們的知性裡面，所以知性把這些法則指定給自然（雖然只是按照自然之爲自然的普遍概念），而特殊的經驗性法則，就其中透過那些普遍的自然法則依然未得到規定的東西而言，必須按照這樣一種統一性來考察，就好像同樣有一個知性（即便不是我們的知性）爲了我們的認識能力而給予了這種統一性，以便使一個按照特殊的自然法則的經驗體系成爲可能似的。這並不是說好像必須以這種方式現實地假定一個這樣的知性（因爲這只是反思性的判斷力，這個理念把它用做原則，是爲了反思，而不是爲了規定）；相反，這種能力由此是給自己立法，而不是給自然立法。

現在，由於關於一個客體的概念，只要同時包含著這個客體的現實性的根據，就叫做目的，而一個事物與各種事物的那種唯有按照目的才有可能的性狀的協調一致，就叫做該事物的形式的合目的性，所以，判斷力的原則就服從一般經驗性法則的那些自然事物的形式而言，就是自然在其雜多性中的合目的性。也就是說，自然透過這個概念被如此表現，就好像有一個知性包含著它的經驗性法則的雜多之統一性的根據似的。

因此，自然的合目的性是一個特殊的先天概念，它僅僅在反思性的判斷力中有其起源。因爲人們不能這樣把某種東西當作自然在自然產品上與目的的關係來賦予自然產品，而只能運用這個概念，就顯象在自然中按照經驗性法則已給出的那種連結而言來反思自然。這個概念與（人類藝術的，或者也有道德的）實踐的合目的性也是完全不同的，儘管它是按照與後者的類比而被思考的。

五、自然的形式合目的性的原則是判斷力的一個先驗原則

一個先驗的原則，就是藉以表現事物唯有在其下才能成為我們知識的一般客體的那種普遍先天條件的原則。與此相反，一個原則如果表現的是其概念必須被經驗性地給予的客體唯有在其下才能被先天地進一步規定的條件，就叫做形而上學的。於是，物體作為實體和作為可變實體，其知識的原則如果表達的是它們的變化必定有一個原因，那這個原則就是先驗的；但是，如果它表達的是它們的變化必定有一個外部的原因，那這個原則就是形而上學的。因為在前一種場合裡，物體唯有透過本體論的謂詞（純粹知性概念），例如：作為實體，才可以被思維，以便先天地認識這個命題；但在第二種場合裡，一個物體（作為空間中的一個運動物）的經驗性概念必須被當作這個命題的基礎，但在這種情況下，後面這個謂詞（僅僅透過外部原因而有的運動）應當歸於物體，這卻是完全能夠先天地看出的。——這樣，正如我馬上就要指出的，自然（在其經驗性法則的雜多性之中）的合目的性的原則就是一個先驗的原則。因為客體只要被思考為服從這個原則的，其概念就只是可能經驗知識的一般對象的純粹概念，而不包含任何經驗性的東西。與此相反，必須在一個自由意志的規定的理念中來思考的那種實踐的合目的性的原則，卻會是一個形而上學的原則，因為作為一個意志的一種欲求能力的概念畢竟必須經驗性地被給予（不屬於先驗的謂詞）。但是，這兩種原則仍然都不是經驗性的，而是先天的原則，因為為了把謂詞與它們判斷中的主體的經驗性概

念結合起來，並不需要任何其他的經驗，相反，那種結合是完全能夠先天地看出的。

自然的一種合目的性的概念屬於先驗的原則，這一點，人們可以從判斷力的那些被先天地當作自然研究之基礎的準則中充分地看出來，這些準則仍然只關涉經驗的可能性，因而是自然的知識的可能性，但不僅僅是作為一般的自然，而是作為透過特殊法則的一種雜多性來規定的自然。這些準則作為形而上學智慧的格言，藉人們不能從概念出發來闡明其必然性的一些規則的機會，足夠經常地、但只是分散地出現在這門科學的進程中。「自然取最短之路（lex parsimoniae〔節儉律〕）；但自然並不飛躍，無論是在其變化的序列中，還是在種類不同的形式的編排中（lex continui in natura〔自然中的連續律〕）；儘管如此，自然在經驗性法則中的巨大的雜多性，卻是少數原則之下的統一性（principia praeter necessitatem non sunt multiplicanda〔如無必要，勿增原則〕）」；如此等等。

但是，如果人們想指明這些原理的起源，並沿著心理學的途徑來嘗試這樣做，那麼，這是完全違背這些原理的意思的。因為它們所說的，並不是有什麼事情發生，亦即我們的認識能力按照什麼規則現實地推進自己的遊戲，以及它如何被判斷，而是它應當如何被判斷；而在這裡，如果原則純然是經驗性的，這種邏輯上的客觀必然性就不會出現。因此，對於我們的認識能力及其應用來說，明顯地從這些認識能力中閃現出來的自然的合目的性就是判斷的一個先驗原則，因而也需要一個先驗的演繹，如此作判斷的根據必須借助這個演繹到先天的知識源泉中去尋找。

也就是說，在一個經驗的可能性的諸根據中，我們首先找到的是某種必然的東西，亦即普遍的法則，沒有它們，一般的自然（作爲感官的對象）就不能被思維；而這些法則是基於範疇，被運用於一切我們可能有的直觀的形式條件之上的，只要這些直觀同樣是先天地被給予的。在這些法則之下，判斷力就是規定性的；因爲它要做的無非就是在被給予的法則之下進行歸攝。例如：知性說一切變化都有其原因（普遍的自然法則）；先驗的判斷力現在要做的，無非就是指明在已提交的知性概念之下進行歸攝的條件，而這就是同一個事物的諸規定的演替。對於一般自然（作爲可能經驗的對象）來說，那條法則就被認爲是絕對必然的。——但現在，經驗性知識的對象除了那個形式的時間條件之外還以諸多方式被規定，或者就人們能夠先天地作出判斷而言是可被規定的，以至於種類不同的自然除了它們都屬於一般自然而共有的東西之外，還能夠以無限多樣的方式成爲原因；這些方式中的每一種都（按照一般原因的概念）有其自己的規則，這個規則就是法則，因而帶有必然性，儘管我們按照我們認識能力的性狀和限制根本看不出這種必然性。因此，我們必須在自然中就其純然經驗性的法則而言來思維無限多樣的、對於我們的見識來說仍然是偶然的（不能被先天地認識到的）經驗性法則的一種可能性；而且就它們而言，我們把根據經驗性法則的自然統一性和經驗（作爲根據經驗性法則的體系）的統一性的可能性評判爲偶然的。但是，由於畢竟必須必然地預設和假定這樣一種統一性，若不然，就不會出現使經驗性知識成爲一個經驗整體的普遍聯繫了，因爲普遍的自然法則雖然按照事物作爲一般自然物的類提供了事物中間的這樣一種聯繫，但卻不是特別地按照其作爲這樣一些特殊的自然存在者的類提供的，所以，判斷力爲了其自己的應用，必須假定這一點是先天原則，即特殊的（經驗性的）自然法則中對人的見識來說偶然的東西，在把它們的雜多結合成爲一個就自身而言可能的經驗時，仍然包含著一種對我們來說雖然無法探究，但畢竟可以思維的合法則的統一性。因此，由於合法則的統一性是在一個我們雖然按照某種必然的意圖（知性的某種需要），但同時畢竟是當作就自身而言偶然的來認識的結合中被表現爲諸客體（在這裡就是自然）的合目的性的，所以，就服從可能的（尚待揭示的）經驗性法則的事物而言純然是反思性的判斷力，必須就這些法則而言按照對我們的認識能力來說的一個合目的性原則去思維自然，這原則也就被表述在判斷力的上述準則中。現在，自然的合目的性這個先驗概念既不是一個自然概念，也不是一個自由概念，因爲它根本沒有把任何東西賦予客體（自然），而是僅僅表現著我們關於一個普遍關聯著的經驗而對自然的對象作出反思時必須如何行事的唯一方式，因而表現著判斷力的一個主觀原則（準則）。因此，如果我們在純然經驗性的法則中找到這樣一種系統的統一性，我們也感到高興（眞正說來是了結了一種需要），就好像這是一個幸運的，對我們的意圖有利的巧合似的；儘管我們必須必然地假定，它是這樣一種統一性，我們畢竟不能看出和證明它。

爲了確信對眼前概念的這個演繹的正確性和假定這個概念是先驗認識原則的必要性，人們只須考慮到這一任務的重大：使一個或許包含著無限多樣的經驗性法則的自然之被給予的諸知覺成爲一個有關聯的經驗，這個任務是先天地處在我們的知性之中的。知性雖然先天地擁有自然的普遍法則，沒有這些法則，自然根本不能是一個經驗的任何對象，但是，知性除此之外畢竟也還需要自然在其特殊的規則中的某種秩序，這些規則只能經驗性地爲知性所認識，而且它們就知性而言是偶然的。沒有這些規則，就不會有從一般可能經驗的普遍類比向特殊類比的進展，知性必須把這些規則設想爲法則（亦即設想爲必然的），因爲若不然，它們就不會構成任何自然秩序；儘管知性並不認識或者能夠在某個時候看出它們的必然性。因此，儘管知性就它們（客體）而言不能先天地規定任何東西，它卻必須爲了探究這些經驗性的所謂法則，而把一個先天原則，亦即按照這些法則自然的一種可認識的秩序是可能的，奠定爲關於自然的一切反思的基礎，而表述這同一個原則的是如下的命題：在自然中類和種有一種我們能夠把握的隸屬關係；那些類和種又按照一個共同的原則而相互接近，以便一個向另一個的過渡並由此向更高的類的過渡成爲可能；既然必須爲諸自然結果在類上的差異假定同樣多不同種類的因果性，這對於我們的知性來說一開始就顯得是不可避免的，所以，它們仍然可以服從少數原則，而我們則必須致力於搜尋這些原則；如此等等。自然與我們的認識能力的這種協調一致，是判斷力爲了自己按照其經驗性法則對自然作出反思而先天地預設的，因爲知性同時在客觀上承認它是偶然的，而唯有判斷力才把它當作先驗的合目的性（與主體的認識能力相關）賦予了自然；因爲我們沒有這個預設，就不會有自然按照經驗性法則的任何秩序，因而對於應當按照其一切多樣性來對待這些規律的經驗和自然研究來說就不會有任何導線了。

因爲完全可以設想，無論自然事物按照普遍的法則如何齊一，沒有這種齊一，經驗知識的一般形式就根本不會出現，但自然的諸經驗性法則連同其作用在類上的差異卻仍可能如此巨大，以至於對於我們的知性來說，不可能在自然中揭示出一種可理解的秩序，把自然的產物劃分爲類和種，以便把對一個自然產物的解釋和理解的原則，也運用於對另一個自然產物的解釋和把握，並使一種對我們來說如此混亂的（眞正說來只是無限雜多的、不適合於我們的理解能力的）材料成爲一個有關聯的經驗。

因此，判斷力對於自然的可能性來說也有一個先天原則，但只是在自身的主觀考慮中，判斷力藉此不是給自然指定法則（作爲自律），而是爲了對自然的反思而給它自己指定法則（再自律），人們可以把這法則稱爲在自然的經驗性法則方面自然的特殊化法則，這一法則不是判斷力先天地在自然身上認識到的，而是它爲了自然的一種可以爲我們的知性所認識的秩序，在它關於其普遍的法則所做的劃分中，當它要使特殊法則的一種多樣性隸屬這些普遍法則時所假定的。因此，如果人們說：自然按照對我們的認識能力來說的合目的性原則，也就是說，爲了在其必要的工作上適應人類的知性，即爲知覺呈現給它的特殊的東西找到普遍的東西，並爲不同的東西（雖然對於每一個屬來說是普遍的東西）又找到在原則的統一性中的連結，使自己的普遍法則特殊化，那麼，人們由此既沒有給自然指定一個法則，也沒有通過觀察從自然學到一個法則（儘管那個原則可以透過這種觀察得到證實）。因爲它不是規定性的判斷力的一個原則，而純然是反思性的判斷力的一個原則；人們只是希望，自然可以隨意地按照自己的普遍原則建立起來，人們卻絕對必須按照那個原則和建立在它上面的那些準則去探究自然的經驗性法則，因爲我們唯有在那個原則成立的範圍內才能憑藉運用我們的知性，而在經驗中前進並獲取知識。

六、愉快情感與自然合目的性概念的結合

自然在其特殊法則的多樣性中與我們要爲它找出原則的普遍性的需要的協調一致，按照我們的一切見識來說都必須被評判爲偶然的，但對我們的知性需要來說畢竟仍然是不可缺少的，因而是自然與我們的僅僅指向知識的意圖協調一致所憑藉的合目的性。——知性的普遍法則同時是自然的法則，它們對於自然來說與物質的運動法則一樣是必要的（儘管是出自自發性）；而它們的產生也不憑藉我們的認識能力以任何意圖爲前提條件，因爲我們唯有透過它們才首先對什麼是事物（自然）的知識獲得一個概念，而且這些法則是應當必然地歸於作爲我們認識的一般客體的自然的。然而，自然依據其特殊的法則的秩序，無論有怎樣超出我們的把握能力的，至少可能的多樣性和不同類性，畢竟還是現實地適合這種把握能力的，這一點，就我們能夠看出的而言，是偶然的；而找出這種秩序，是我們的知性的工作，它被有意地引向知性的一個必然的目的，即把諸原則的統一性帶進自然；在這種情況下，判斷力必

須把這個目的賦予自然，因爲知性在這方面不能給自然指定任何法則。

任何意圖的實現都與愉快情感相結合；如果實現的條件是一個先天表象，就像在這裡是反思性的判斷力的一個一般原則那樣，那麼，愉快情感也就是透過一個先天根據被規定的，而且這規定對每個人都有效；確切地說，是僅僅透過客體與認識能力的關係被規定的，合目的性概念在這裡絲毫不考慮欲求能力，因而與自然的一切實踐的合目的性完全有別。

事實上，既然我們沒有、也不可能從知覺與依據普遍自然概念（範疇）的法則的吻合中，發現對我們心中的愉快情感的絲毫作用，因爲知性在這裡是無意地按照其本性而必然行事的，那麼另一方面，發現兩個或者更多經驗性的異質自然法則在一個包含著它們兩者的原則之下的一致性，就是一種十分明顯的愉快的根據，常常甚至是一種驚讚的根據，乃至是一種即便人們足以熟悉了它的對象也不會停止的驚讚的根據。雖然，只是由於自然的可理解性及其種類劃分的統一性，我們按照其特殊法則認識自然所憑藉的那些經驗性概念才是可能的，而我們在這種可理解性和統一性上已不再感到任何明顯的愉快，但是，這種愉快肯定在當時曾經存在，只是由於最平常的經驗沒有它就會是不可能的，它逐漸地被混同於純然的知識，而不再被特別注意到罷了。——因此，這就需要在評判自然時使人注意到自然對我們的知性來說的合目的性的某種東西，即一種把自然的不同類的法則盡可能地置於更高的、儘管總還是經驗性的法則之下的研究，以便在做到這一點時，就自然對於我們的認識能力來說的這種我們視爲僅僅偶然的一致感到愉快。與此相反，自然的這樣一個表象絕對會引起我們的反感，人們透過這個表象事先告訴我們，如果超出最通常的經驗做絲毫的研究，我們就會遇到自然的諸法則的一種異質性，它使得把自然的特殊法則結合在普遍的經驗性法則之下對於我們的知性來說成爲不可能的，因爲這與自然在其種類中的主觀上合乎目的的特殊化的原則和我們以後者爲意圖的反思性判斷力相抵觸。

然而，判斷力的這個前提條件，在自然對於我們認識能力的那種理想的合目的性應當被擴展到多遠這一點上，仍然是如此地不確定，以至於如果有人對我們說，透過觀察而對自然的一種更深刻或者更廣泛的認識，最終必然遇到一種法則的多樣性，任何人類知性都不能把這種多樣性回溯到一個原則，那麼，我們也將滿意，儘管我們更樂意在另外一些人給我們以希望時聽到：我們對自然的內部了解越多，或者越能夠把它與我們現在還不知道的外部環節作比較，我們就會發現自然在其原則上越是簡單，儘管有其經驗性法則的表面上的異質性也越是一致，我們的經驗就前進得越遠。因爲我們的判斷力的指令就是：按照自然與我們的認識能力相適合的原則，就我們的認識能力所及去行事，不去斷定（因爲它不是給予我們規則的規定性的判斷力）它是否在某個地方有自己的界限，因爲我們雖然在我們的認識能力的合理應用方面能夠規定界限，但在經驗性的領域裡對界限的任何規定都是不可能的。

七、自然的合目的性的審美表象

在一個客體的表象上純然主觀的東西，亦即構成這表象與主體的關係，而不構成其與對象的關係的東西，就是該表象的審美性狀；但是，在該表象上用做或者能夠被用於對象的規定（知識）的東西，則是該表象的邏輯有效性。在對一個感官對象的知識中，這兩種關係一起出現。在對我之外的事物的感官表象中，我們在其中直觀這些事物的那個空間的性質，就是我對這些事物的表象的純然主觀的東西（這些事物作爲客體就自身而言是什麼，由此依然未得到澄清），由於這種關係的緣故，對象即便由此也只是作爲顯象被思維的；但是，空間儘管自己純然主觀的性質，卻仍然是作爲顯象的事物的一個知識成分。感覺（這裡是外部感覺）同樣表達著我們對我們之外的事物的表象之純然主觀的東西，但眞正說來是表達著這些表象的質料性的（實在的）東西（由此某種實存的東西被給予），就像空間表達著這些事物的直觀之可能性的純然先天形式一樣；而感覺仍然被用於認識我們之外的客體。

但是，在一個表象上根本不能成為任何知識成分的主觀的東西，就是與該表象相結合的愉快或者不快；因爲透過它，我在該表象的對象上沒有認識到任何東西，儘管它很可能是某種知識的結果。如今，一個事物的合目的性，如果它在知覺中被表現出來，也不是客體本身的任何性狀（因爲這樣一種性狀是不能被知覺的），儘管它能夠被從一個事物的某種知識中推論出來。因此，先行於一個客體的知識的，甚至不想爲了一種知識而使用該客體的表象，也仍然與這表象直接地結合著的那種合目的性，就是這表象的主觀的東西，它根本不能成爲知識的成分。因此，對象在這種情況下之所以被稱爲合目的的，就只是因爲它的表象直接地與愉快的情感相結合；而這表象本身就是合目的性的一個審美表象。問題僅僅在於，一般說來是否有合目的性的這樣一種表象。

如果對一個直觀對象的形式的純然把握（apprehensio），無須直觀與一個概念的關係就爲了一個確定的知識而有愉快與之相結合，那麼，這個表象就由此不是與客體相關，而是僅與主體相關；而這愉快所能表達的就無非是客體與在反思性的判斷力中，起作用的認識能力的適應性，而且是就這些能力在其中起作用而言的，因而所表達的純然是客體的主觀的、形式的合目的性。因爲使諸形式進入想像力的上述把握，如果不是反思性的判斷力哪怕是無意地，至少把這些形式與判斷力的把直觀與概念聯繫起來的能力進行比較，是永遠不可能發生的。現在，如果在這種比較中，想像力（作爲先天直觀的能力）透過一個被給予的表象而被無意地置於與知性的一致之中，那麼，對象在這種情況下就必定被視爲對反思性的判斷力來說合目的的。這樣一個判斷就是對客體的合目的性的審美判斷，它不是建立在關於對象的任何現成概念之上的，也不造就關於對象的任何概念。它的對象的形式（不是它的表象的質料性的東西，即感覺）在關於這個形式的純然反思中（無意於一個要從對象獲得的概念）就被評判爲這樣一個客體的表象上的愉快的根據：這種愉快也被判斷爲與這客體的表象必然地結合著的，因而不僅是對把握這個形式的主體來說，而是對任何一般而言的作判斷者來說都是如此。對象在這種情況下就叫做美的，而透過這樣一種愉快（因而也是普遍有效地）作判斷的能力就叫做鑑賞。因爲既然愉快的根據僅僅被置於一般反思的對象的形式中，因而不被置於對於對象的任何感覺中，也與一個包含著某種意圖的概念無關，所以，這就只是主體中一般判斷力的經驗性應用的合法則性（想像力與知性的統一），在其先天條件普遍有效的反思中，客體的表象與這種合法則性是協調一致的；而且既然對象與主體能力的這種協調一致是偶然的，所以它就造就了該對象就主體的認識能力而言的合目的性的表象。

現在，這裡有一種愉快，它與一切不是由自由概念（亦即由透過純粹理性對高等欲求能力所作的先行規定）所造成的愉快和不快一樣，永遠不能從概念出發被視爲與一個對象的表象必然相結合的，而是在任何時候都必須被認識爲僅僅透過反思的知覺與表象相連結的，因而與一切經驗性判斷一樣不能預示任何客觀必然性和要求先天有效性。但是，鑑賞判斷也像任何其他經驗性判斷一樣，只是要求對每個人都有效，這一點即使它有內在的偶然性，也總是可能的。令人驚訝之處和不同之處只是在於：不是一個經驗性的概念，而是一個愉快情感（因而根本不是概念），要苛求於每一個人，並與客體的表象相連結，就好像它是與客體的知識結合著的謂詞似的。

個別的經驗判斷，例如：一個人在一塊水晶中發覺有一個移動的水滴，有理由要求每一個別的人都必定同樣發現這一點，因爲他是按照規定性的判斷力的普遍條件在一般的可能經驗的法則之下作出這個判斷的。同樣，一個人在對一個對象的形式的純然反思中不考慮一個概念就感到愉快，儘管這個判斷是經驗性的，是一個個別的判斷，他也有理由要求任何人的贊同；因爲這種愉快的根據是在反思性的判斷的普遍的、儘管是主觀的條件中，亦即在一個對象（無論它是自然的產物，還是藝術的產物）與諸認識能力相互之間的關係之合目的的協調一致中被發現的，這些認識能力是爲每一個經驗性知識（想像力和知性的經驗性知識）所要求的。因此，愉快在鑑賞判斷中雖然依賴一個經驗性的表象，並且不能先天地與任何概念相結合（人們不能先天地規定哪個對象將適合或者不適合鑑賞，人們必須試一試它）；但是，愉快畢竟是這個判斷的規定根據，這只是由於人們意識到，它是僅僅基於反思及其與一般客體知識的協調一致之普遍的，雖然只是主觀的條件的，對這種反思來說，客體的形式是合目的的。

這就是爲什麼鑑賞判斷按照其可能性也經受一種批判的原因，因爲這種可能性以一個先天原則爲前提條件，儘管這個原則既不是知性的一個認識原則，也不是意志的一個實踐原則，因而根本不是先天地作出規定的。

但是，由對事物（既有自然的事物，也有藝術的事物）的形式的反思而來的一種愉快的感受性，不僅表明了客體在主體身上按照自然概念在與反思性的判斷力的關係中的合目的性，而且也反過來表明了主體就對象而言，按照對象的形式乃至無形式根據自由概念的合目的的性；而這樣一來所發生的就是：審美判斷不僅作爲鑑賞判斷與美者相關，而且作爲出自一種精神情感的判斷與崇高者相關，於是對審美判斷力的那個批判就必須分爲兩個與此符合的主要部分。

八、自然的合目的性的邏輯表象

在一個於經驗中被給予的對象上，合目的性可以要麼出自一種純然主觀的根據，被表現爲對象的形式在先於一切概念，而對該對象的**把握**（apprehensio）中與諸認識能力爲將直觀與概念結合成一種知識而有的協調一致；要麼出自一種客觀的根據，被表現爲對象的形式按照事物的一個先行的、包含這形式的根據的概念而與事物本身的協調一致。我們看到過：前一種合目的性的表象基於在僅僅反思對象的形式時對該形式的直接愉快；因此，第二種合目的性的表象由於不是把客體的形式與主體在把握這形式時的認識能力聯繫起來，而是把它與對象在一個被給予的概念之下的一種確定的知識聯繫起來，就與對事物的一種愉快情感毫無關係，而與對事物的評判中的知性相關。如果關於一個對象的概念被給予了，那麼，在應用這概念達到知識時，判斷力的工作就在於**展現**（exhibitio）；也就是說，在於用一個相應的直觀來支持該概念；無論這件事是透過我們自己的想像力發生的，就像在藝術中，當我們把一個預先把握到的關於一個對我們來說是目的的對象的概念實現出來時那樣，還是透過自然在它的技術中（就像在有機體中那樣）發生的，如果我們把我們的目的概念加給自然以評判它的產品的話；在後一場合，不僅自然在事物的形式中的合目的性，而且它的這個作爲自然目的的產品也都得到了表現。——儘管我們關於自然根據經驗性法則在其種種形式中的主觀合目的性的概念根本不是關於客體的概念，而只是判斷力在自然的這種過於龐大的雜多性中獲得概念（能夠在這種雜多性中判定方向）的一個原則罷了；但是，我們由此卻彷彿是把對我們的認識能力的一種考慮，按照一個目的的類比賦予了自然；這樣，我們就能夠把自然美視爲形式的（純然主觀的）合目的性這個概念的展現，把自然目的視爲一種實在的合目的性這個概念的展現，我們透過鑑賞（在審美上、借助愉快的情感）來評判前者，透過知性和理性（在邏輯上、按照概念）來評判後者。

把判斷力批判劃分爲審美的判斷力批判和目的論的判斷力批判，其根據就在於此；因爲審美的判斷力被理解爲透過愉快或者不快的情感，來評判形式的合目的性（通常也被稱爲主觀的合目的性）的能力，目的論的判斷力則被理解爲透過知性和理性，來評判自然的實在的合目的性（客觀的合目的性）的能力。

在對判斷力的一種批判中，包含著審美的判斷力的部分是在根本上屬於它的，因爲唯有審美的判斷力才包含著判斷力完全先天地作爲它對自然進行反思的基礎的那個原則，亦即自然按照其特殊的（經驗性的）法則對我們認識能力的一種形式的合目的性的原則，沒有這種合目的性，知性就會在自然中找不到路徑；與此不同，對於必須存在著自然的客觀目的，亦即必須存在著唯有作爲自然目的才有可能的事物，根本不能指出任何先天根據，甚至就連其可能性也不是由既作爲普遍經驗對象，也作爲特殊經驗對象的自然的概念出發來說明的；而是僅僅判斷力，無須先天地在自身包含著這方面的原則，在出現（某些產品的）場合時，在那個先驗原則已經使知性做好準備，把一個目的的概念（至少是按照形式）運用於自然上面之後，就包含著這種規則，以便爲了理性而使用目的的概念。

但是，把自然在一個事物的形式上與我們認識能力的主觀關係中的合目的性設想爲評判這形式的原則，使得我應當在什麼地方和在哪些場合把這種評判當作對一個按照合目的性原則的產品，而不是對一個寧可僅僅按照普遍的自然法則的產品的評判來進行，依然懸而未決，並任由審美的判斷力在鑑賞中去發現這產品（它的形式）對我們認識能力的適合（只要這種適合不是透過與概念的協調一致，而是透過情感來斷定的）。與此相反，作目的論應用的判斷力則確定地指出了某種東西（例如：一個有機體）能夠在其下，按照一個自然目的的理念來評判的條件；但是，對於把與目的的關係先天地賦予作爲經驗對象的自然，哪怕只是不確定地從對這樣一些產品的現實經驗中假定此類目的的權限，它卻不能從這個自然的概念中提出任何原理；這樣做的根據在於，必須得出許多特殊的經驗，並在其原則的統一性之下來考察它們，以便能夠僅僅經驗性地在某一個對象上認識一種客觀的合目的性。——因此，審美的判斷力是按照一個規則，而不是按照概念來評判事物的一種特殊的能力。目的論的判斷力則不是什麼特殊的能力，而只是一般反思性的判斷力，如果它就像處處在理論知識中那樣按照概念，但就某些自然對象而言則按照特殊的原則，亦即按照一種純然反思的，並

194

不規定客體的判斷力來行事的話，因而按照其運用它屬於哲學的理論部分，並且由於這些特殊的原則並不像在一個學說中必須的那樣是作出規定的，它必定也構成批判的一個特殊的部分；與此不同，審美的判斷力對認識其對象毫無貢獻，因而必須被僅僅列入是一切哲學的入門的對判斷主體及其認識能力的批判，只要這些認識能力能夠提供先天的原則，而不管這些先天原則除此之外還有什麼應用。

九、知性的立法和理性的立法透過判斷力而連結

知性對於作為感官客體的自然是先天地立法的，以達到在一種可能的經驗中對自然的理論知識。理性對於作為主體中的超感性東西的自由及其固有因果性是先天地立法的，以達到一種無條件實踐的知識。前一種立法之下的自然概念的領域和後一種立法之下的自由概念的領域，背逆它們獨自（每一方根據自己的基本法則）就能夠有的相互影響，被把超感性的東西與顯象分離開來的那個巨大的鴻溝完全隔離開來。自由概念就自然的理論知識而言不規定任何東西；自然概念就自由的實踐法則而言同樣不規定任何東西；就此來說，架起一座從一個領域通向另一個領域的橋梁是不可能的。——然而，即使按照自由概念（以及它所包含的實踐規則）的因果性的規定根據未在自然中得到證明，而感性的東西也不能夠規定主體中的超感性的東西，但這一點畢竟反過來（雖然不是就自然的知識而言，但畢竟是就出自自

由概念對自然產生的後果而言）是可能的，並且已經包含在一種憑藉自由的因果性的概念之中，這種因果性的結果應當按照自由的這些形式法則而在世界上發生，儘管原因這個詞在運用於超感性的東西時僅僅意味著按照自然事物固有的自然法則，但同時畢竟也與理性法則的形式原則相一致地規定自然事物的因果性來達成一個結果的那個根據，這樣做的可能性雖然看不出來，但關於其中存在著所謂矛盾的反對理由卻可以充分駁倒。② ——按照自由概念的結果就是終極目的，它（或者它在感官世界中的顯象）應當實存著，為此人們預設了它在自然中的可能性的條件（即作爲感官存在者，也就是作爲人的那個主體的可能性的條件）。先天地、不顧及實踐而預設這些條件的東西，即判斷力，在自然的一種合目的性的概念中，提供了自然概念和自由概念之間的仲介概念，這個概念使得從純粹的理論理性到純粹的實踐理

② 在自然因果性與憑藉自由的因果性的這整個區分中，各種臆測的矛盾之一就是人們責難這種區分時說的矛盾，即如果我談到自然給按照自由法則（道德法則）的因果性設置的障礙或者自然對這種因果性的促進，那麼，我就畢竟承認了前者對後者有一種影響。但是，只要人們想理解所說的話，那麼，誤解是很容易避免的。阻抗或者促進並不存在於自然和自由之間，而是存在於作爲顯象的前者和後者的作爲感官世界中的顯象的結果之間；甚至（純粹的和實踐的理性的）自由的因果性也就是一種隸屬於自由的自然原因（作爲人，因而作爲顯象來看的主體）的因果性，在自由之下被思維的理知的東西以一種在其他情況下（正如構成自然的超感性基底的同一種理知的東西一樣）無法解釋的方式包含著規定這種因果性的根據。

性、從按照前者的合法則性到按照後者的終極目的的過渡成爲可能；因爲這樣一來，唯有在自然中並且與自然的法則相一致，才能成爲現實的那個終極目的的可能性，就被認識到了。

知性透過它對於自然而言的先天法則的可能性提供了一種證明，即自然只是作爲顯象才爲我們所認識，因而同時提供了對自然的一個超感性基底的指示，但卻使這個基底完全未被規定。判斷力透過其按照自然可能的特殊法則來評判自然的先天原則，使自然的超感性基底（無論是在我們之中的，還是在我們之外的）獲得了透過理智能力來規定的可能性。但是，理性則透過其先天的實踐法則賦予同一個基底以規定；這樣，判斷力就使得從自然概念的領域到自由概念的領域的過渡成爲可能。

就一般心靈能力而言，只要把它們當作高層能力，亦即包含著一種自律的能力來看待，那麼，對於認識能力（對自然的理論認識能力）來說，知性就是包含著建構性的先天原則的能力；對於愉快和不快的情感來說，這種能力就是判斷力，它不依賴於能夠與欲求能力的規定相關，並由此直接是實踐的那些概念和感覺；對於欲求能力來說則是理性，它無須任何一種不論從哪裡來的愉快的仲介而是實踐的，並作爲高層的能力爲欲求能力規定終極目的，這個終極目的同時帶有對客體的純粹的理智愉悅。——判斷力關於自然的一種合目的性的概念還是屬於自然概念的，但只是作爲認識能力的範導性原則，儘管引起該概念的關於某些對象（自然的對象或者藝術的對象）的審美判斷，就愉快或者不快的情感而言，是一個建構性的原則。各種認識能力的協調一致包含著愉快的根據，這些認識能力的遊戲中的自發性使得上述概念適用於作自然概念的領域與自由概念在其後果中連結的仲介，因爲這種連結同時促進了心靈對道德情感的感受性。——下表可以有助於按照其系統的統一性來概觀一切高層的能力。③

198

心靈的全部能力	認識能力	先天原則	運用於
認識能力	知性	合法則性	自然
愉快和不快的情感	判斷力	合目的性	藝術
欲求能力	理性	終極目的	自由

③有人曾對我在純粹哲學中的劃分結果，幾乎總是三分的而感到疑慮。但這卻在於事物的本性。如果一種劃分應當先天地進行，那麼，它將要麼按照矛盾律是分析的；而在這裡它任何時候都是二分的（quodlibet ens est aut A aut non A〔任何一個存在者都要麼是A，要麼是非A〕）。要麼它就是綜合的；而如果它在這一場合應當從先天概念出發（而不是像在數學中那樣從先天地與概念相應的直觀出發）來進行，那麼，按照一般綜合統一所要求的東西，亦即⑴條件；⑵一個有條件者；⑶從有條件者與它的條件的結合中產生的概念，劃分就必須是三元體。

整本作品的劃分

第一篇 審美判斷力的批判

第一卷 審美判斷力的分析論

第一章 美者的分析論

第二章 崇高者的分析論

第二卷 審美判斷力的辯證論

第二篇 目的論判斷力的批判

第一卷 目的論判斷力的分析論

第二卷 目的論判斷力的辯證論

附錄 目的論判斷力的方法論

第一篇 審美判斷力的批判

第一卷

審美判斷力的分析論

第一章　美者的分析論

•鑑賞判斷[①]的第一契機，按照質來看

第一節　鑑賞判斷是審美的

爲了區分某種東西是不是美的，我們不是透過知性把表象與客體相聯繫以達成知識，而是透過想像力（也許與知性相結合）把表象與主體及其愉快或者不快的情感相聯繫。因此，鑑賞判斷不是知識判斷，因而不是邏輯的，而是審美的，人們把它理解爲這樣的東西，它的規定根據只能是主觀的。但是，表象的一切關係，甚至感覺的一切關係，都能夠是客觀的（而這時這些關係就意味著一個經驗性表象的實在的東西）；唯有與愉快和不愉快的情感的關係不是這樣，透過它根本沒有標明客體中的任何東西，而是在它裡面主體如同被表象刺激那樣感覺到自己本身。

憑藉自己的認識能力（無論是在清晰的表象方式中，還是在含混的表象方式中）去把

① 這裡當作基礎的鑑賞的定義是：鑑賞是評判美者的能力。但是，要把一個對象稱爲美的，這需要什麼，必須由對鑑賞判斷的分析來揭示。這種判斷力在其反思中所注意的要素，我是按照判斷的邏輯功能的指引來尋找的（因爲在鑑賞判斷中，總是還包含著與知性的一種關係）。我首先考察的是質的功能，因爲關於美者的審美判斷首先考慮的就是質。

握一座合乎規則的、合乎目的的建築，這與憑藉愉悅的感覺去意識到這個表象是完全不同的。在後者，表象在愉快或者不快的情感的名義下完全是與主體相關，確切地說與主體的生活情感相關：這就建立起一種完全特殊的區分和評判的能力，它對於認識沒有絲毫貢獻，而是僅僅把主體中被給予的表象與主體在其狀態的情感中意識到的全部表象能力相對照。一個判斷中的被給予的表象可以是經驗性的（因而是審美的）；但透過那些表象所作出的判斷卻是邏輯的，如果那些表象在判斷中只是與客體相關的話。但反過來，如果被給予的表象完全是合理的，但在判斷中卻僅僅與主體（它的情感）相關，那麼，它們就此而言在任何時候都是審美的。

第二節　規定著鑑賞判斷的那種愉悅是沒有任何興趣的

被稱爲興趣的那種愉悅，我們是把它與一個對象的實存的表象結合在一起的。因此，這樣一種愉悅總是同時具有與欲求能力的關係，要麼它就是欲求能力的規定根據，要麼畢竟與欲求能力的規定根據有必然聯繫。但現在，既然問題是某種東西是否美，人們就不想知道事情的實存對我們或者任何一個人是否有某種重要性，或者哪怕只是可能有重要性；而是想知道，我們如何在純然的觀察（直觀或者反思）中評判它。如果某人問我，對於我眼前看到的那座宮殿我是否覺得美，那麼我雖然可以說：我不喜歡此類純然是爲了引人注目而造的事物，或者像那位易洛魁人酋長一樣，在巴黎沒有比熟食店更讓他喜歡的東西了；此外，我還可以按十足盧梭的方式責罵大人物們的虛榮心，他們把人民的血汗揮霍在如此沒有必要的事物上；最後，我可以極爲容易就確信，如果我處身在一個無人居住的小島上，毫無希望在某個時候重返人類，而且我單憑我的願望就能夠用魔術變出這樣一座豪華建築來，如果我已經有一間對我來說足夠舒適的茅舍的話，我也根本不會爲此花費這點力氣。人們可以對我承認和贊同這一切，只是現在不談這一點。人們只想知道，對象的純然表象在我心中是否伴隨有愉悅，哪怕就這個表象的對象的實存而言我總是無所謂的。人們很容易看到，要說這個對象是美的，並且證明我有鑑賞，這取決於我從我心中的這個表象本身得出什麼，而不取決於我在其中依賴於該對象的實存的東西。每一個人都必須承認，關於美的判斷只要摻雜了絲毫興趣，就會是偏袒的，就不是鑑賞判斷。人們必須對於事物的實存沒有絲毫傾向性，而是在這方面完全無所謂，以便在鑑賞的事情上扮演裁決者。

但是，對於這個極其重要的命題，我們不可能作出更好的闡釋，除非我們把與興趣相結合的那種愉悅與鑑賞判斷中這種純粹的、無興趣的②愉悅對立起來；尤其是如果我們同時能

② 對於愉悅的一個對象的判斷可以是完全無興趣的，但卻畢竟是很有趣味的；也就是說，它並不建立在任何興趣之上，但卻產生出某種興趣；一切純粹的道德判斷都是這樣的判斷。但是，鑑賞判斷就自身而言也根本不

夠肯定，除了馬上就應當列舉的幾種興趣之外，再也沒有別的什麼興趣了。

第三節　對適意者的愉悅是與興趣相結合的

在感覺中使感官喜歡的東西就是適意的。在這裡，馬上就出現了機會，來指責對感覺這個詞所可能有的雙重含義的一種極爲常見的混淆，並使人們注意到這一點。一切愉悅（人們說的或者想的）本身都是感覺（一種愉快的感覺）。因此，一切招人喜歡的東西都恰恰在它招人喜歡這一點上是適意的（而且按照不同的程度或者與其他適意的感覺的關係，而是嫵媚的、可愛的、賞心悅目的、令人高興的等）。但是，如果這得到承認，那麼，感官的那些規定著偏好的印象、理性的那些規定著意志的原理、直觀的那些規定著判斷力的純然反思形式，就對快樂情感的作用而言，都完全是一回事。因爲這種作用在對情感狀態的感覺中就是適意，而既然對我們種種能力的一切探討最終必然都目的在於實踐的東西，並在作爲其目標的實踐的東西中結合起來，人們也就不能苛求這些能力對事物及其價值作出別的估價，除非這種估價在於它們所預示的歡娛。事情最終根本不取決於它們如何達到這一點的方式；而且

建立任何興趣。唯有在社交中，擁有鑑賞才是有趣味的，其理由將在後面指明。

既然手段的選擇唯有在這裡才造成一種區別，所以人們盡可以相互指責愚蠢和不理智，但絕不可以互相指責卑鄙和惡意：因爲他們雖然每一個人都按照自己的方式看待事物，卻畢竟全都奔向一個對每一個人來說都是歡娛的目標。

如果對愉快或者不快的情感的一種規定被稱爲感覺，那麼，這一表述就意味著某種完全不同於我在把一件事物的（透過感官，即一種屬於認識能力的感受性而來的）表象稱爲感覺時的東西。因爲在後一場合，表象與客體相關，但在前一場合，表象則僅僅與主體相關，並且根本不用於任何知識，也不用於主體藉以認識自己的東西。

但是，我們在上面的解釋中把感覺這個詞理解爲感官的一個客觀的表象；而且爲了不總是冒著被誤解的危險，我想用情感這個通常流行的名稱來稱謂在任何時候，都必定僅僅保持爲主觀的、絕對不可能構成一個對象的表象的那種東西。草地的綠色屬於客觀的感覺，是對一個感官對象的知覺；但這綠色的適意則屬於主觀的感覺，透過它不能表現任何對象；也就是說，它屬於對象被視爲愉悅（這愉悅不是對象的知識）的客體所憑藉的情感。

現在，關於一個對象，我宣布它是適意的所憑藉的那個判斷會表達出對該對象的一種興趣，這由以下情況來看已可明白，即它透過感覺激起了對這樣一個對象的欲望，因而愉悅不是以關於該對象的純然判斷，而是以該對象的實存與我的狀態的關係爲前提條件的，如果我的狀態受到這樣一個客體的刺激的話。因此，關於適意者人們不僅僅說：它招人喜歡，而且說：它使人歡娛。這並不是奉獻給它的一個純然讚許，而是由此產生了偏好；以最鮮活的方式而適意的東西，甚至不需要關於客體性狀的任何判斷，以至於那些永遠只以享受爲目的（因爲享受是人們用來標示歡娛的內在方面的一個詞）的人們，很樂意使自己免除一切判斷。

第四節　對善者的愉悅是與興趣相結合的

借助於理性而透過純然概念使人喜歡的東西就是**善的**。我們把一些只是作爲手段而使人喜歡的東西稱爲**為某事而善的**（有用的東西）；但把獨自就使人喜歡的東西稱爲**就自身而言善的**。在兩者之中，都總是包含著一個目的的概念，因而都包含著理性與（至少可能的）意欲的關係，所以包含著對一個客體或者一個行動的**存在**的愉悅，亦即包含著某種興趣。

爲了認爲某種東西是善的，我在任何時候都必須知道對象應當是一個什麼樣的事物；也就是說，擁有一個關於該對象的概念。爲了在它身上發現美，我卻不需要這樣做。花朵、自由的描畫、無意圖地相互纏繞而名爲卷葉飾的線條，它們沒有任何含義，不依賴於任何確定的概念，卻畢竟使人喜歡。對美者的愉悅必須依賴於導向某一個（不一定是哪一個）概念的、關於一個對象的反思，並由此不同於適意者，適意者是完全基於感覺的。

雖然，適意者與善者在許多場合看起來是一回事。於是，人們通常將說：一切歡娛（尤其是持久的歡娛）是就自身而言善的；這差不多就是說：是持久適意的或者是善的，這是一回事。然而，人們馬上就會發現，這純然是一種錯誤的語詞混淆，因為與這些表述特別相關聯的概念是絕對不能互相代換的。適意者本身唯有與感官相關才表現對象，它必須透過一個目的的概念才被置於理性的原則之下，以便把它作為意志的對象稱為善的。但是，如果我把使人歡娛的東西同時稱為**善的**，這就是與愉悅的一種完全不同的關係，這一點，是從以下情況看出的，即在善者那裡總是有如下問題：它是僅僅間接善的，還是直接善的（是有用的，還是就自身而言善的）；與此相反，在適意者這裡根本不可能有這方面的問題，因為這個詞在任何時候都意味著某種直接招人喜歡的東西（同樣，我稱為美的東西也是這種情況）。

甚至在最平常的言談中，人們也把適意者與善者區別開來。對於一道透過調味料和其他佐料來提升味道的菜餚，人們毫不猶豫就說它是適意的，而且同時承認它並不是善的；因為它雖然直接使感官**中意**，但間接地，亦即透過那留意後果的理性來看，就不合人意了。甚至在對健康的評判中，人們也還能夠發現這種區別。對於每一個擁有健康的人來說，健康是直接適意的（至少在消極意義上，作為對一切肉體痛苦的擺脫）。但要說健康是善的，人們就必須還透過理性使它指向各種目的，亦即它是一種使我們對我們的一切事務都充滿興致的狀態。最後，就幸福而言，畢竟每個人都相信，可以把生活之適意的最大總和（無論在量上，還是在持久上）稱為一種眞正的，甚至是最高的善。然而，就連這一點理性也反對。適意就是享受。但是，如果僅僅是為了享受，那麼，在使我們獲得享受的手段方面顧慮重重，要看這享受是承受自大自然的慷慨，還是透過主動性和我們自己的活動達成的，這就是愚蠢的了。但是，一個人活著僅僅是爲了享受（而且就這個意圖來說，他還是忙忙碌碌的），甚至對於同樣的目的都僅僅在於享受的其他人來說，他作爲這方面的手段是極爲有益的，確切地說是因爲他由於同感而一起享受一切歡娛，就說他的生存就自身而言具有一種價值，這將永遠不能說服理性。唯有透過他不考慮享受而完全自由地、不取決於自然有可能創造出來使他承受的東西就做的事情，他才給予自己的存在作爲一個人格的生存以一種絕對的價值；而幸福則連同其全部充沛的適意還遠遠不是一種無條件的善。③

但是，即便在適意者和善者之間有所有這些不同，兩者畢竟在這一點上是一致的，即它們在任何時候都是與對其對象的一種興趣相結合的，不僅適意者（第三節），以及作爲達到某種適意的手段而讓人喜歡的間接善的東西（有用的東西），而且絕對善的、在一切方面都善的東西，亦即自身帶有最高興趣的道德上的善，都是如此。因爲善是意志（亦即一種由理性規定的欲求能力）的客體。但是，意欲某種東西和對它的存在有一種愉悅，亦即對此有一

③ 對於享受的責任是一種顯而易見的無稽之談。因此，藉口對一切僅僅以享受爲其目標的行動有責任，也必定同樣是無稽之談；哪怕這享受被任意地設想成（或者被僞飾成）精神性的，即便它是一種神祕的、所謂上天的享受。

種興趣，這兩者是同一的。

第五節　愉悅的三種不同方式的比較

適意者和善者都與欲求能力有一種關係，而且就此而言，前者帶有一種生理學上有條件的愉悅（透過刺激，stimulos），後者帶有一種純粹的實踐的愉悅，這不僅是由對象的表象，而且同時是由主體與對象的實存被表象出來的連結來規定的。不僅對象，而且對象的實存都讓人喜歡。與此相反，鑑賞判斷純然是靜觀的；也就是說，是一種對一個對象的存在漠不關心、僅僅把對象的性狀與愉快和不快的情感加以對照的判斷。但是，這種靜觀本身也不是集中於概念的；因為鑑賞判斷不是認識判斷（既不是理論的認識判斷，也不是實踐的認識判斷），因而也不是基於概念，或者也以概念為目的的。

因此，適意者、美者、善者表示表象與愉快和不快的情感的三種不同的關係，與此相關，我們把對象或者表象方式彼此區別開來。人們用來表示這些關係中的中意的那些與每一種關係相適合的表述也不是一樣的。對於某個人來說，使他歡娛的東西就是適意的；僅僅讓他喜歡的東西就是美的；受賞識、被贊同，亦即其中被他設定了一種客觀價值的東西則是善的。適意也適用於無理性的動物；美僅僅適用於人，亦即動物性的，但畢竟有理性的存在者，但也不僅僅作為有理性的存在者（例如：精靈），而且同時作為動物性的存在者；但是，善者卻適用於任何一般的理性存在者；這是一個唯有在後面才能得到完全的辯護和解釋的命題。人們可以說：在愉悅的所有這三種方式中，唯有對美者的鑑賞的愉悅才是一種沒有興趣的和自由的愉悅；因爲沒有任何興趣，既沒有感官的興趣也沒有理性的興趣，來強迫作出贊許。因此，關於愉悅可以說：它在上述三種場合與偏好，或者惠愛，或者敬重相關。因爲惠愛是唯一自由的愉悅。一個偏好的對象和一個由理性法則責成我們去欲求的對象，並沒有留給我們使某種東西成爲我們自己的一個愉快的對象的自由。一切興趣都以需要爲前提條件，或者是產生一種需要；而作爲贊許的規定根據，需要不再讓關於對象的判斷是自由的。

至於在適意者那裡的偏好的興趣，每個人都說：饑餓是最好的廚師，有健康食欲的人覺得任何只要可吃的東西都好吃；因此，這樣一種愉悅並不證明是按照鑑賞來選擇的。唯有當需要被滿足之後，人們才能夠辨別，在眾人之中誰有鑑賞或者沒有鑑賞。同樣，也有缺乏德性的風尚（品行）、缺乏好意的客套、缺乏正直的體面等。因爲在風尚的法則表態的地方，就該做的事情而言，客觀上就不再有任何自由的選擇；而在自己的舉止中（或者在對別人的舉止的評判中）顯示出鑑賞，這與表現出自己道德上的思維方式是某種完全不同的東西；因爲後者包含著一個命令並產生一種需要，而與此相反，風尚的鑑賞卻只是拿愉悅的對象做遊戲，並不眷戀一個對象。

從第一契機推論出的對美者的解釋

鑑賞是透過不帶任何興趣的愉悅或者不悅，而對一個對象或者一個表象方式作評判的能力。這樣一種愉悅的對象就叫做美的。

•鑑賞判斷的第二契機，按照量來看

第六節　美者是無須概念而被表現爲一種普遍的愉悅之客體的東西

對美者的這種解釋可以從上面對美者的解釋，即美者是不帶任何興趣的愉悅的對象這一解釋推論出來。因爲一個東西，某人意識到對它的愉悅在他自己這裡是不帶任何興趣的，他就只能這樣來評判這東西，即這東西必定包含著使每個人都愉悅的一個根據。因爲既然愉悅不是建立在主體的某個偏好之上的（也不是建立在某個別的經過考慮的興趣之上的），而是判斷者就他投入到對象上的愉悅而言感到自己是完全自由的；所以，他不可能發現唯有他的主體才依戀的私人條件來做愉悅的根據，因而必須把愉悅視爲基於他也能夠在任何別人那裡預設的東西的；因此，他必須相信有理由指望每個人都有一種類似的愉悅。於是，他將這樣來談論美者，就好像美是對象的一種性狀，而判斷是邏輯的（透過客體的概念構成對客體的一種知識的）似的；儘管這判斷只是審美的，而且僅僅包含對象的表象與主體的一種關係，這是因爲，它畢竟與邏輯判斷有相似性，即人們能夠在這方面預設它對每個人的有效性。但是，從概念中也不能產生出這種普遍性。因爲不存在從概念到愉快或者不快的情感的任何過渡（除非是在純粹的實踐法則中，但這些法則帶有一種興趣，這樣的東西並不與純粹的鑑賞判斷相結合）。因此，與意識到自身中脫離了一切興趣的鑑賞判斷必然相聯繫的，是一種不帶有被置於客體之上的普遍性而對每個人都有效的要求；也就是說，與它相結合的必須是一種主觀普遍性的要求。

第七節　透過上述特徵把美者與適意者和善者加以比較

就適意者而言，每一個人都滿足於：他建立在一種私人情感之上、他藉以說一個對象讓他喜歡的判斷，也僅僅是限於他個人的。因此，如果他說：加那利香檳酒是適意的，另一個人糾正他的表述，提醒他應當說：這酒對我來說是適意的，他也欣然滿意；而且不僅在舌頭、齶部和咽喉的鑑賞中，即便在對眼睛和耳朵來說有可能使每個人適意的東西中亦是如此。對一個人來說紫色是溫柔的和可愛的，對另一個人來說它則是無生氣的和死寂的。一個人喜愛管樂聲，另一個人則喜愛弦樂聲。對此懷著這樣的意圖去爭執，要把別人與我的判斷不同、好像在邏輯上與我的判斷相對立的判斷斥爲不正確的，這會是件蠢事；因此，就適意者而言適用的是如下原理：每一個人都有他自己的鑑賞（感官的鑑賞）。

美者的情況則完全不同。如果某人對自己的鑑賞有點自負，想爲自己辯護而說：這個對象（我們看到的建築、那人穿的衣服、我們聽到的音樂會、被提交評判的詩）對我來說是美的，那就會（恰恰顛倒過來）是可笑的。因爲如果只是他喜歡這東西，他就不必把它稱爲美的。對於他來說，有許多東西具有魅力和適意性，沒有人關心這一點；但是，如果他聲稱某種東西是美的，那麼，他就在指望別人有同樣的愉悅：他不是僅僅爲自己，而且是爲每個人作出判斷的，而且在這種情況下談論美，就好像它是事物的一個屬性似的。因而他說：這個事物是美的，而且絕不是因爲他曾發現別人多次贊同他的判斷，就指望別人贊同他的愉悅判斷，而是要求別人贊同他。如果別人作出不同的判斷，他就指責別人，並否認別人有鑑賞，而他畢竟要求別人應當具有鑑賞；就此而言，人們不能說：每一個人都有自己特殊的鑑賞。這會等於是說：根本不存在任何鑑賞，亦即不存在任何能夠合法地要求每個人都贊同的審美判斷。

儘管如此，人們就適意者而言還是發現，在對它的評判中人們之間也可以發現一致性，但在這一致性方面，人們畢竟否認一些人有鑑賞，承認另一些人有鑑賞，確切地說不是在感覺器官的意義上，而是作爲在一般適意者方面的評判能力。於是，某人善於用種種適意（以所有的感官來享受的適意）來爲自己的客人助興，使他們皆大歡喜，人們就說這人有鑑賞。但在這裡，普遍性只是比較而言的；而此時只有總體性的規則（正如所有經驗性的規則都是總體性的規則一樣），而不是關於美的鑑賞判斷所採取或者所要求的全體性的規則。就社交基於經驗性的規則而言，這是一個與社交相關的判斷。就善者來說，雖然判斷也有權要求對每個人都有效；然而，善者卻只是透過一個概念而被表現爲一種普遍的愉悅的客體，無論在適意者還是在美者那裡，都不是這種情況。

第八節　愉悅的普遍性在一個鑑賞判斷中只被表現爲主觀的

在一個鑑賞判斷中能夠遇到的對一個審美判斷的普遍性的這種特殊規定，是一件雖然不是對於邏輯學家，但卻對先驗哲學家來說值得注意的事情，它要求先驗哲學家付出不小的努力去發現它的起源，但爲此也揭示出我們的認識能力的一種屬性，沒有這一分析，這種屬性就會依然不爲人所知。

首先，人們必須完全確信：人們透過（關於美的）鑑賞判斷要求每個人都在某個對象上感到愉悅，但卻並不基於一個概念（因爲這樣的話就會是善了）；而且，對普遍有效性的這種要求是如此在本質上屬於我們宣稱某種東西是美的所借助的判斷，以至於如果不在這方面考慮到這種普遍有效性，就不會有人想到運用這一表述，而是一切無須概念就讓人喜歡的東西都會被算做適意者，就適意者而言人們讓每個人各有各的頭腦，沒有一個人指望別的人贊同自己的鑑賞判斷，這在關於美的鑑賞判斷中畢竟是隨時發生的。我可以把前者稱爲感官的鑑賞，把後者稱爲反思性的鑑賞；這是就前者僅僅作出私人的判斷，而後者則作出所謂普適性的（公共性的）判斷而言的，但兩者都是僅僅在一個對象的表象與愉快和不快的情感的關係方面對該對象作出了審美的（不是實踐的）判斷。而如今令人奇怪的是，既然對於感官的鑑賞來說，不僅經驗表明它的判斷（對某種東西愉快或者不快的判斷）不是普遍有效的，而且每個人也都是自發地如此謙虛，不那麼要求別人的贊同（雖然即便在這些判斷中，也確實經常出現一種很廣泛的一致），而反思性的鑑賞即使像經驗教導的那樣，其對自己（關於美者的）的判斷對於每個人都普遍有效的要求也足夠經常地遭到拒絕，卻仍然會感到有可能（它實際上也這樣做）設想有一些判斷是能夠普遍地要求這種贊同的，而且事實上對它的每個鑑賞判斷都指望每個人給予這種贊同，作判斷者並不爲了這樣一種要求的可能性而發生爭執，而是僅僅在特殊場合爲了這種能力的正確應用不能達成一致。

這裡首先要注意的是，一種不是基於客體的概念（哪怕只是經驗性的概念）的普遍性根本不是邏輯的，而是審美的；也就是說，它不包含判斷的一種客觀的量，而只包含一種主觀的量，對於後者來說，我也使用普適性這個表述，這個表述並不表示一個表象與認識能力的關係對每個主體的有效性，而是表示它與愉快和不快的情感的關係對每個主體的有效性（但是，人們也可以把這個表述用於判斷在邏輯上的量，只要人們再加上客觀的普遍有效性，以有別於純然主觀的普遍有效性，後者每次都是審美的）。

215

於是，一個客觀上普遍有效的判斷也在任何時候都是主觀上普遍有效的；就是說，如果判斷對於包含在一個被給予的概念之下的一切都有效，那麼，它也對於每個透過該概念表現一個對象的人都有效。但是，從一種主觀的普遍有效性；也就是說，從不基於任何概念的審美的普遍有效性，不能夠推論到邏輯的普遍有效性，因爲那種判斷根本不關涉客體。但正因爲如此，即便被賦予一個判斷的審美的普遍性，也必須是特殊種類的，因爲它不是把美這個謂詞與完全在邏輯的範圍內來看的客體的概念連結起來，但卻同樣把該謂詞擴展到作判斷者的整個範圍。

就邏輯的量而言，一切鑑賞判斷都是單稱判斷。因爲既然我必須在我愉快和不快的情感上直接把握對象，而畢竟不是透過概念，所以，那些判斷就不可能具有客觀普適性的判斷的量；雖然在鑑賞判斷的客體的單個表象按照規定該判斷的那些條件透過比較而被轉變成一個概念時，從中是能夠形成一個邏輯上普遍的判斷的，例如：我透過一個鑑賞判斷，宣布我所看到的這朵玫瑰花是美的。與此相反，透過比較許多單個的玫瑰花而產生的判斷，即玫瑰花一般而言都是美的，從此就不僅僅被表述爲審美判斷，而是被表述爲一個基於審美判斷的邏輯判斷。現在，「這朵玫瑰花（在氣味上）是適意的」這個判斷雖然也是一個審美的單稱判斷，但卻不是一個鑑賞判斷，而是一個感官判斷。也就是說，它與前者的區別在於：鑑賞判斷帶有普遍性，亦即對每個人的有效性的一個審美的量，這個量在關於適意者的判斷中是找不到的。唯有關於善者的判斷，雖然它們也在一個對象上規定愉悅，卻具有邏輯的，不僅僅是審美的普遍性；因爲它們適用於客體，是客體的知識，並因此而對每個人都有效。

如果人們僅僅按照概念來評判客體，那麼，美的一切表象就都喪失了。因此，也不可能有任何規則讓某人被迫承認某種東西是美的。一件衣服、一棟房子、一朵花是否美，對此人們是不能透過一些理由或者原理來說服人接受自己的判斷的。人們要讓客體經受他自己的眼光，正好像他的愉悅依賴於感覺似的；而儘管如此，當人們在這種情況下稱對象是美的時，他相信自己會獲得普遍的同意，並要求每個人都贊同，與此相反，那種私人感覺只是對於觀看者及其愉悅來裁定的。

這裡應當看到，在鑑賞判斷中沒有假定別的任何東西，只是就愉悅而言無須概念的仲介的這樣一種普遍的同意；因而是一個能夠同時被視爲對每個人都有效的審美判斷的可能性。鑑賞判斷本身並不假定每個人都贊同（因爲只有一個邏輯上普遍的判斷，才因此可以舉出理由而這樣做）；它只是要求每個人都作出這種贊同，作爲規則的一個實例，就這實例而言它不是期待概念，而是期待別人的贊同來作出證實。因此，普遍的同意只是一個理念（這個理念基於什麼，在這裡尚未研究）。相信自己作出一個鑑賞判斷的人，事實上是否在按照這個理念作出判斷，這一點是不能肯定的；但是，他畢竟使判斷與之發生了關係，從而這應當是一個鑑賞判斷，這一點，他是透過美這種表述來宣布的。但對於自己來說，他單憑意識到把屬於適意者和善者的一切與還剩餘給他的愉悅分離開來，就可以肯定這一點了；而這就是他之所以指望每個人的同意所爲了的一切：這是他在這些條件之下也會有權利提出的

216

一個要求，只要他不違背這些條件而經常出錯，因而作出一個錯誤的鑑賞判斷。

第九節　對如下問題的研究：在鑑賞判斷中是愉快的情感先行於對象的評判，還是後者先行於前者

這個課題的解決是鑑賞批判的鑰匙，因而值得高度注意。

如果對被給予的對象的愉快先行，而且在該對象的表象的鑑賞判斷中只應當承認愉快的普遍可傳達性，那麼，這樣一種處理方式就會陷入自相矛盾。因爲這樣的愉快就會不是別的，而僅僅是感官感覺中純然的適意，因而按照其本性只能具有私人的有效性，因爲它直接依賴於對象被給予所憑藉的那個表象。

因此，正是被給予的表象中心靈狀態的普遍能傳達性，作爲鑑賞判斷的主觀條件必須是這個判斷的基礎，並以對該對象的愉快爲後果。但是，除了知識和屬於知識的表象之外，沒有任何東西是能夠被普遍傳達的。因爲就此而言，唯有知識才是客觀的，並僅僅因此才具有一個普遍的關聯點，所有人的表象力都不得不與這個關聯點相一致。現在，如果關於表象的這種普遍可傳達性的判斷的規定根據應當純然主觀地，亦即無須關於對象的一個概念來思考，那麼，這個規定根據就無非是在表象力的相互關係中所遇到的那個心靈狀態，這是就這些表象力把一個被給予的表象與一般的知識聯繫起來而言的。

被這個表象發動起來的認識能力，在這裡處於一種自由的遊戲中，因爲沒有任何確定的概念把它們限制在一個特殊的認識規則上。因此，這個表象中的心靈狀態必定是各種表象力在一個被給予的表象上，要達成一般知識而進行的自由遊戲的情感狀態。現在，屬於一個對象藉以被給予，以便一般而言由此形成知識的那個表象的，有爲了直觀的雜多之複合的想像力和爲了結合各表象的概念之統一的知性。各認識能力在對象藉以被給予的表象這裡的自由遊戲的這種狀態，必須是能夠普遍傳達的；因爲知識作爲對被給予的諸表象（無論在哪個主體中）都應當與之相一致的那個客體的規定，是唯一對每個人都有效的表象方式。

一個鑑賞判斷中表象方式在主觀上的普遍可傳達性，由於應當不以一個確定的概念爲前提條件而發生，就不能是別的任何東西，只能是想像力和知性的自由遊戲中的心靈狀態（只要它們像一般知識所要求的那樣相互一致），因爲我們意識到，這個適合於一般知識的主觀關係，必須對每個人都有效，因而是普遍可傳達的，正如任何一個確定的知識都是如此，任何確定的知識畢竟總是基於作爲主觀條件的那種關係的。

對於對象或者對象藉以被給予的表象的純然主觀的（審美的）評判，如今先行於對該對象的愉快，並且是對諸認識能力之和諧的這種愉快的根據；但是，唯有在評判對象的主觀條件的那種普遍性之上，才建立起我們將之與我們稱爲美的那個對象的表象結合在一起的愉悅的這種普遍的主觀有效性。

能夠哪怕是僅僅就認識能力而言傳達自己的心靈狀態，這會帶有一種愉快，對此，人們可以輕而易舉地從人對社交的自然傾向出發（經驗性地和在心理學上）作出闡明。但這對於我們的意圖來說是不夠的。我們指望每一個別人都把我們感覺到的愉快當作是必然的，正好像我們稱某種東西是美的時，這可以被看做是對象的一種在其身上按照概念得到規定的性狀似的；因爲美畢竟不與主體的情感相關自身就什麼也不是。但是，我們必須把這個問題的討論留待回答如下問題時進行：先天審美判斷是否以及如何可能？

現在，我們所研究的還是較低級的問題：我們是以審美方式意識到鑑賞判斷中諸認識能力彼此之間相互在主觀上的一致的，是透過純然的內感官和感覺而在審美上意識到的，還是透過我們藉以發動那些認識能力的有意能動的意識而在理智上意識到的？

假如促成鑑賞判斷的那個被給予的表象，是一個把知性和想像力在對於對象的評判中結合成爲客體的一種知識的概念的話，那麼，對這種關係的意識就會是理智的（就像批判所探討過的判斷力的客觀圖形法中那樣）。但在這種情況下，判斷也就會不是與愉快和不快相關而作出的，因而不是鑑賞判斷。但現在，鑑賞判斷不依賴於概念而在愉悅和美這個謂詞方面規定客體。因此，關係的那種主觀統一就唯有透過感覺才能標明。啓動這兩種能力（想像力和知性），使之成爲不確定的，但畢竟憑藉被給予的表象的誘因而一致的活動，亦即屬於一般知識的那種活動，這就是鑑賞判斷假定了其普遍可傳達性的那種感覺。一種客觀的關係雖然只能被思維，但就它按照自己的條件來說是主觀的而言，畢竟是能夠在對心靈的作用中被感覺到的；而在一種沒有概念作基礎的關係（就像表象力與一般認識能力的關係那樣）

那裡，也不可能對它有別的意識，除非透過對作用的感覺，這作用就在於兩種透過相互協調一致而被啓動的心靈力量（想像力和知性）變得輕鬆了的遊戲。一個表象，作爲單個的並且不與其他表象作比較，卻仍然與構成知性的一般工作的那種普遍性的諸條件有一種協調一致，就把諸認識能力帶入了我們爲一切知識所要求，因而也認爲對每個註定要透過知性和感官相結合來作出判斷的人（對任何人），都有效的那種合乎比例的相符之中。

從第二契機推論出的對美者的解釋

無須概念而普遍地讓人喜歡的東西，就是美的。

• 鑑賞判斷的第三契機，按照在它們裡面所考察的目的的關係來看

第十節　一般的合目的性

如果人們要按照目的的先驗規定（不以某種經驗性的東西爲前提條件，這類東西是愉快的情感）來解釋目的是什麼，那麼，目的就是一個概念的對象，只要這概念被視爲那對象的

原因（它的可能性的實在根據）；而一個概念在其客體方面的因果性就是合目的性（forma finalis〔目的性的形式〕）。因此，在絕不僅僅是關於一個對象的知識，而且作爲結果的對象本身（這對象的形式或者實存）都被僅僅設想爲透過這結果的一個概念而可能的地方，人們就設想有一個目的。在這裡，結果的表象就是這結果的原因的規定根據，並且先行於它的原因。一個關於主體狀態的表象，其把主體保持在同一狀態之中的因果性的意識，在這裡可以普遍地表明我們稱爲愉快的東西；與此相反，不快則是包含著把諸表象的狀態規定成它們自己的反面（阻止或者取消它們）的根據的那種表象。

欲求能力，如果它只是透過概念，亦即按照一個目的的表象行動而是可規定的，就會是意志。但是，一個客體，或者一個心靈狀態，或者一個行動，儘管其可能性並不必然以一個目的的表象爲前提條件，卻也被稱爲合目的的，這僅僅是因爲我們唯有把一種按照目的的因果性，亦即一個按照某種規則的表象來這樣安排它們的意志假定爲它們的根據，才能解釋和理解它們的可能性。因此，合目的性可以沒有目的，這是就我們並不把這個形式的諸原因設定在一個意志中，但畢竟只能透過從一個意志推導出對這形式的可能性的解釋，來使我們理解這種解釋而言的。於是，我們並不總是必須透過理性（按照其可能性）去認識我們所觀察的東西。因此，我們即使不把一個目的（作爲nexus finalis〔目的的聯繫〕的質料）當作合目的性的基礎，也至少能夠按照形式考察合目的性，在對象身上哪怕只是透過反思而發現合目的性。

第十一節　鑑賞判斷僅僅以一個對象（或者其表象方式）的合目的性的形式為根據

一切目的，如果被視為愉悅的根據，就都總是帶有一種興趣，作為關於愉快對象的判斷的規定根據。因此，沒有任何主觀的目的能夠作為鑑賞判斷的根據。但是，也沒有一個客觀的目的的表象，亦即對象本身按照目的連結原則的可能性的表象，因而沒有善的概念，能夠規定鑑賞判斷；因為它是一個審美判斷，而不是知識判斷，所以它不涉及任何關於對象的性狀以及對象透過這個或者那個原因而有的內在的或者外在的可能性的概念，而僅僅涉及諸表象力相互之間的關係，只要它們透過一個表象被規定。

於是，在把一個對象規定為美的對象時的這種關係，就是與一種愉快的情感相結合的，這種愉快透過鑑賞判斷同時被解釋為對每個人都有效的；所以，一種伴隨著表象的適意，正如對象的完善性的表象和善的概念一樣，不可能包含著這種規定根據。因此，唯有一個對象的表象中不帶任何目的（無論是客觀的目的，還是主觀的目的）的主觀合目的性，因而唯有一個對象藉以被給予我們的表象中的合目的性的純然形式，就我們意識到這種形式而言，才構成我們評判為無須概念而普遍可傳達的那種愉悅，因而構成鑑賞判斷的規定根據。

第十二節　鑑賞判斷基於先天的根據

先天地澄清一種愉快或者不快的情感作爲一個結果與作爲其原因的某個表象（感覺或者概念）的連結，這是絕對不可能的；因爲這會是一種因果關係，這種因果關係（在經驗對象中間）只能任何時候都後天地並且借助於經驗本身來認識。雖然我們在實踐理性批判中確實已經先天地從普遍的道德概念中推導出了敬重的情感（作爲上述情感的一個特別的和獨特的變相，它與我們從經驗性對象獲得的無論是愉快還是不快都不會眞正一致）。但是，我們在那裡也能夠越過經驗的界限，並提供出一種基於主體的超感性性狀的因果性，亦即自由的因果性。然而即便是在那裡，我們眞正說來也不是從作爲原因的道德理念推出這種情感，而是僅僅從中推導出了意志的規定。但是，一個無論由什麼來規定的意志的心靈狀態，就自身而言已是一種愉快情感，並且與意志是同一的，因而並不是作爲結果從中得出的，後一種情況唯有在作爲一種善的道德的概念先行於透過法則對意志的規定時才是必須假定的；在這種情況下，要從作爲一種純然知識的概念中推導出與該概念相結合的愉快來，就會是白費力氣了。

現在，審美判斷中的愉快以類似的方式就是這種情況：只不過愉快在這裡純然是靜觀的，而且不造成對客體的興趣，與此相反，在道德判斷中的愉快則是實踐的。在一個對象藉以被給予的表象那裡，對主體諸認識能力的遊戲中純然形式的合目的性的意識就是愉快本身，因爲這種意識在一個審美判斷中包含著主體就啓動其認識能力而言的能動性的規定根據，所以包含著就一般認識而言，但並不局限於一個確定的知識的一種內在的因果性（這種因果性是合目的的），因而包含著一個表象的主觀合目的性的純然形式。這種愉快也不以任何方式是實踐的，既不像出自適意性的生理學根據的愉快，也不像出自被表現的善的理智根據的愉快。但是，它在自身中畢竟有因果性，亦即無須進一步的意圖而保持表象本身的狀態和諸認識能力的活動。我們流連於對美者的觀賞，因爲這種觀賞在加強自己和再生自己，這和對象的表象中的一種魅力反覆喚起注意時的那種流連是類似的（但畢竟與它不是一回事），在後一種流連中，心靈是被動的。

第十三節　純粹的鑑賞判斷不依賴於魅力和感動

一切興趣都敗壞著鑑賞判斷，並使它失去自己的不偏不倚，尤其是在它不像理性的興趣那樣把合目的性置於愉快的情感之前，而是把合目的性建立在這種情感之上的時候；這後一種情況總是發生在就某種東西使人快樂或者使人痛苦而言對它的審美判斷中。因此，如此被刺激起來的判斷，對於普遍有效的愉悅要麼根本不能提出任何要求，要麼能夠提出的要求如此之少，正如上述方式的感覺處於鑑賞的規定根據中間一樣。鑑賞在它爲了愉悅而需要混有魅力和感動，甚至把它們當作自己的讚賞的尺度的地方，任何時候都是未開化的。

然而，魅力畢竟常常不是僅僅作爲對審美的普遍愉悅的貢獻而被算做美（但美眞正說來卻只應當涉及形式），而是它們甚至就自身而言被冒充爲美，因而是愉悅的質料被冒充爲形式；這是一種誤解，它與其他一些畢竟還總是有某種眞實的東西作爲根據的誤解一樣，可以透過對這些概念的細心規定來消除。

一個不受魅力和感動任何影響（即使它們可以與對美者的愉悅相結合），因而僅僅以形式的合目的性爲規定根據的鑑賞判斷，就是一個純粹的鑑賞判斷。

第十四節　透過例子來說明

審美判斷可以如同理論判斷（邏輯判斷）一樣，被劃分爲經驗性的判斷和純粹的判斷。前者是些陳述適意或者不適意的審美判斷，後者是些陳述一個對象或者該對象的表象方式的美的審美判斷；前者是感官判斷（質料的審美判斷），唯有後者（作爲形式的審美判斷）才是眞正的鑑賞判斷。

因此，一個鑑賞判斷只是就沒有任何純然經驗性的愉悅混入其規定根據而言，才是純粹的。但是，每當魅力和感動在某種東西應當被宣布爲美的所憑藉的判斷中有一種份額的時候，上述情況就會發生。

於是，又出現了一些異議，最終僞稱魅力不僅僅是美的必然成分，而是甚至單憑自己就

224

足以被稱爲美的。一種純然的顏色，例如：一片草坪的綠色；一種純然的音調（不同於聲響和噪音），例如：一把小提琴的音調，被大多數人宣布爲自身就是美的；雖然兩者看起來都是以表象的質料，亦即僅僅以感覺爲根據的，並因此只配被稱爲適意的。然而，人們畢竟將同時注意到，無論是顏色還是音調的感覺，都唯有就兩者是純粹的而言，才認爲自己有資格被視爲美的；這是一個已經涉及形式的規定，也是這些表象中唯一可以確定地普遍傳達的東西；因爲不能假定感覺本身的質在所有的主體中都是一致的，一種顏色的適意性優於另一種顏色，或者一種樂器的音調的適意性優於另一種樂器的音調，這是很難在每個人那裡都以同樣的方式來評判的。

如果人們和歐拉（Euler）一樣假定，顏色是乙太等時相互繼起的搏動（pulsus），就像音調是在聲響中振動的空氣等時相互繼起的搏動一樣，而且最重要的是，心靈並不僅僅透過感官而知覺到它們對啓動器官的作用，而且還透過反思知覺到諸印象的合規則的遊戲（因而知覺到不同的表象的結合中的形式）——對此我畢竟沒有絲毫懷疑④——，那麼，顏

④ 由於前兩版在此寫的都是「對此我畢竟很是懷疑」，所以這裡就出現了一點完全的實際差異。因爲在第三版中「沒有」取代了「很是」，這不可能僅僅是一個印刷錯誤的事情。也就是說，第三版的這處大概源自於校對者、並被納入了這一版的文本的改動，完全符合康德對這裡提及的問題所採取的態度。對於歐拉理論

即光的波動理論，就像特別是其學位論文《論火》中的一段話已經表明的那樣，康德實際上並不懷疑。他在那裡（第二章，命題八，《康德全集》，第I卷，三七八頁。〔參見《康德著作全集》，第一卷，三五四頁。——譯者注〕）把這種理論稱爲「與自然規律最一致、最近由極爲著名的歐拉用新的辯護予以捍衛的假說」。在《自然科學的形而上學初始根據》中（第二章，定理八，附釋一，注腳，《康德全集》，第IV卷，五二〇頁。〔參見《康德著作全集》，第四卷，五三三頁。——譯者注〕），他以堅決的贊同探討了歐拉的假說，並試圖把產生自光僅僅直線運動的困難，歸溯到對光物質的一種完全可避免的數學設想。就連《人類學》第十九節（《康德全集》，第VII卷，一五六頁。〔參見《康德著作全集》，第七卷，一四八頁。——譯者注〕）的措辭，也不能被視爲對光的輻射理論的一種讓步。無論如何，康德在《判斷力批判》中到處都是與在這個方向上兩種「更高級的」感官相關聯來完全平行地探討光和聲響的；例如：參見第四十二節，三〇二頁；或者第五十一節，三二四頁。但更爲重要且本質上更有意義的是，就連這個物理學－生理學理論的審美運用也被康德到處都給予了肯定，按照這種理論，無論是純粹的顏色還是純粹的音調，都不僅包含著對感官的一種作用，而且包含著對印象的合規則遊戲的一種反思。雖然他在第五十一節的「三」中（三二四頁）對這個問題進行了更深刻的思考，說人們不能很好地斷定，音調和顏色的感覺的特殊性是以感官還是以反思爲基礎的。——「人們不能確定無疑地說，一個顏色或者一個音調僅僅是適意的感覺，還是就自身而言已經是諸感覺的一種美的遊戲，並且作爲這樣一種遊戲帶有在審美判斷中對形式的愉悅」。但進一步的闡述就說得明確了：「人們會發現自己不得不把兩者的感覺不視爲純然的感覺印象，而是視爲在多種感覺的遊戲中對色和音調就會不是純然的感覺，而已經是對感覺之雜多的統一的形式規定，在這種情況下就也能夠單憑自己被算做美了。

但是，一種單純的感覺方式的純粹的東西意味著，這感覺方式的齊一性不被任何異類的感覺所干擾和打斷，而且這種純粹的東西僅僅屬於形式，因爲人們在這裡可以抽掉那種感

形式的一種評判的結果」。由此他得出，音樂應當被解釋爲美的藝術，確切地說被解釋爲各種感覺透過聽覺的美的遊戲；而且按照這一段的開頭，同樣的東西也適用於色彩藝術。這樣一來，就明確地肯定了按照第一版和第二版在這個地方的異文，康德應當很是懷疑的東西。但同樣，在第四十二節（三〇二頁）關於光和聲響寫道：這些是唯一不僅允許感官情感，而且也允許對感覺的這些變相的形式所進行的反思的感覺。而進一步（三二九頁），康德在鑑於有比例的相稱（這種相稱由於在音調這裡就這些音調同時地或者也前後相繼地彼此結合起來而言，乃是基於在同一時間裡空氣振動的數目的比例關係的，所以能夠在數學上被置於某些規則之下）而探討音調藝術時說：「這種數學的形式雖然不是透過確定的概念表現的，但唯有在這種形式上，才依附著把關於這樣一批相互伴隨或者前後相繼的感覺的純然反思與感覺的這種遊戲連結起來，作爲其美的對每個人都有效的條件的那種愉悅；而且唯有這種形式，才是鑑賞據以自認爲有權預先說出每個人的判斷的東西」。因此，即便據猜測用「沒有」取代「很是」應當是源自於第三版的校對者，即便由他依據更早的文本而使用的形式會造成一種過於強硬的表述，這個改動畢竟符合康德在這部著作中無一例外地主張的觀點，以至於把它納入文本看來不僅是有理由的，而且也是必要的。——科學院版編者注

覺方式的質（即它是否表現和表現著哪一種顏色，它是否表現和表現著哪一種音調）。因此，一切單純的顏色，就它們是純粹的而言，都被認爲是美的；混合的顏色就沒有這種優點，這恰恰是因爲，既然它們不是單純的，對於應當把它們稱爲純粹的還是不純粹的，人們就沒有任何評判的尺度。

但是，至於由於對象的形式而被賦予對象的美，就如人們認爲的那樣能夠透過魅力甚至得到提高而言，這是一個常見的而且對純正的、不受誘惑的、澈底的鑑賞十分有害的錯誤；儘管爲了除單調的愉悅之外還透過對象的表象使心靈產生興趣，並這樣用於讚揚鑑賞及其培養，尤其是當鑑賞還是粗糙的和未經訓練的時候，當然是可以在美之上再加上魅力的。但是，它們實際上損害著鑑賞判斷，如果它們作爲美的評判根據把注意力吸引到自身上來的話。因爲這是大錯特錯的，以爲它們會對美有所貢獻，其實它們是必須作爲外來者，只是就它們不干擾那種美的形式而言，在鑑賞還孱弱和未經訓練的時候，才被接受下來的。

在繪畫、雕刻中，甚至在一切造型藝術中，在建築藝術、園林藝術中，就它們是美的藝術而言，素描都是根本性的東西。在素描中，不是在感覺中使人快樂的東西，而僅僅是透過其形式使人喜歡的東西，才構成了鑑賞的一切素質的基礎。使輪廓生輝的顏色屬於魅力；它們雖然能夠使對象自身對於感覺生動起來，但卻不能使之值得觀賞並成爲美的；毋寧說，它們大部分由於美的形式所要求的東西而是十分受限制的，而且甚至在魅力被允許的地方，它們也是僅僅透過美的形式才變得高貴。

感官對象（不僅外部感官的對象，而且間接地還有內部感官的對象）的一切形式，要麼是形象，要麼是遊戲；在後一種場合要麼是形象的遊戲（在空間中表情和舞蹈），要麼只是感覺的遊戲（在時間中）。顏色或者樂器的適意音調的魅力可以加進來，但前者中的素描和後者中的作曲卻構成純粹的鑑賞判斷的眞正對象；至於無論是顏色還是音調的純粹性，或者甚至它們的多樣性及其鮮明對比顯得對美有所貢獻，這卻並不等於要說，它們就是因爲單憑自身就是適意的，而彷彿是對形式的愉悅的一種同類的附加物，而只是因爲它們使這種形式更精確、更確定、更完全地直觀化了。此外，還透過它們的魅力而使表象生動起來，因爲它們喚起並保持對於對象本身的注意。

甚至人們稱爲**裝飾**（附件）的東西，亦即並不作爲組成部分內在地屬於對象的整個表象，而只是作爲附屬品外在地屬於它，並且加大鑑賞的愉悅的那種東西，做到這一點畢竟也只是透過它的形式，就像油畫的鑲框、或者雕像的衣著、或者宏偉的建築周圍的柱廊那樣。但是，如果裝飾不是自身在於美的形式，如果它像金製的畫框那樣僅僅是爲了透過它的魅力來讓油畫博得喝彩而安裝上的，那麼，它在這種情況下就叫做修飾，並損害著純正的美。

感動，即適意在其中僅僅憑藉瞬間的阻礙和接踵而至的生命力之更強烈的湧流，而被產生出來的一種感覺，根本不屬於美。但崇高（感動的情感與它結合在一起）要求另一種評判尺度，不同於鑑賞以之爲基礎的；而這樣，一個純粹的鑑賞判斷就既不是以魅力，也不是以感動爲規定根據的，一言以蔽之，不是以任何作爲審美判斷之質料的感覺爲規定根據的。

第十五節　鑑賞判斷完全不依賴於完善性的概念

客觀的合目的性唯有借助於雜多與一個確定的目的的關係，因而唯有透過一個概念才能被認識。僅僅這一點就可以說明：其評判以一種純然形式的合目的性，亦即一種沒有目的的合目的性爲基礎的美者，完全不依賴於善者的表象，因爲善者是以一種客觀的合目的性，亦即對象與一個確定的目的的關係爲前提條件的。

客觀的合目的性要麼是外在的合目的性，亦即對象的有用性，要麼是內在的合目的性，亦即對象的完善性。我們由以把一個對象稱爲美的那種對該對象的愉悅，不能基於該對象的有用性的表象，這是從上面兩章可以充分看出的；因爲那樣一來，它就不會是對該對象的一種直接的愉悅了，而後一種愉悅卻是關於美的判斷的根本條件。但是，一種客觀的內在的合目的性，即完善性，已經很接近於美這個謂詞了，因而也被著名的哲學家們認爲與美是一回事，但卻有一個附言，如果這完善性被含混地思維的話。在一個鑑賞批判中斷定美是否也可以實際上化解在完善性的概念中，這是非常重要的。

要對客觀的合目的性作出評判，我們在任何時候都需要一個目的的概念和（如果那個合目的性不應當是一種外在的合目的性（有用性），而應當是一種內在的合目的性的話）包含著對象的內在可能性之根據的一個內在目的的概念。就像一般目的是其概念可以被視爲對象本身的可能性根據的東西一樣，爲了在一個事物上想像一種客觀的合目的性，關於該事物應當是怎樣一個事物的概念就將走在前面；而在該事物中雜多與這個概念（它給出該事物上雜多之連結的規則）的協調一致，就是一個事物的質的完善性。作爲每一個事物在其種類上的完備性的量的完善性與它完全不同，純然是一個量的概念（全體性），在這個概念裡，該事物應當是什麼，這已經預先被設想爲確定的了，所問的只是它身上是否有爲此所需要的一切。一個事物的表象中形式的東西，亦即雜多與一（它應當是什麼尚不確定）的協調一致，獨自根本不能使人認識到任何客觀的合目的性；因爲，既然作爲目的的這個一（該事物應當是的東西）被抽掉了，在直觀者心靈中所剩下來的就無非是表象的主觀合目的性了，後者雖然表明了主體中表象狀態的某種合目的性，並在這種狀態中表象了主體把一個被給予的形式把握進想像力的一種愜意，但並不表明在這裡不透過一個目的的概念就被設想的某一個客體的完善性。例如：我在森林中發現一個周圍環繞著樹木的草坪，而且我在這方面沒有設想一個目的，即它也許應當用來開一個鄉村舞會，此時就沒有絲毫關於完善性的概念透過純然的形式被給予。設想一個形式的客觀的合目的性但卻沒有目的，亦即設想一種完善性的純然形式（沒有任何質料和關於與之協調一致的東西的概念，哪怕它僅僅是一個一般合法則性的理念），這是一個眞正的矛盾。

於是，鑑賞判斷就是一個審美判斷，亦即一個基於主觀根據的判斷，而且其規定根據不能是概念，因而也不能是一個確定的目的的概念。所以，透過美這樣一個形式的主觀合目的性，絕對沒有把對象的完善性設想爲所謂形式的、儘管如此卻還仍然是客觀的合目的性；而在美者的概念和善者的概念之間作出的這種區別，就好像兩者只是按照邏輯形式被區別開來，前者只是完善性的一個含混概念，後者則是完善性的一個清晰概念，但除此之外在內容上和起源上是一回事，這是沒有意義的。因爲這樣一來，在它們之間就會沒有任何類的區別；相反，一個鑑賞判斷就會正如某種東西被宣布爲善的所憑藉的那種判斷一樣，是一個認識判斷了；這大概就像平常的人在說欺騙不正當時把自己的判斷建立在含混的理性原則之上，而哲學家則把自己的判斷建立在清晰的理性原則之上，但在根本上兩者都把自己的判斷建立在同樣的理性原則之上一樣。不過，我已經指出過，一個審美判斷在其種類上是唯一的，並且絕對不提供關於客體的任何知識（哪怕是一種含混的知識），這後一種情況唯有透過邏輯判斷才發生；與此相反，審美判斷使一個客體藉以被給予的那種表象僅僅與主體發生關係，並且不是使人注意對象的性狀，而是僅僅使人注意在規定致力於對象的表象力時的合目的的形式。判斷之所以叫做審美的，也正是因爲它的規定根據不是概念，而是諸般心靈能力的遊戲中那種一致性的（內部感官的）情感，只要那種一致性被感覺到。與此相反，如果要把含混的概念和以之爲基礎的判斷稱爲審美的，人們就會有一種感性地作判斷的知性，或者有一種透過概念表現自己的客體的感官，這兩者都是自相矛盾的。概念無論是含混的還是清晰的，其能力都是知性；而儘管作爲審美判斷的鑑賞判斷也（像一切判斷那樣）需要知性，但鑑賞判斷需要它，卻畢竟不是把它當作對一個對象的認識能力，而是當作按照判斷與主體及其內部情感的關係；確切地說，就這個判斷按照一個普遍的規則是可能的而言，來規定判斷及其表象（無須概念）的能力。

第十六節 在一個確定的概念的條件下宣布一個對象是美的所憑藉的鑑賞判斷不是純粹的

有兩種美：自由的美（pulchritudo vaga〔飄移的美〕），或者純然依附的美（pulchritudo adhaerens〔附著的美〕）。前者不以任何有關對象應當是什麼的概念爲前提條件，後者則以這樣一個概念以及對象依照這個概念的完善性爲前提條件。前一種美的諸般種類叫做這個事物或者那個事物的（獨自存在的）美，後一種美則作爲依附於一個概念的美（有條件的美），被賦予隸屬於一個特殊目的的概念的那些客體。

花是自由的自然美。一朵花應當是一個什麼樣的事物，除了植物學家之外，很難有別的人知道；而即便是認識花是植物的授粉器官的植物學家，在他透過鑑賞對花做判斷時，也並不考慮這種自然目的。因此，這個判斷並不以某個物種的完善性，不以雜多的複合與之相關聯的內在合目的性爲基礎。許多鳥類（鸚鵡、蜂鳥、極樂鳥）、大量海洋貝類自身就是美，這些美根本不應歸於任何按照概念就其目的而言被規定的對象，而是自由地並且獨自讓人喜歡的。所以，à la grecque〔希臘式的〕素描、用於鑲框的或者裱糊紙上的卷葉飾等，自身沒有任何含義，它們不表現任何東西，不表現一個確定的概念之下的任何客體，而且是自由的美。人們也可以把音樂中稱爲幻想曲（無主題）的東西，甚至把整個無文本的音樂都歸爲這個類型。

在（按照純然的形式）對一種自由的美的評判中，鑑賞判斷是純粹的。它不以關於某個目的的概念爲前提條件，讓雜多爲了這個目的而服務於被給予的客體，因而對這個客體有所表現，那樣的話只會限制在觀賞形態時彷彿在做遊戲的想像力的自由。

然而，一個人的美（而且在這個種類中有一個男人的美，或者一個女人的美，或者一個孩子的美）、一匹馬的美、一座建築（教堂、宮殿、軍械庫或者花園小屋）的美，都以關於目的的一個概念爲前提條件，這個概念規定著該事物應當是什麼，因而規定著它的完善性的概念，所以純然是附著的美。就像適意者（感覺）的條件與眞正說來僅僅涉及形式的美相結合就妨礙鑑賞判斷的純粹性一樣，善（也就是說，爲此雜多對於事物本身來說按照事物的目的是善的）與美相結合也將損害鑑賞判斷的純粹性。

人們可以把許多直接在直觀中讓人喜歡的東西安裝在一座建築上，除非這座建築應當是一座教堂；人們可以像紐西蘭人用其紋身所做的那樣用各種各樣的花飾和輕柔而有規則的線條來美化一個形象，除非這是一個人；而一個人也可以具有更漂亮得多的容貌和更討人喜歡、更溫柔的臉型輪廓，除非他應當表現一個男人，或者甚至表現一個武士。

於是，與規定著一個事物的可能性的內在目的相關對該事物中的雜多的愉悅，就是一種基於一個概念的愉悅；但對美的愉悅卻是不以任何概念為前提條件，而是與對象藉以被給予（而不是對象藉以被思維）的那個表象直接相結合的這樣一種愉悅。現在，如果就後一種愉悅而言的鑑賞判斷被變成依賴於前一種作為理性判斷的愉悅中的目的，並由此受到限制，那麼，那種鑑賞判斷就不再是一個自由的和純粹的鑑賞判斷了。

儘管鑑賞由於審美愉悅與理智愉悅的這種結合而在它被固定下來這一點上，以及在它雖然不是普遍的，但人們畢竟能夠就某些合目的地被規定的客體而言給它頒布規則這一點上有所收穫。然而，這些規則在這種情況下也不是鑑賞的規則，而純然是些鑑賞與理性，以及美者與善者相一致的規則，透過這種一致，前者可以被用做就後者而言的意圖的工具，以便把這種自己維持並具有主觀的普遍有效性的心靈情調配給唯有透過艱難的決心才能維持，但卻客觀地普遍有效的那種思維方式。但真正說來，既不是完善性透過美而有所收穫，也不是美透過完善性而有所收穫；而是由於當我們把一個對象藉以被給予我們的那個表象透過一個概念與客體（就它所應當是的東西而言）作比較時，不能避免把這表象同時與主體中的感覺放在一起相對照，所以，有所收穫的是表象力的整個能力，如果這兩種心靈狀態協調一致的話。

一個鑑賞判斷，就一個具有確定的內在目的的對象而言，唯有當判斷者要麼對這個目的沒有概念，要麼在自己的判斷中抽掉了這個目的時，才會是純粹的。但在這種情況下，這個判斷者儘管由於把該對象評判爲自由的美，而作出了一個正確的鑑賞判斷，卻仍然會受到另一個把該對象上的美僅僅視爲依附的性狀（關注對象的目的）的人的責備，被指責有一種錯誤的鑑賞，雖然兩個人都以自己的方式正確地作出了判斷：一個人是按照他在感官面前所擁有的東西，另一個人是按照他在思想中所擁有的東西。透過這種區分，人們就能夠調停鑑賞的裁決者們關於美的不少紛爭，因爲人們向他們指出，一個人堅持的是自由的美，另一個人堅持的是依附的美，前者所作的是一個純粹的鑑賞判斷，後者所作的是一個應用的鑑賞判斷。

第十七節　美的理想

不可能有任何客觀的鑑賞規則來透過概念，去規定什麼是美的。因爲出自這一源泉的一切判斷都是審美的；也就是說，它的規定根據是主體的情感，而不是一個客體的概念。尋求一個透過確定的概念來指出美者的普遍標準的鑑賞原則，這是一種徒勞的努力，因爲所尋找的東西是不可能的，而且就自身而言是矛盾的。感覺（愉悅或者不悅）的普遍可傳達性，確切地說這樣一種無須概念就發生的普遍可傳達性，可能的話一切時代和一切民族就這種情感而言在某些對象的表象中的一致性，就是那個經驗性的，儘管微弱而且不足以猜測出來的標準，即一個如此透過種種實例所證實了的鑑賞，從評判對象在其下被給予人們的諸形式時的那種一致性的根據中起源的標準，這個根據深深地隱藏著，對於一切人來說都是共同的。

因此，人們把鑑賞的一些產品視爲示範性的；這並不是說，好像鑑賞可以透過模仿別人來獲得似的。因爲鑑賞必須是一種自己特有的能力；但是，模仿一個典範的人，就其模仿得好而言，雖然表現出技巧，但卻唯有在他自己能夠評判這一典範的時候才表現出鑑賞。⑤但由此得出，最高的典範，即鑑賞的原型，是一個純然的理念，每個人都必須在自己裡面產生出這個理念，而且他必須依據它來評判一切是鑑賞的客體，是借助鑑賞進行評判的實例的東西，甚至評判每個人的鑑賞。**理念**眞正說來意味著一個理性概念，而**理想**則意味著一個個別的存在者，作爲與某個理念相應的存在者的表象。因此，鑑賞的那個原型固然是基於理性關於一個最大值的不確定的理念的，但畢竟不能透過概念，而是只能在個別的描繪中被表現出來，更確切地說被稱爲美者的理想，這類東西我們雖然並不占有它，但卻努力在我們心中創造出它來。但是，它將僅僅是想像力的一個理想，這正是因爲它不是基於概念，而是基於描繪；但描繪的能力就是想像力。——於是，我們如何達到美的這樣一個理想呢？先天地還是

⑤ 在言談藝術方面鑑賞的典範必須以一種已死的學術語言來撰寫：第一，爲的是不必忍受活著的語言不可避免地要遇到的那種改變，即高貴的表述變得平庸，常用的表述變得過時，新創的表述只有短暫持續的流行；第二，爲的是它具有一種不遭受時尚的任意變遷，而是有其不變的規則的語法。

經驗性地？此外，美者的哪一個類能夠成爲一個理想呢？

首先一定要注意：應當爲之尋找一個理想的那種美，必須不是一種**飄移**的美，而是一種由一個關於客觀合目的性的概念固定下來的美，因而不屬於一個完全純粹的鑑賞判斷的客體，而屬於一個部分地理智化了的鑑賞判斷的客體。也就是說，一個理想應當以哪一種評判根據而產生，這裡必須有某種理性理念按照確定的概念來作爲基礎，這理念先天地規定著對象的內在可能性所基於的目的。美的花朵、一件美的傢俱、一道美的風景，它們的一個理想是不可思議的。但即便是對於依附一個確定的目的的美，例如：一幢美的住房、一棵美的樹、一個美的花園等，也不能想像任何理想；這也許是因爲這些目的未因其概念得到足夠的規定和固定，因而合目的性幾乎像在**飄移**的美那裡一樣自由。唯有在自身中就有其實存的目的的東西，即能夠透過理性自己規定自己的目的的人，或者在必須從外部知覺中取得這些目的時，畢竟能夠把它們與本質的和普遍的目的加以對照，並在這種情況下也能夠在審美上去評判與那些目的協調一致的人；因而唯有這人，才能夠成爲美的一個理想，正如人類在人的人格中，作爲理智，能夠成爲世界上一切對象中的**完善性**的一個理想一樣。

但是，爲此就需要兩個成分：第一，是審美的**基準理念**，它是一個把對人的評判的尺度，作爲一個屬於某種特殊動物物種的事物的尺度予以表現的個別直觀（想像力的直觀）；第二，是**理性理念**，它使人類的那些不能被感性地表現出來的目的，成爲評判人的形象的原則，透過作爲其結果的人的形象，那些目的在顯象中顯現出來。基準理念必須從經驗中取得其成爲一種特殊種類的動物之形象的要素；但是，在形象的建構中適合於作爲對該物種的每個個體的審美評判之普遍尺度的最大合目的性，即彷彿是有意被奠定爲自然之技術的基礎，唯有整體上的類卻沒有任何個體特別與之相符的肖像，畢竟僅僅存在於評判者的理念中，但這理念連同其比例作爲審美理念，卻可以在一個典範肖像中完全具體地展示出來。爲了在某種程度上使人理解這是如何發生的（因爲誰能誘騙自然完全說出其祕密呢？），我們想嘗試作一個心理學的說明。

要注意的是：想像力以一種我們完全不理解的方式，不僅善於偶爾地，甚至是從久遠的時代喚回諸概念的標誌；而且也善於從說不清數字的不同種類乃至同一種類的對象中，再生產出對象的肖像和形象；甚至如果心靈有意於比較的話，還善於根據一切猜測實際地，儘管不充分有意識地讓一個肖像彷彿是疊加在另一個肖像上，並透過同一種類的多個肖像的一致而得出一個平均值，來用做一切肖像的共同標準。某人看見過上千的成年男子。如果他現在對能夠以比較的方式加以估量的基準身材作出判斷，那麼，（在我看來）想像力就可以讓大量肖像（也許就是所有那些上千的成年男子）相互疊加；而且如果允許我在這裡使用光學描述的類比的話，在大多數肖像合併起來的那個空間中，以及在顯示出塗以最濃重顏色的位置的那個輪廓之內，那個平均身材就將清晰可辨，它無論是按照高度還是按照寬度都與最大體形和最小體形最外面的邊線等距離遠；而這就是一個美男子的體形。（人們可以機械地得出同樣的結果，如果人們測量這所有上千的成年男子，把他們的高度和寬度（以及胖度）分別相加在一起，再把總和除以一千的話。然而，想像力乃是透過從對這樣一些形象的多種多樣的把握在內部感官的官能上，產生的動力學效果來做到這同一件事的。）如果現在以類似的方式爲這個平均的男子尋找平均的頭，爲這個平均的頭尋找平均的鼻子等，那麼，這個形象就是進行這種比較的那個國度中美男子的基準理念的基礎；因此，一個黑人在這些經驗性的條件下，必不可免地具有另一種不同於白人的形象美的基準理念，而中國人則有另一種不同於歐洲人的基準理念。（某個種類的）一匹美的馬或者一隻美的狗的典範，也會是同樣的情況。——這個基準理念並不是從取自經驗的比例，亦即確定的規則推導出來的；而是唯有根據它，這些評判規則才是可能的。它是在一切個別的、以諸多方式各不相同的個體直觀之間飄浮著的整個類的肖像，自然將這肖像奠立爲在這個物種中類的產生的原型，但看起來在任何一個個體中都沒有完全達到它。基準理念絕不是這個類中全部的美的原型，而只是構成一切美的不可忽視的條件的那種形式，因而僅僅是類的描述中的正確性。它就像人們稱呼波呂克勒特（Polyklet）的著名的荷矛者那樣，是規則（同樣，米隆（Myron）的母牛在它的種類中也可以用做規則）。正因爲這一點，基準理念也不能包含任何物種特有的東西；因爲若不然，它就會不是類的基準理念了。對它的描述也不是因美而令人喜歡，而只是由於它不與這個類的一個事物唯有在其下才能夠是美的那個條件相矛盾。這種描述僅僅是循規蹈矩的。⑥

然而，美者的理想與美者的基準理念還是有區別的，出自已經提到的理由，人們唯有在人的形象上可以指望美者的理想。在人的形象上，理想就在於道德的表達，沒有道德，這對象就不會普遍地而且爲此積極地（不僅僅是在一種循規蹈矩的描述中消極地）讓人喜歡。對內在地統治著人的道德理念的明顯的表達雖然只能取自經驗；但是，要把這些道德理念與我們的理性在最高的合目的性的理念中與道德上的善連結起來的一切東西的結合，即心地善良，或者純潔，或者強大或者寧靜等，在身體的表現（作爲內心的作用）中變得彷彿清晰可見，這就需要理性的純粹理念和想像力的巨大威力，在只是想評判它們的那個人身上結合起來，更別說還有誰想描述它們了。美的這樣一個理想的正確性表現在：它不允許任何感官刺

⑥ 人們將發現，畫家想請來坐下給他當模特兒的一張完全合乎規則的面容，通常並不表現任何東西，因爲它不包含任何表明性格的東西，因而與其說表達了一個人格的特別之處，倒不如說表達了類的理念。這個種類的表明性格的東西，如果它被誇張，亦即損害基準理念（類的合目的性）本身的話，就叫做漫畫。經驗也表明，那些完全合乎規則的面容，在內心通常也只是暴露出一個平庸的人；這也許（如果可以假定自然在外部表現出內部的比例的話）是因爲，如果心靈稟賦中沒有一項是突出於僅僅構成一個無缺點的男人所要求的那種比例之上的，那就不可以對人們稱爲天才的東西有任何指望，在天才裡面，自然顯得爲了唯一的一種心靈能力的利益而偏離了其各種心靈能力的正常關係。

激摻雜進它對自己的客體的愉悅，但仍可以對這客體有巨大的興趣；而這也就表明，按照一個這樣的尺度作出的評判絕不可能是純粹審美的，而且按照一個美的理想作出的評判不是純然的鑑賞判斷。

從第三契機推論出的對美者的解釋

美是一個對象的合目的性的形式，如果這形式無須一個目的的表象而在對象身上被感知到的話。⑦

⑦ 人們可能反對這種說明而引述如下事例：有一些事物，人們在它們身上看到一種合目的的形式，卻沒有在它們身上認出一個目的；例如：經常從古墓中取出的、帶有一個用於裝柄的孔的石器，儘管在其形象上明顯表露出一種合目的性，其目的人們並不了解，因而仍然不被宣布爲美的。不過，人們把它們視爲一種藝術品，這已經足以使得必須承認，人們把它們的形狀與某個意圖以及一個確定的目的相關聯。因此，在對它們的直觀上也根本沒有直接的愉悅。與此相反，一朵花，例如：一朵鬱金香，則被視爲美的，因爲在對它的知覺中發現有某種合目的性，這種合目的性如我們對它的評判根本不與任何目的相關。

•鑑賞判斷的第四契機，按照對對象的愉悅的模態來看

第十八節　什麼是一個鑑賞判斷的模態

關於任何一個表象，我都能夠說：它（作爲知識）與一種愉快相結合，這至少是可能的。關於我稱爲適意的東西，我則說它在我心中現實地造成了愉快。但關於美者人們卻想到，它與愉悅有一種必然的關係。這裡的必然性是特殊類型的：不是一種理論的客觀必然性，在那裡可以先天地認識到，每個人在被我稱爲美的那個對象上都將感到這種愉悅；也不是一種實踐的客觀必然性，在那裡透過充當自由行動的存在者們的規則的一種純粹理性意志的概念，這種愉悅就是一個客觀法則的必然結果，而且除了人們絕對地（沒有別的意圖地）應當以某種方式行動之外，沒有任何別的意思。相反，它作爲在一個審美判斷中所設想的必然性，只能被稱爲示範性的，亦即所有人都贊同一個被視爲某個人們無法指明的普遍規則之實例的判斷的必然性。既然一個審美判斷不是一個客觀判斷和認識判斷，所以這種必然性也不能從確定的概念中推導出來，因而不是無可置疑的。它更不能從經驗的普遍性中（從關於一個對象的美的諸判斷無一例外的一致性中）推論出來。因爲不僅經驗會很難爲此提供足夠多的證據，在經驗性的判斷之上，也不能建立起這些判斷的必然性的概念。

第十九節　我們賦予鑑賞判斷的那種主觀必然性是有條件的

鑑賞判斷要求每個人的贊同；而誰宣布某種東西是美的，他就想要每個人都應當贊許面前這個對象，並同樣宣布它是美的。因此，審美判斷中的應當本身是按照作爲評判而要求的一切材料說出的，但卻只是有條件地說出的。人們追求每一個別人的贊同，因爲人們對此有一個對所有人都共同的根據；人們也能夠指望這種贊同，只要人們總是能夠肯定，該事例是被正確地歸攝在作爲贊許之規則的那個根據之下的。

第二十節　一個鑑賞判斷所預先確定的必然性的條件就是共感的理念

假如鑑賞判斷（與認識判斷一樣）有一個確定的客觀原則，那麼，根據這原則作出這些判斷的人就會要求他的判斷具有無條件的必然性。假如這些判斷就像純然的感官鑑賞的判斷一樣沒有任何原則，那麼，人們就根本不會想到它們有任何必然性。因此，它們必須有一個主觀的原則，這原則只透過情感而不透過概念，但卻畢竟普遍有效地規定著什麼是讓人喜歡或者討厭的。但這樣一個原則只能被視爲共感，它與人們有時也稱爲共感（sensus communis）的普通知性有著本質的不同；因爲後者不是按照情感，而是任何時候都按照概念，儘管通常只是按照被模糊地表象出來的原則來作判斷的。

因此，唯有在存在著一種共感（但我們並不把它理解爲任何外部感覺，而是理解爲我們的諸認識能力的自由遊戲的結果）的前提條件下，我是說，唯有在這樣一種共感的前提條件下，才能作出鑑賞判斷。

第二十一節 人們是否能夠有根據來以一種共感爲前提條件

知識和判斷必須能夠連同伴隨著它們的那種確信被普遍地傳達；因爲若不然，就會沒有任何與客體的協調一致應當被歸於它們，它們就會全都是諸表象力的純然主觀的遊戲，恰如懷疑論所要求的那樣。但是，如果知識應當被傳達，那麼，心靈狀態，亦即諸認識能力與一種一般知識的那種相稱，確切地說對於一個表象（一個對象由以被給予我們的表象）來說適宜於從中產生出知識來的那種比例，必須可以普遍地傳達；因爲沒有這個作爲主觀的認識條件的比例，就不可能產生出作爲結果的知識。這件事實際上任何時候都在發生，如果一個被給予的對象借助於感官而推動想像力把雜多複合起來，而想像力又推動知性達到雜多在概念中的統一的話。但是，諸認識能力的這種相稱根據被給予的客體的不同而有不同的比例。但儘管如此卻必須有一個比例，在其中這種內在的關係對於啓動（一種能力被另一種能力啓動）來說，就是在一般知識（被給予的對象）方面最有利於兩種心靈能力的相稱；而這種相稱也只能透過情感（不能按照概念）來規定。既然現在這種相稱本身必須能夠普遍傳達，因

239

而這種（在一個被給予的表象那裡）的相稱的情感也必須能夠普遍傳達；但是，一種情感的普遍可傳達性是以一種共感為前提條件的，所以，這種共感就將能夠有理由被假定，確切地說，既然如此，就無須立足於心理學的觀察，而把它假定為我們的知識的普遍可傳達性的必要條件，這種普遍的可傳達性在任何邏輯和任何非懷疑論的認識原則中，都必須被當作前提條件。

第二十二節　在一個鑑賞判斷中所設想的那種普遍贊同的必然性是一種主觀的必然性，它在一種共感的前提條件下被表現為客觀的

在我們宣布某物是美的所借助的一切判斷中，我們不允許任何人有別的意見；但我們仍然不把我們的判斷建立在概念之上，而是僅僅建立在我們的情感之上，因此，我們不是把這種情感作為私人情感，而是作為一種共同的情感奠定為基礎的。現在，這種共感為此目的不能被建立在經驗之上；因為它要授權人們作出包含著一個應當的判斷：它所說的不是每個人都將與我們的判斷一致，而是每個人都**應當**與我們的判斷一致。因此，我在這裡把我的鑑賞判斷說成是共感的判斷的一個實例，因而賦予它以示範性的有效性，共感就是一個純然的理想基準，在它的前提條件下人們就能夠有理由使一個與它協調一致的判斷，以及在該判斷中表達出來的對一個客體的愉悅對每個人都成為規則，因為原則雖然僅僅是主觀的，但卻仍

然被假定爲主觀上普遍的（一個對每個人都必然的理念），在涉及不同的判斷者的一致性時，就能夠像一個客觀的原則那樣要求普遍的贊同；只要人們肯定已正確地將之歸攝在這個原則之下了。

一種共感的這種不確定的基準，實際上已經被我們當作前提條件：我們自詡能作出鑑賞判斷就證明了這一點。至於是事實上存在著這樣一種作爲經驗可能性的建構性原則的共感，還是有一個更高的理性原則使它對於我們來說僅僅成爲範導性原則，即爲了更高的目的才在我們心中產生出一種共感；因此，鑑賞是一種原初的和自然的能力，或者僅僅是一種還需要獲得的和人爲的能力的理念，以至於一個鑑賞判斷連同它對一種普遍贊同的要求事實上只是一種理性要求，即要產生出性情的這樣一種一致性，而應當，即每個人的情感與每個他人的特殊情感相匯合的客觀必然性，僅僅意味著在這裡達成一致的可能性，鑑賞判斷則只是提供了這個原則的運用的一個實例。上述情況，我們在這裡還不想也不能作出研究，而是現在僅僅把鑑賞能力分解成爲它的諸要素，並最終把這些要素結合在一種共感的理念中。

240

從第四契機推論出的對美者的解釋

無須概念而被認識爲一種必然的愉悅之對象的東西，就是美的。

※

※

※

對分析論第一章的總附釋

如果人們從上述剖析引出結果，那麼出現的就是，一切都歸結到鑑賞的概念：鑑賞是與想像力自由的合法則性相關的對一個對象的評判能力。如果這裡在鑑賞判斷中想像力必須在其自由中被考察，那麼，它首先就不是被設想爲再生的，如同它服從聯想法則那樣，而是被設想爲生產的和主動的（作爲可能直觀的任意形式的創造者）；而且儘管它在把握一個被給予的感官對象時，被束縛在這個客體的一個確定形式之上，就此而言沒有任何自由的遊戲（就像在作詩時那樣），但卻畢竟還可以很好地理解：對象能夠恰好把這樣一種形式交到它手上，這形式包含著雜多的一種複合，就像是想像力在自由地放任自己時，與一般的知性合法則性相一致地設計了這形式。然而，說想像力是自由的，卻又是自發地合法則的；亦即說它帶有一種自律，這是一個矛盾。唯有知性才立法。但是，如果想像力被迫按照某個確定的法則來行事，那麼，它的產品在形式上就像應有的那樣，是由概念來規定的；但這種情況下，愉悅如上面已指出的，就不是對美者的愉悅，而是對善者（完善，或許僅僅是形式上的完善）的愉悅，而判斷也就不是透過鑑賞的判斷。因此，一種合法則性而沒有法則，以及想像力與知性的一種主觀的協調一致，而沒有在表象與關於一個對象的確定概念相關時的客觀的協調一致，就將是唯一能夠與知性自由的合法則性（這種合法則性也被稱爲合目的性而沒有目的），以及與一個鑑賞判斷共存的。

於是，幾何學上合乎規則的形象，即一個圓形、一個正方形、一個正立方體等，通常都被鑑賞的批評家們當作美的最單純、最無可懷疑的實例來引用；而儘管如此，它們之所以被稱爲合乎規則的，乃是因爲人們只能這樣來表現它們，即它們被視爲僅僅是一個確定的概念的展現，這個概念爲那個形象指定規則（該形象唯有按照這規則才是可能的）。因此，兩者必有一錯：要麼是批評家的那個判斷，即把美賦予上述形象；要麼是我們的判斷，它認爲對於美來說需要無概念的合目的性。

沒有人會輕易地認爲，要在一個圓形上比在一個亂畫的輪廓上獲得更多的愉悅，要在一個等邊、等角的四邊形上比在一個歪斜的、不等邊的、彷彿是畸形的四邊形上獲得更多的愉悅，就需要一個具有鑑賞的人；因爲爲此只需要普通的知性，根本不需要鑑賞。在覺察到某種意圖的地方，例如：在評判一個場地的大小，或者把握一種劃分中各部分的相互關係以及與整體的關係的時候，就需要合乎規則的形象，確切地說需要具有最單純性質的形象；而愉悅並不是直接基於這形象的外觀，而是基於這形象對於各種各樣的可能意圖的可用性。一個牆壁構成斜角的房間、一塊具有這樣的風格的園地，甚至一切對於對稱性的損害，無論是在動物的形象上（例如：獨眼），還是在建築或者花卉畫的形象上，都是不討人喜歡的，因爲這是違背目的的，不僅是實踐上就對這些事物的一種確定的應用而言，而且對於在各種各樣的可能意圖上作出的評判來說亦是如此；在鑑賞判斷中就不是這種情況，鑑賞判斷如果是純粹的，就不考慮應用或者某個目的，而把愉悅或者不悅直接與對對象的純然**觀賞**結合起來。

導向關於一個對象的概念的那種合規則性，雖然是在一個唯一的表象中把握對象，並在對象的形式中規定雜多的必不可少的條件（conditio sine qua non）。這種規定是一個就知識而言的目的；而且與知識相關，這種規定也是任何時候都與愉悅（它與任何一種哪怕是僅僅或然的意圖相伴隨）結合在一起的。但在這種情況下，愉悅就僅僅是對適合於一個任務的那種解決的贊成，而不是各種心靈能力以我們稱為美的那種東西所作的一種自由的、不確定地合目的的娛樂，而且在後者中，是知性為想像力效力，而不是想像力為知性效力。

在一個唯有透過某種意圖才有可能的事物上，在一座建築上，甚至在一個動物身上，存在於對稱性之中的那種合規則性，必須把直觀的那種伴隨著目的概念並同屬於知識的統一性表達出來。但是，在只應當讓各種想像力的自由遊戲（但卻是在知性此時不受任何阻礙的條件下）得到娛樂的地方，在遊樂園裡、在室內裝飾中、在各種各樣富有鑑賞的器具上，等等諸如此類，那預示著強制的合規則性就被盡可能地避免；因此，園林中的英國式鑑賞、傢俱上的巴洛克式鑑賞，都寧可把想像力的自由一直推進到接近於怪誕的地步，而在對規則的一切強制的這種擺脫中，正好確立了鑑賞能夠在想像力的設計中，展示其最大的完善性的場合。

一切呆板地合乎規則的東西（它接近於數學上的合規則性），本身都有違背鑑賞的成分：它並不以對它的觀賞提供長久的娛樂，而是如果它並不明確地以知識或者一種確定的實踐目的爲意圖的話，就將造成無聊。與此相反，想像力能夠自然而然地與合目的地以之遊戲的東西，對於我們來說任何時候都是新穎的，而且人們不會對觀看它感到厭倦。馬斯登（Marsden）在其關於蘇門答臘的描述中評說道，那裡大自然的自由的美到處包圍著參觀者，因而對他來說很少再有吸引力；與此相反，他在森林中央遇到的一個胡椒園，那裡攀繞著這種植物的支架以平行的直線構成了中間的林蔭道，對他來說很有魅力；由此推論出，野生的、表面上沒有規則的美，只是對於看膩了合乎規則的美的人來說，爲了變換口味，才是讓人喜歡的。不過，他只需要嘗試一下在他的胡椒園裡待一天，就可以領悟到：當知性透過合規則性而置身於它到處都需要的與秩序的相稱之中的時候，對象就不再使他得到娛樂，反倒使想像力遭受到一種難受的強制；與此相反，在那裡多樣性過分豐富到肆無忌憚的大自然，不服從任何人爲規則的強制，卻能夠給它的鑑賞不斷地提供營養。——甚至我們不能將之置於任何音樂規則之下的鳥類歌唱，也比哪怕是按照一切音樂藝術規則進行的人類歌唱顯得包含有更多的自由，因而包含有更多可鑑賞的東西；因爲如果後者經常地和長時間地重複的話，人們就將對它感到厭倦。不過在這裡，我們也許把我們對一個可愛小動物的歡樂的同感與它的歌唱的美混爲一談了，這種歌唱，如果由人來完全準確地加以模仿（就像人們有時模仿夜鶯的鳴囀一樣）的話，我們的耳朵就會覺得全無趣味。

243

還要把美的對象與對對象（常常是由於遙遠而不再能被清晰辨認的對象）的美的眺望區別開來。在後者中，鑑賞顯得不僅不是附著於想像力在這一領域所把握的東西，反倒是附著於想像力在這裡有機會去虛構的東西，亦即附著於心靈在連續地被觸目所見的多樣性所喚醒時用以自娛的眞正的想像；就像在注視一團壁爐的火焰或者一條潺潺小溪那變化無常的形象時一樣，這兩者都不是什麼美，但畢竟對想像力帶有一種魅力，因爲它們使想像力的自由遊戲得到娛樂。

第二章　崇高者的分析論

第二十三節 從對美者的評判能力到對崇高者的評判能力的過渡

美者與崇高者在這一點上是一致的，即兩者都自身就讓人喜歡。此外，兩者都既不以感官判斷也不以邏輯的規定性判斷，而是以反思判斷爲前提條件，所以，愉悅既不有賴於一種感覺，如對適意者的感覺，也不像對善者的愉悅那樣有賴於一個確定的概念，但卻仍然與概念相關，雖然未確定是哪一些概念；因此，愉悅是與純然的展現或者展現的能力緊密相連的。由此，展現的能力或者想像力在一個被給予的直觀那裡就作爲對理性的促進，被看做與知性或者理性的概念能力協調一致。因此，就連這兩種判斷也都是單稱的，但卻預示著自己就每個主體而言都是普遍有效的判斷，雖然它們僅僅要求愉快的情感，而不要求對象的知識。

不過，兩者之間顯著的區別也是引人注目的。自然的美者涉及對象的形式，這形式就在於限制；與此相反，崇高者也可以在一個無形式的對象上發現，只要在這個對象上，或者透過這個對象的誘發而表現出無限制，但畢竟還給這種無限制聯想到總體性；美者似乎被當作一個不確定的知性概念的展現，而崇高者則被當作一個同樣的理性概念的展現。因此，愉悅在前者是與質的表象相結合，在後者則與量的表象相結合。甚至後一種愉悅在種類上也與前一種愉悅有很大的區別，因爲前者（美者）直接帶有一種促進生命的情感，因而可以與魅力和一種遊戲著的想像力相結合；而後者（崇高者的情感）則是一種僅僅間接地產生的愉快；也就是說，這使得它乃是透過一種對生命力的瞬間阻礙，以及接踵而至的生命力更爲強烈的湧流的情感而產生的，因此它作爲激動顯得不是遊戲，而是想像力的工作中的認眞。所以，它也不能與魅力相結合，並由於心靈不僅被對象所吸引，而且也交替著一再被對象所拒斥，對崇高者的愉悅就與其說包含著積極的愉快，倒不如說包含著驚讚和敬重；也就是說，它應當被稱爲消極的愉快。

但是，崇高者與美者的最重要的和內在的區別也許是這種區別：當我們在這裡合理地首先只考慮自然客體上的崇高者（因爲藝術的崇高者總是被限制在與自然的協調一致的那些條件之上）的時候，自然美（獨立的自然美）在其顯得彷彿是預先爲我們的判斷力規定對象所憑藉的形式中就帶有一種合目的性，於是就獨立地構成愉悅的一個對象；與此相反，在我們心中無須玄想僅僅在把握中就激起崇高者的情感的東西，儘管在形式上可能顯得對我們的判斷力來說是違背目的的、與我們的展現能力不相適合的、對想像力來說彷彿是粗暴的，但仍然只是被判斷爲更加崇高的。

但是，人們由此馬上就看出，當我們把某個自然對象稱爲崇高的時，我們表達得根本不正確，儘管我們能夠完全正確地把很多自然對象稱爲美的；因爲怎麼能用一個贊許的表述來稱謂自身被把握爲違背目的的東西呢？我們所能夠說的僅僅是，對象適用於展現一種可以在心靈中發現的崇高；因爲眞正的崇高者不能包含在任何感性的形式中，而是僅僅涉及理性的理念：雖然不可能有任何與這些理念相適合的展現，但這些理念卻正是透過這種可以感性地予以展現的不適合性而被啓動，並被召喚到心靈之中的。於是，遼闊的、被風暴所激怒的海洋就不能被稱爲崇高的。它的景象是恐怖的；而且如果要透過這樣一種直觀，透過心靈受鼓勵離開感性而專注於包含著更高的合目的性的理念，而使心靈具有一種本身崇高的情感，那麼，人們就必須已經用各種各樣的理念裝滿了心靈。

獨立的自然美給我們揭示出自然的一種技巧，這種技巧使自然表現爲一個依據法則的體系，這些法則的原則是我們在自己的全部知性能力中找不到的；也就是說，它所依據的是就判斷力在顯象上的應用來看的一種合目的性的原則，使得這些顯象不僅必須被評判爲在自然的無目的的機械性中屬於自然的，而且也必須被評判爲屬於與藝術的類比的。因此，它實際上雖然並不擴展我們對自然客體的知識，但畢竟把我們關於作爲純然機械性的自然的概念，擴展成爲關於作爲藝術的自然的概念，這就吸引我們深入地研究這樣一種形式的可能性。但是，那在自然中我們經常稱之爲崇高的，其中卻根本沒有任何東西導致特殊的客觀原則以及符合這些原則的自然形式，以至於自然在大多數情況下激發起崇高者的理念，毋寧說是在它的混亂中，或者是在它的極其野性的、極無規則的無序和破壞之中，只要可以看出偉大和威力。由此我們看到，自然的崇高者的概念遠不如自然中的美者的概念那樣重要和富有結果；它所表明的根本不是自然中的合目的的東西，而只是其直觀的可能應用中的合目的的東西，爲的是使一種完全不依賴於自然的合目的性在我們自己心中能夠被感覺到。對自然的美者來說，我們必須在我們之外尋找一個根據，但對於崇高者來說，我們則僅僅在我們心中，在把崇高帶入自然的表象之中的那種思維方式中去尋找根據；這是一個很有必要的暫時說明，它把崇高者的理念與自然的一種合目的性的理念完全分開，並使崇高者的理論成爲對自然的合目的性的審美評判的一個純然附錄，因爲由此並沒有表現出自然中的任何特殊形式，而僅僅是展示了想像力對自然的表象所作的一種合目的之應用。

第二十四節　對崇高者的情感所作的一種研究的劃分

涉及與崇高者的情感相關來劃分對象的審美評判的各契機，分析論將可以如同分析鑑賞判斷時那樣按照同一個原則進行。因爲作爲審美的反思性判斷力的判斷，無論是對崇高者的愉悅，還是對美者的愉悅，都必須在**量**上表現爲普遍有效的，在**質**上表現爲無興趣的，在**關係**上表現出主觀的合目的性，在**模態**上把這種主觀的合目的性表現爲必然的。因此，在這裡方法與前一章的方法並無不同：除了人們必須對如下情況有所考慮，即我們在審美判斷涉及客體的形式的地方是從對質的研究開始的；但在這裡，由於能夠歸於我們稱爲崇高的那東西的無形式性，則將從量開始，量是關於崇高者的審美判斷的第一個契機：這樣做的根據可以從前一節看出。

247

但是，崇高者的分析論必須有美者的分析論所不需要的一種劃分，亦即劃分爲**數學的**崇高者和**力學的**崇高者。

因爲既然崇高者的情感自身帶有一種與對象的評判相結合的心靈感動作爲其特徵，而對美的鑑賞則把心靈預設和維持在寧靜的沉思中；但這種感動卻應當被評判爲主觀上合目的的（因爲崇高者讓人喜歡）。所以，這種感動就透過想像力要麼與認識能力發生關係，要麼與欲求能力發生關係，但在兩種關係中，被給予的表象的合目的性都只是就這兩種能力而言（沒有目的或者興趣地）被評判的；在這種情況下，前者就作爲想像力的一種數學的情調，後者就作爲想像力的一種力學的情調被加給客體，因而客體就以上述兩種方式被表現爲崇高的。

一、數學的崇高者

第二十五節　崇高者的名稱解說

我們把絕對地大的東西稱爲崇高的。但是，「是大的」和「是一個大小」，這是兩個完全不同的概念（magnitudo〔大〕和quantitas〔量〕）。同樣，直截了當地（simpliciter〔簡單地〕）說某種東西是大的，這也完全不同於說它是絕對地大的（absolute, non comparative magnum〔絕對地、並非相比地大的〕）。後者是超越於一切比較之上的大的東西。——但是，說某種東西是大的，或者是小的，或者是中等的，這種表述想要說的是什麼呢？由此所表示的並不是一個純粹的知性概念；更不是一個感官直觀；同樣也不是一個理性概念，因爲它根本不帶有任何知識原則。因此，它必定是一個判斷力的概念，或者是起源自這樣一個概念，並以表象與判斷力相關的主觀合目的性爲基礎。說某種東西是一個大小（quantum〔量〕），這可以從事物本身中無須與其他事物作任何比較就認識到；也就是說，如果同質的東西的多一起構成一的話。但它有多大，這在任何時候都需要本身也是大小的某種別的東西來作爲它的尺度。因爲在對大小作出評判時，不僅取決於多（數目），而且也取決於單位（尺度）的大小，而單位的大小總是又需要它能夠與之比較的某種別的東西來作爲尺度；於是我們看到，對顯象的一切大小的規定完全不能提供關於一個大小的任何絕對的概念，而是永遠只能提供一個比較的概念。

如果我現在絕對地說某種東西是大的，那麼看起來，我根本無意作任何比較，至少是無意與客觀的尺度作比較，因爲由此根本沒有確定該對象有多大。但是，儘管比較的尺度是純然主觀的，判斷也依然要求普遍的贊同；用「這個人是美的」和「這個人是高大的」這兩個判斷都並不僅僅局限在作判斷的主體上，而是和理論判斷一樣要求每個人的贊同。

但是，由於在把某種東西絕對地稱爲大的所借助的一個判斷中，並不僅僅是要說該對象具有一個大小，而是要說這個大小同時是優先於許多其他的同類對象而賦予該對象的，但又沒有明確地指明這種優先性；於是，當然就爲這種優先性奠立了一種尺度來作爲基礎，人們預設這種尺度對於每個人來說都可以當作同樣的尺度來採用，但它卻不能用於對大小的邏輯評判（數學上確定的評判），而只能用於對大小的審美評判，因爲它是純然主觀地爲對大小作出反思的判斷奠立基礎的尺度。此外，它可以是經驗性的，例如：我們熟悉的那些人、某個物種的動物、樹木、房子、山嶺等諸如此類的事物的中等大小；或者它是一個先天地被給予的尺度，這尺度由於作評判的主體的缺陷而被具體地限制在展示的主觀條件上，例如：在實踐上某種德性或者一個國家裡公共自由和正義的大小，或者在理論上所作出的一種觀測或者測量的正確性或者不正確性的大小，諸如此類。

這裡值得注意的是：即使我們對客體根本沒有任何興趣，亦即客體的實存對於我們來說是無所謂的，但僅僅客體的大小，哪怕它被視爲無形式的，也就能夠帶來一種愉悅，這種愉悅是可以普遍傳達的，因而包含著我們的認識能力的應用中有一種主觀的合目的性的意識；但絕不像在美者（因爲它可以是無形式的）那裡一樣是對客體的愉悅，而是對想像力自身的擴展的愉悅。在美者那裡，反思性的判斷力則是與一般知識相關來合目的地調整的。

如果我們（在上述限制之下）關於一個對象直截了當地說它是大的，那麼，這就不是一個數學上的規定性判斷，而只是關於該對象的表象的一個反思判斷，這表象對於我們的認識能力在大小估量上的某種應用來說是主觀上合目的的；而且在這種情況下，我們就在任何時候都把一種敬重與這個表象結合起來，就像把一種輕視與我們直截了當地稱之爲小的東西結合起來一樣。此外，事物或大或小的評判，關涉一切東西，甚至關涉事物的一切性狀；

因此，我們甚至把美也稱爲大的或者小的，對此應當到這裡來尋找根據，即只要我們能夠按照判斷力的規定在直觀中展示（因而在審美上表現）的東西，全都是顯象，因而也是一種量。

但是，如果我們不僅僅把某種東西稱爲大的，而且完全地、絕對地、在一切意圖中（超越一切比較）把它稱爲大的，亦即把它稱爲崇高的，那麼人們馬上就會看出，我們不允許在該事物之外，而只允許在該事物之中去爲它尋找與它相適合的尺度。這是一種僅僅與自身相等的大小。因此，說崇高者不應當到自然的事物中，而只應當到我們的理念中去尋找，就是由此得出的；但它存在於哪些理念中，這卻必須留給演繹去談。

上面的解說也可以這樣來表達：與之相比別的一切都是小的，這種東西就是崇高的。這裡很容易看出：在自然中不可能給出任何東西，即便被我們評判得如此之大，也不會在另一種關係中來看時被貶低到無限小的東西；而反過來，也沒有任何東西如此之小，不會在與更小的尺度相比時對於我們的想像力來說被擴展到一個世界的大小。望遠鏡對前者的說明，顯微鏡對後者的說明，都給我們提供了豐富的材料。因此，沒有任何能夠是感官的對象的東西，立足於此來看可以被稱爲崇高的。但正因爲在我們的想像力中有一種無限前進的努力，在我們的理性中卻有一種對絕對的總體性，亦即對一個眞實的理念的要求；所以甚至我們對感官世界的事物作出大小估量的能力對於這個理念的不適應性，也在我們心中喚醒著一種超感性能力的情感；而且，是判斷力爲了後者（情感）起見自然而然地在某些對象上的應

250

用，而非感官的對象是絕對地大的，但與這種應用相比任何別的應用都是小的。因此，是因某種使反思性的判斷力活動起來的表象而來的精神情調，而非客體應當被稱爲崇高的。

因此，我們還可以給解說崇高者的上述語式再加上如下語式：哪怕只是能夠設想地表明心靈有一種超越感官尺度的能力的東西，就是崇高的。

第二十六節　崇高者的理念所要求的對自然事物的大小估量

透過數目概念（或者它們在代數中的符號）所作的大小估量是數學的，但在純然直觀中（根據目測）所作的大小估量則是審美的。如今，我們雖然只能透過尺度爲其單位的數目（必要時透過由延伸至無限的數目系列而來的接近）來獲得某種東西有多大的確定概念；就此而言，一切邏輯的大小估量都是數學的。然而，既然尺度的大小畢竟必須被假定爲已知的，所以，如果它現在又應當只是透過另一個尺度爲其單位的數目來估量，因而在數學上來估量的話，我們就會永遠也不能擁有一個第一的或者基本的尺度，因而也不能擁有關於一個被給予的大小的任何確定概念。因此，對基本尺度的大小的估量必定僅僅在於，人們能夠在一個直觀中直接把握它，並透過想像力把它用於展示數目概念；也就是說，對自然對象的一切大小估量最終都是審美的（亦即主觀上確定的，而不是客觀上確定的）。

如今，雖然對於數學的大小估量來說沒有任何最大的東西（因爲數目的權限延伸至無限）；但是，對於審美的大小估量來說，卻當然有一個最大的東西；而關於這個東西我要說：如果它被評判爲絕對的尺度，主觀上（對於評判主體來說）不可能有更大的尺度超過它，那麼，它就會帶有崇高者的理念，並且產生出沒有一種透過數目所作的數學的大小估量（除非那個審美的基本尺度，此際被生動地保持在想像力之中）所能夠造成的感動；因爲數學的估量總是透過與其他同類大小的比較僅僅展示相對的大小，而前一種估量則展示絕對的大小，只要心靈能夠在一個直觀中把握它。

直觀地把一個量接納入想像力，以便能夠把它用做尺度，或者作爲單位用於透過數目所作的大小估量，這就需要這種能力的兩個行動：把握（apprehensio〔把捉〕）和總括（comprehensio aethetica〔審美的總攬〕）。把握沒有什麼困難，因爲它是能夠無限進行的；但是，把握推進得越遠，總括就越變得困難，並且很快就達到其最大值，亦即其大小估量在審美上最大的基本尺度。因爲如果把握達到如此之遠，以至於感性直觀的那些最初把握到的局部表象在想像力中已經開始淡化，而想像力卻繼續推進去把握更多的東西，那麼，想像力在一方面所丟失的就與它在另一方面所獲得的一樣多，而在總括中就有一個它不能超越的最大的東西。

由此就可以解釋薩瓦里在他關於埃及的報導中所說明的東西了：爲了對金字塔的偉大獲得完全的感動，人們就必須不走得離它太近，同樣也不離它太遠。因爲如果離它太遠，那麼，把握到的那些部分（它的那些層層疊疊的石塊）就只是被模糊地表象出來，而它們的表象就對主體的審美判斷造不成什麼影響。但如果離得太近，那麼，眼睛就需要一些時間來完成從底部直到尖頂的把握；但在想像力接受尖頂之前，底部就在把握中部分淡化，而總括就永遠不是完備的。——正是這一點，也足以能夠解釋有人所講述的參觀者第一次進入羅馬聖彼得大教堂時，突然向他襲來的震驚和某種困惑。因爲這裡有一種不適合的情感，即對於一個整體的理念來說他的想像力不適合於展示它，在這裡想像力達到了它的最大値，而在努力擴展這最大値時就降回到自身，但卻因此被置入一種動人的愉悅之中。

我現在還不想就這種愉悅的理由列舉任何東西，這種愉悅是與一個人們最不應當有所指望的表象結合在一起的，因爲這表象使我們察覺到表象對於判斷力在大小估量方面的不適合性，因而也察覺其主觀的不合目的性；相反，我僅僅說明，如果審美判斷應當純粹地（不與作爲理性判斷的任何目的論判斷相混淆地）給出，而且就此應當給出一個完全適合審美判斷力批判的實例，那麼，人們就必須不是去指明藝術產品（例如：建築、柱子等）上的崇高者，那裡有一個屬人的目的既規定著形式也規定著大小，也不去指明自然事物上的崇高者，它們的概念已經帶有一個確定的目的（例如：具有已知的自然規定的動物），而是去指明未經加工的自然（而且只是就它不帶有任何魅力，或者不帶有出自現實危險的感動而言）上的崇高者，這是僅僅就它包含著大小而言的。因爲在這種方式的表象中，自然不包含任何過大的東西（也不包含壯觀的或者可怖的東西）；把握到的大小可以增長到任意的規模，只要它能夠被想像力總括在一個整體中。如果一個對象消除了構成它的概念的那個目的，該對象就是過大的。但龐大的卻只是指稱某種概念的展示，該概念對於一切展示來說都幾乎太大了（接近於相對過大的東西），因爲展示一個概念的目的由於對象的直觀對於我們的把握能力來說幾乎太大而變得困難。——但是，一個關於崇高者的純粹判斷必須根本不以任何客體的目的爲規定根據，如果它應當是審美的並且不與任何一種知性判斷或者理性判斷相混淆的話。

※　※　※

由於一切應當使純然反思性的判斷力不帶興趣地喜歡的東西，都必然在其表象中帶有主觀的，並且作爲主觀的而普遍有效的合目的性，但儘管如此這裡卻沒有對象的形式的合目的性（就像在美者那裡）作爲評判的基礎，所以問題是：這種主觀的合目的性是什麼東西呢？而且，它是透過什麼被預先規定爲基準，以便在純然的大小估量中；確切地說，在一直被推進到我們想像力的能力在展示一個大小的概念時的不適合性的那種大小估量中，充當普遍有效的愉悅的一個根據呢？

想像力在大小表象所需要的那種總括中自行無限前進，沒有某種東西會阻礙它；但是，知性透過數目概念來引導它，那個大小表象則必須爲它提供圖形；而在這種屬於邏輯的大小估量的行事方式中，雖然有某種按照關於一個目的的概念客觀合目的之東西（每一次測量都

254 是這類東西），但卻沒有任何對於審美判斷力來說合目的的和讓人喜歡的東西。即便在這種有意的合目的性之中，也沒有任何東西強迫尺度的大小；因而強迫把多納入一個直觀的那種總括的大小一直推進到想像力的能力的界限，推進到想像力在展示中哪怕能達到的地步。因爲在對大小的知性估量（算術）中，人們所達到的正是這麼遠，無論是把單位的總括一直推進到十（在十進位中），還是僅僅推進到四（在四進制中）；但是，大小進一步的產生卻是在複合中，或者當量在直觀中被給予的時候在把握中，只是累進地（而非總攬地）按照一種假定的累進原則完成的。知性在這種數學的大小估量中都得到了同樣好的服務和滿足，無論想像力是選擇一個人們一眼就能夠把握的大小作單位，例如：一英尺或者一竿，還是選擇想像力雖然有可能去把握，但卻不可能將之總括進一個直觀中去（即不能透過comprehensio aethetica〔審美的總攬〕總括進一個直觀中去，儘管完全可以透過comprehensio logica〔邏輯的總攬〕而總括進一個數目概念中去）的一德里或者乾脆地球直徑作單位。在這兩個場合，邏輯的大小估量都毫無阻礙地無限前進。

但現在，心靈在自身中傾聽著理性的聲音，理性對所有被給予的大小，甚至對那些雖然永遠也不能完全把握，儘管如此卻（在感性表象中）被評判爲完整地被給予的大小，都要求總體性，因而要求總括進一個直觀中去，並爲一個日益增長的數目序列的所有那些環節都要求作出展示，甚至也不把無限的東西（空間和流逝的時間）排除在這一要求之外，反倒是不可避免地導致把它設想爲完整地（按照其總體性）被給予的。

但是，無限的東西是絕對地（而不是比較地）大的。與這種東西相比較，一切別的東西（具有同一種量度的東西）都是小的。但最重要的是，哪怕只是能夠把它設想爲一個整體，這也表明心靈有一種超越感官的一切尺度的能力。因爲這就會要求一種總括，它提供一個作爲單位的尺度，這尺度要與無限的東西有一種確定的、可以用數目來說明的比例關係，這是不可能的。但是，哪怕只是能夠設想被給予的無限者而不矛盾，這也就要求心靈中有一種能力，它本身是超感性的。因爲唯有透過這種能力及其一個本身不允許有直觀，但卻給作爲純然顯象的世界直觀奠定基底的本體的理念，感官世界的無限者才在純粹理智的大小估量中被完整地總括在一個概念之下，儘管它在數學的大小估量中透過數目概念永遠也不能被完整地思考。甚至一種能夠把超感性直觀的無限者設想爲（在其理知基底中）被給予的能力，本身就超越了感性的一切尺度，大得甚至超過與數學估量能力的一切比較；當然，這不是在理論的意圖中爲了認識能力，但畢竟是作爲心靈的擴展，心靈感到自己有能力在別的（實踐的）意圖中超越感性的局限。

因此，自然在它的這樣一些顯象中是崇高的，這些顯象的直觀帶有其無限性的理念。這後一種情況，只是由於我們的想像力在一個對象的大小估量中即使作出了最大努力也不適合，才會發生。但現在，對於數學的大小估量來說，想像力能對付任何對象，以便爲這種大小估量提供充分的尺度，因爲知性的數目概念能夠透過累進而使任何尺度適合任何一種被給予的大小。因此，必定是審美的大小估量，在其中人們感覺到超越想像力的能力，而將累進的把握包括到一個直觀整體中去的這種總括努力，而與此同時也察覺到這種在進展中不受限制的能力，不適合於領會以秩序的最小消耗適宜於大小估量的基本尺度，不適合於用於大小估量。現在，自然的眞正不變的基本尺度就是它的絕對整體，它在自然那裡就是被總括爲顯象的無限性。但是，既然這個基本尺度是一個自相矛盾的概念（因爲一個無終點的累進的絕對總體性是不可能的）；所以，一個自然客體的這種大小，即想像力徒勞地把自己全部的總括能力運用於其上的大小，必然把自然的概念引導到一個超感性的基底（這基底既是自然的基礎，同時也是我們的思維能力的基礎），這基底大得超越感官的一切尺度，因而不是那麼讓人把對象，而反倒是讓人把估量對象時的心靈情調評判爲崇高的。

因此，就像審美的判斷力在評判美者時把想像力在其自由遊戲中與知性聯繫起來，以便與知性的一般概念（無須規定這些概念）協調一致那樣，它也在把一個事物評判爲崇高的時把同一種能力與理性聯繫起來，以便主觀上與理性的理念（不確定是哪些理念）協調一致；也就是說，產生出一種心靈情調，這種情調是與確定的理念（實踐的理念）對心靈的影響所會造成的那種心靈情調是相稱的，也是能夠與之共容的。

人們由此也看出，眞正的崇高必須只在判斷者的心靈中，而不是在對其評判引起判斷者的這種情調的自然客體中去尋找。誰會願意把不成形的、亂七八糟地堆積起來的山巒以及它們的那些冰峰，或者陰沉沉的洶湧大海等稱爲崇高的呢？但是，心靈在它自己的評判中感到被提高了，如果它在觀看它們的時候不考慮它們的形式而委身於想像力，並委身於一種儘管完全沒有確定的目的而與之相結合，只是擴展著那個想像力的理性，卻發現想像力的全部威力仍然不適合於理性的理念的話。

自然在純然直觀中的數學崇高者的例子，全都是這樣一些場合提供給我們的，在這些場合裡，被給予我們的與其說是一個更大的數目概念，倒不如說是作爲想像力的尺度的大單位（爲的是壓縮數的序列）。我們按照人的身高來估量的一棵樹，也許爲一座山提供了尺度；而如果這座山例如有一英里高，它就可以用做表達地球直徑的數目的單位，以便使地球的直徑直觀化，而地球的直徑對於我們已知的行星系、行星系對於銀河系來說亦復如是；這樣一些銀河系以星雲爲名的無法測量的集合，也許在它們中間又構成一個諸如此類的系統，使我們在這裡就別預期任何界限了。現在，在對一個如此無法測量的整體的審美評判中，崇高者與其說在於數目的大，倒不如說在於我們在這一進展中總是達到越來越大的單位；有助於此的是對宇宙大廈的系統劃分，它把自然裡面一切大的東西都一再對我們表現爲小的，但眞正說來是把我們完全無邊無際的想像力，以及與它一起把自然表現爲對於理性的理念來說微不足道的，如果想像力要作出一種與這些理念相適合的展示的話。

第二十七節　在對崇高者的評判中愉悅的質

感到我們的能力不適合於達到一個對我們來說是法則的理念，這種情感就是敬重。現在，把每一個可能被給予我們的顯象都總括進一個整體的直觀中去的理念，就是這樣一個由理性法則託付給我們的理念，它除了絕對整體之外，不知道還有別的什麼確定的、對於每個人來說都有效的和不變的尺度。但是，我們的想像力即使作出了最大的努力，就它所要求的把一個被給予的對象總括進一個直觀整體中去（因而是爲了展示理性的理念）而言，也表現出它的局限和不適合性，但畢竟同時表現出它的使命，即造就與這個作爲法則的理念的適合性。因此，對自然中的崇高者的情感就是對我們自己的使命的敬重，我們透過某種偷換（用對於客體的敬重替換對於我們主體裡面人性理念的敬重）對一個自然客體表現出這種敬重，這就彷彿把我們的認識能力的理性使命對感性的最大能力的優越性對我們直觀化了。

因此，對崇高者的情感就是由於想像力在審美的大小估量中，不適合於透過理性進行的估量而產生的不快情感，而且是一種與此同時被喚起的愉快，它是出自恰恰對最大的感性能力的不適合性的這個判斷與理性理念的協調一致，如果對理性理念的追求畢竟對於我們來說是法則的話。因爲對於我們來說是（理性的）法則並且屬於我們的使命的是，把自然作爲感官對象所包含的一切對我們來說大的東西，與理性的理念作比較都估量爲小的；而在我們心中激起對這個超感性的使命的情感的東西，則與那個法則是協調一致的。現在，想像力在展示大小估量的單位時的最大努力，就是與某種絕對大的東西的關係，因而也是與只把這個絕對大的東西接受爲大小的至上尺度的理性法則的關係。因此，對一切感性尺度不適合於理性的大小估量的內在知覺，就是與理性法則的協調一致，而且是一種不愉快，它在我們心中激起我們的超感性使命的情感，按照這種使命，發現任何感性尺度都與理性的理念不適合，這是合目的的，因而是愉快。

心靈在自然裡面的崇高者的表象中感到激動，而它在對自然的美者的審美判斷中則是處在平靜的靜觀中。這種激動可以（尤其是在它開始的時候）比做一種震動，亦即對同一個客體的迅速變換的排斥和吸引。對於想像力來說越界的東西（想像力在直觀的把握中一直被推進到這種東西）彷彿是一個深淵，它害怕自己會失足跌入這個深淵；但畢竟對關於超感性東西的理性理念來說，產生出想像力的這樣一種努力，卻不是越界的，而是合乎法則的；因而它對純然的感性是排斥的，但在同等程度上又是吸引的。但是，判斷本身在這裡總還只是審美的，因爲它並不把關於客體的一個確定概念作爲基礎，而只是把心靈力量（感性和理性）本身的主觀遊戲透過它們的對照表現爲和諧的。因爲就像想像力和知性在對美者的評判中透過它們的一致性產生出心靈力量的主觀合目的性那樣，想像力和理性在這裡則透過它們的衝突產生出這種主觀合目的性，亦即對我們擁有純粹的、獨立的理性或者擁有一種大小估量能力的情感，這種能力的優越性只能透過那種在展示（感性對象的）大小時不受限制的能力的不足才能被直觀化。

對一個空間的測量（作爲把握）同時就是對它的描述，因而是想像中的一種客觀運動和一種累進；與此相反，把多總括進一中去，不是思想的一，而是直觀的一，因而是把相繼把握到的東西總括進一個瞬間中去，這卻是一種回歸，它又取消掉想像力的累進中的時間條

259

件，使同時存在直觀化。因此，這種總括（由於時間序列是內部感官的一個條件，而且是一個直觀）就是想像力的一個主觀運動，透過這個運動，想像力對內部感官施加強制力，想像力總括進直觀中去的量越大，這種強制力就越是顯著。因此，把一個大小尺度納入個別的直觀，把握這一點需要可察覺到的時間，而這種努力則是一種主觀上看與目的相悖、客觀上卻是大小估量所需要的，因而是合目的的表象方式；但在這裡卻正是透過想像力而使主體遭受到的這種強制力，對於心靈的整個規定來說被評判爲合目的的。

崇高者的情感的質就是：它是在一個對象上關於審美評判能力的一種不快的情感，這種不快在其中畢竟同時被表現爲合目的的；這之所以可能，乃是由於這種特有的無能揭示出同一個主體的不受限制的能力的意識，而心靈唯有透過前者才能對後者作出審美的評判。

在邏輯的大小估量中，透過在時間和空間中測量感官世界的事物的累進在某個時候達到絕對的總體性的不可能性，被認做是客觀的，也就是說，是不可能把無限者設想爲被給予的，而不是認做純然主觀的，亦即沒有能力把握無限者；因爲這裡所留意的，根本不是把總括進一個直觀的程度當作尺度，而是一切都取決於一個數目概念。然而在一個審美的大小估量中，數目概念必須去除或者被改變，而唯有把想像力總攬到尺度的單位上（因而避開大小概念相繼產生的某種法則的概念），才對它來說是合目的的。——現在，當一個大小幾乎達到了我們總括進一個直觀中的能力的極致，而想像力卻由於數目大小（對於這種大小，我們意識到我們的能力是不受限制的）而被要求在審美上總括進一個更大的單位中去的時候，我們在心靈中就感到審美上被封鎖在界限之中了；但是，就想像力必然擴展到與我們的理性能力中不受限制的東西，亦即絕對整體的理念的適合性而言，這種不快，因而想像力的能力的不合目的性，對於理性理念及其喚醒來說就被表現爲合目的的。但正是由於這一點，審美判斷本身對於作爲理念源泉的理性，作爲這樣一種理智總括的源泉的理性來說，就成爲主觀合目的的，對於這樣一種理智總括來說，一切審美的總括都是小的；而對象也就作爲崇高的，被以一種愉快接受，這種愉快唯有憑藉一種不快才是可能的。

260

二、自然的力學的崇高者

第二十八節　作爲一種威力的自然

威力是一種勝過大的障礙的能力。正是這種威力，當它也勝過那本身就具有威力的東西的抵抗時，就叫做強制力。自然，在審美判斷中作爲對我們沒有強制力的威力來看，就是力學上崇高的。

如果自然應當被我們在力學上評判爲崇高的，那麼，它就必須被表現爲激起畏懼的（儘管並不反過來說，任何激起畏懼的對象在我們的審美判斷中都被認爲是崇高的）。因爲在

（無概念的）審美評判中，對障礙的優勢只能按照阻抗的大小來評判。但現在，我們努力阻抗的東西就是一場災禍，而且如果我們發現我們的能力不能對付這種東西，它就是一個畏懼的對象。因此，對於審美的判斷力來說，自然唯有就它被視爲畏懼的對象而言，才能被認爲是威力，因而是力學上崇高的。

但是，人們可以把一個對象視爲可畏懼的，並不是面對它感到畏懼；也就是說，如果我們這樣來評判它，即我們僅僅設想這種情況，我們也許要阻抗它，而且此時一切阻抗都會是絕對徒勞的。於是，有德之人畏懼上帝，並不是面對上帝感到畏懼，因爲他把要阻抗上帝及其命令設想爲他並不擔憂的情況。但是，根據任何這樣一種他設想爲就自身而言不可能的情況，他都把上帝認做可畏懼的。

誰感到畏懼，他就根本不能對自然的崇高者作出判斷，就像被偏好和食慾所支配的人不能對美者作出判斷一樣。前者逃避去看一個引起他膽怯的對象；而在一種認眞說的恐怖上找到愉悅，這是不可能的。因此，出自不再有重負的適意就是快活。但是，這種快活由於釋去一種危險，而是一種帶有永遠不再遭受這種危險的打算的快活；甚至人們就連回想一下那種感覺也不樂意，要說他會自己去尋找這種機會，那就大錯特錯了。

險峻高聳的、彷彿威脅著人的山崖，天邊堆疊如山的攜帶著雷鳴電閃的雷雨雲，火山以其全部毀滅性的暴力，颶風連同它留下的破壞，無邊無際的被激怒的海洋，一條巨大河流的高懸的瀑布，諸如此類的東西，都使我們與之阻抗的能力與它們的威力相比成爲無足輕重的小事。但是，只要我們處身於安全之中，則它們的景象越是可畏懼，就將越是吸引人；而我們樂意把這些對象稱爲崇高的，乃是因爲它們把靈魂的力量提高到其日常的中庸之上，並讓我們心中的一種完全不同性質的阻抗能力顯露出來，這種能力使我們鼓起勇氣，能夠與自然表面上的萬能相較量。

因爲就像我們雖然在自然的不可測度性上，以及在我們的能力不足以採用一個與對自然的疆域的審美大小估量相匹配的尺度這一點上，發現了我們自己的局限，但也畢竟仍然在我們的理性能力上同時發現了另一種非感性的尺度，這個尺度把那種無限性本身作爲單位置於自己下面，自然中的一切相對於它都是小的，因而在我們的心靈中發現了對處於不可測度性之中的自然的一種優勢一樣：雖然就連自然的威力的不可阻抗性也使我們作爲自然存在者來看認識到自己在物理上的軟弱無力，但同時也揭示出一種能力，能把我們評判爲不依賴於自然的，並揭示出對自然的一種優勢，在此之上建立起一種性質完全不同的自我保存，不同於可能受外在於我們的自然攻擊並被其置於危險之中的那種自我保存，此時雖然人不得不屈服於那種強制力，但我們的人格裡面的人性依然未被貶低。以這樣的方式，自然在我們的審美判斷中被評判爲崇高的，並非就其是激起畏懼的而言的，而是因爲它在我們心中喚起了我們的力量（這力量不是本性），爲的是把我們所操心的東西（財產、健康和生命）看做是渺小的，因而把自然對於我們和我們的人格性的威力（我們就上述東西而言，當然是屈服於這種威力的）儘管如此也不視爲這樣一種強制力，這種強制力，假如事情取決於我們的最高原理以及對它們的主張和放棄的話，我們本來是不得不屈從於它的。因此，自然在這裡叫做崇高的，只是因爲它把想像力提高到對如下場合的展示，在這樣一些場合中，心靈能夠使它自己超越於自然之上的使命本身的特有崇高成爲它自己可以感到的。

這種自我評價並不因爲下面這種情況而失去任何東西，即我們爲了感受這種令人鼓舞的愉悅，就必須看到自己是安全的；因而，由於危險不是認眞的，我們的精神能力的這種崇高也（就像可能顯得那樣）同樣可以不是認眞的了。因爲愉悅在這裡僅僅涉及我們的能力在這樣的場合裡被揭示出來的規定，如同這種能力的稟賦就在我們的本性之中那樣；然而，這種能力的發展和練習卻依然被委託給我們，是我們的責任。而眞理就在這裡，哪怕人在把自己的反思一直延伸到這裡時如此會意識到他當前現實的軟弱無力。

這個原則雖然看起來太牽強附會和玄想了，因而對於一個審美判斷來說是過分的；然而，對人的觀察卻證明了相反的東西，證明它可以是最普通的評判的基礎，儘管人們並不總是意識到它。因爲，什麼東西即便對於野蠻人來說也是最大的驚讚的對象呢？是一個不驚慌、不畏懼，因而不逃避危險，但同時以充分的深思熟慮精力充沛地做事的人。即使在最文明的狀態裡，也依然有對戰士的這種崇高的敬意；只是人們爲此還要求他同時表現出一切和平的德性，溫柔、同情，乃至對他自己的人格適當的謹慎，這正是因爲在這上面認出了他的心靈不會被危險所征服。因此，人們盡可能在把政治家和統帥作比較時，對於誰比誰更值得崇高的敬重有如此之多的爭執；審美判斷裁定的是後者。甚至戰爭，如果它是以秩序和公民權利神聖不可侵犯而進行的，本身就具有某種崇高的東西，同時也使得以這種方式進行戰爭的人民遭受過的危險越多，並且在其中能夠勇敢地堅持下來，其思維方式就越是崇高；與此相反，一種長期的和平通常使得純然的商貿精神，但與它一起也使得卑劣的自私自利、怯懦和軟弱流行，並降低人民的思維方式。

看來會有人反駁對被加在威力之上的崇高者的概念的這種解析：我們通常在暴雨中、在狂風中、在地震以及諸如此類的東西中，把上帝想像成在憤怒中，但同時也在他的崇高中展現出來，而這時卻還去想像我們的心靈對這樣一種威力的各種作用，乃至看起來還對它的各種意圖有一種優勢，那就會同時是愚蠢的和褻瀆的了。在這裡，心靈的情調看起來並不是我們自己的本性的崇高感，反倒是屈服、頹喪和完全的無力感，它是與這樣一個對象的顯現相適合的，而且通常也是合乎習慣地與這個對象的理念在這類自然事件中結合在一起的。在一般宗教中，跪倒、低頭膜拜，帶著悔恨的、惶恐的神態和聲音，這似乎是面對神靈時的唯一合適的態度，因而絕大多數民族也都採取了並仍在遵守著這種態度。然而，這種心靈情調也遠遠不是就自身而言，並且必然地與一種宗教及其對象的崇高理念結合在一起。一個人在現實地畏懼著，因爲當他意識到以自己卑下的意向違背了某種威力，而這種威力的意志是不可抗拒的，同時是正義的時，他在自身中發現了這畏懼的原因，這個人根本不處在心靈的鎮定中，以便驚讚屬神的偉大，這要求一種安詳的靜觀的情調和完全自由的判斷。只有在他意識到自己那眞誠的、神所喜悅的意向的情況下，這種威力的那些作用才有助於在他心中喚起這個存在者的崇高的理念，只要他在自己身上認識到這意向的一種符合這個存在者的意志的崇高，並由此提高到對自然的這樣一些作用的畏懼之上，不把這些作用視爲這個存在者的憤怒的爆發。甚至謙恭，作爲對自己通常在意識到善的意向時，可以輕而易舉地以人性的脆弱來加以掩蓋的那些缺陷的嚴厲評判，也是一種崇高的心靈情調，即執意屈服於自責的痛苦，以便逐漸地根除那自責的原因。唯有以這樣的方式，宗教才內在地與迷信區別開來，後者在心靈中建立的不是對崇高者的敬畏，而是在極強大的存在者面前的畏懼和害怕，受驚嚇的人發現自己屈服於這存在者的意志，但卻並不怎麼尊重它，從這裡面能夠產生的，當然無非是邀寵和諂媚，而不是善的生活方式的宗教。

因此，崇高不是包含在任何自然事物中，而是包含在我們的心靈中，只要我們能夠意識到對我們裡面的自然，並由此對我們外面的自然（如果它影響到我們的話）有優勢。在這種情況下，凡是在我們心中激起這種情感——爲此就需要自然的威力，它激勵著我們的種種力量——的東西，就都叫做（儘管是非本眞地）崇高的；而唯有在我們心中的這個理念的前提條件下，並且與它相關，我們才能夠達到這個存在者的崇高的理念，這個存在者不僅透過它那在自然中表現出來的威力，並且還更多地透過置入我們心中的、毫不畏懼地評判那種威力，以及把我們的使命設想爲被提高到那種威力之上的那種能力，而在我們心中造成內在的敬重。

264

第二十九節　關於自然的崇高者的判斷的模態

美的自然有無數事物，關於它們我們可以直接要求每個人的判斷都與我們一致，並且也能夠指望這種一致而不致有特別的差錯；但是，憑藉我們關於自然中的崇高者的判斷，我們卻不能如此輕易地在別人那裡指望接受。因爲看起來，要能夠對自然對象的這種優越性下個判斷，不僅審美的判斷力，而且作爲其基礎的認識能力，都需要一種大得多的培養。

心靈對於崇高者的情感的情調，要求心靈對於理念有一種感受性；因爲正是在自然對這些理念的不適合中，因而唯有在這些理念以及想像力把自然當作這些理念的一個圖形來對待的這種努力的前提條件下，才有對於感性來說嚇人的，但同時又吸引人的東西，因爲這是理性施加於感性的一種威力，只是爲了與理性自己的領域（實踐的領域）相適合地擴展感性，並使感性眺望那對它來說是一個深淵的無限者。事實上，沒有道德理念的發展，我們透過文化的準備而稱之爲崇高的那種東西，對於未開化的人來說就將顯得是嚇人的。他將從自然在毀滅中的暴力的證據，以及其威力使他自己的力量在其面前消失得無影無蹤的尺度上面，所看到的全然是艱辛、危險和窘困，它們會包圍著被驅趕到這裡的人。於是，善良的，此外也是明智的薩伏依農夫（如索緒爾（Saussure）先生所講述）就毫不猶豫地把一切冰山愛好者都稱爲傻瓜。如果那位觀賞者純然像大多數遊客習慣做的那樣乃是出自愛好，或者爲了以後對此能夠作出充滿激情的描述而承受了他在這裡所遭到的種種危險，那麼誰又知道，這位農夫就如此完全沒有道理呢？但是，索緒爾先生的意圖是教導人；這位傑出的人擁有使心靈崇高的感覺，並把這種感覺呈送給購買他的遊記的讀者。

但是，即使對自然的崇高者的判斷需要教養（比對美者的判斷更需要），它卻並不由此就正是首先從教養中產生出來的，並不是僅僅符合習俗地在社會中被採用的；相反，它的基礎在於人的本性，確切地說在於人們以健康的知性能夠同時向每個人建議和向每個人要求的東西，也就是在於對（實踐的）理念的情感，亦即道德情感的稟賦。

於是，在這上面就建立起別人對崇高者的判斷贊同我們的判斷的必然性，這種必然性是我們同時一起包括在我們的判斷之中的。因爲就像我們責備在對我們認爲美的自然對象的評判中無動於衷的人缺乏**鑑賞**一樣，對於在我們判斷爲崇高的對象上不爲所動的人來說，我們就說他沒有情感。但是，這兩者都是我們要求於每個人的，並預設每個人只要具有一些教養就都有的：只不過區別在於，由於在前者中判斷力把想像僅僅與作爲概念能力的知性聯繫起來，所以我們直截了當地要求每個人具有前者，而由於在後者中判斷力把想像力與作爲理念能力的理性聯繫起來，所以我們只是在一種主觀的前提條件（但我們相信自己有權可以向每個人建議這種前提條件），亦即人心中的道德情感的前提條件下才要求後者，因而也就把必然性賦予這種審美判斷。

在審美判斷的這個模態中，亦即在審美判斷的這種自以爲有的必然性中，有一個對於判斷力批判來說的主要契機。因爲這種必然性恰恰在這些審美判斷上標明了一個先天原則，並把它們從經驗性的心理學中提升出來——否則它們就會依然被埋沒在歡樂和痛苦的情感之下（只不過附帶有精緻的情感這個什麼也沒說的修飾詞）——以便把它們並憑藉它們把判斷力歸入以先天原則為基礎的判斷一類，但又將它們作為這樣的先天原則納入先驗哲學。

反思性的審美判斷力之說明的總附釋

在與愉快情感的關係中，一個對象可以要麼被視為適意者，要麼被視為美者，要麼被視為崇高者，要麼被視為（絕對的）善者（iucundum,pulchrum,sublime,honestum〔適意者、美者、崇高者、可敬者〕）。

適意者作為欲望的動機，完全具有同樣的性質，不論它來自何處，不論其表象（客觀地來看就是感官和感覺的表象）是如何在類上不同。因此，在評判其對心靈的影響時，事情僅僅取決於魅力的集合（同時的和相繼的），而且彷彿是僅僅取決於適意的感覺的總量；因此，這種適意的感覺就只能透過量來使人理解。它也不使人有教養，而是屬於純然的享受。——與此相反，美者要求客體的某種質的表象，這質也可以使人理解，並且付諸概念（儘管美者在審美判斷中並不付諸概念）；而且使人有教養，因為它同時也教人注意在愉快情感中的合目的性。——崇高者僅僅在於關係，自然表象中的感性東西被評判為對於其一種可能的超感性應用來說適宜的。——絕對的善，主觀上按照它所引起的情感來評判，即

（道德情感的客體）作爲主體的各種力量透過一個絕對強制性的法則的表象的可規定性，首先是透過一種基於先天概念的，不僅本身包含每個人都贊同的要求，而且也包含其命令的必然性的模態來區分的，而且就自身而言雖然不屬於審美的判斷力，而是屬於純粹的理智判斷力；它也不是在一個純然反思性的判斷中，而是在一個規定性的判斷中，不是被賦予自然，而是被賦予自由。但是，主體透過這個理念的可規定性，確切地說一個能夠於自身中在感性上感覺到障礙，但同時把透過克服這種障礙而對這種障礙的優越性感覺爲它的狀態之變相的主體的可規定性，亦即道德情感，卻與審美判斷力及其形式條件有親緣關係；也就是說，這情感可以用來把出自義務的行動的合法則性同時表現爲審美的，也就是表現爲崇高的，或者也表現爲美的，而不損害它的純粹性；如果人們要把它與適意者的情感置於自然的聯繫中，上述情況就不會發生。

如果人們從對兩種審美判斷迄今的說明中引出結論，那麼，由此就會得出如下的簡要解釋：

美的就是在純然的評判中（因而不是憑藉感官的感覺按照知性的一個概念）令人喜歡的東西。由此自行得出，它必須是令人不帶任何興趣而喜歡的。

崇高的就是透過其對感官興趣的阻抗，而直接令人喜歡的東西。

兩者作爲對審美的普遍有效的評判的解釋，都關係到一些主觀的根據，亦即一方面是感性的根據，只要這些根據有利於靜觀的知性，另一方面是當它們違背感性，相反卻對實踐理性的目的以及在同一個主體中結合起來的兩者來說，在與道德情感的關係中是合目的的時候是根據。美者使我們做好準備無興趣地喜愛某種東西，甚至無興趣地喜愛自然；崇高者則使我們做好準備，甚至違背我們的（感性的）興趣而高度尊重這些東西。

人們可以這樣來描述崇高者：它是一個（自然的）對象，其表象規定著心靈去設想作為理念之展示的自然的不可及。

字面上來說，而且在邏輯上來看，理念是不能被展示的。但是，如果我們爲了直觀自然而（以數學或者力學的方式）擴展我們的經驗性的表象能力，那麼，就不可避免地有理性作爲絕對總體的獨立性的能力加入進來，並引起心靈的雖然徒勞無功的努力，要使感官的表象去適合這個絕對整體。這種努力和理念憑藉想像力不可及的情感，本身就是我們的心靈在爲了它的超感性使命而利用想像力的時候的主觀合目的性的一種展示，並且迫使我們主觀上把自然本身就其總體性而言設想爲某種超感性的東西的展示，而不能客觀上實現這種展示。

因爲我們馬上就察覺，無條件者，因而還有絕對的大，都是完全脫離空間和時間中的自然的，但卻是爲最平常的理性所要求的。正是因此我們也被提醒，我們只是在與作爲顯象的自然打交道，而這個自然還必須被視爲僅僅是一個自然自身（它是理性在理念中擁有的）的展示。但是，這個超感性者的理念我們雖然不能進一步去規定，因而也不能認識作爲它的展示的自然，而是只能去設想，它卻在我們心中透過一個對象被喚起，這個對象的審美評判使想像力竭盡全力一直到它的極限，或者是擴展的極限（在數學上），或者是它對於心靈的威

268

力的極限（在力學上），因爲這評判是基於心靈的一種使命的情感（道德情感），這使命完全超越了自然的領域，鑑於這種情感，對象的表象被評判爲主觀合目的的。

事實上，對自然的崇高者的情感，沒有心靈的一種類似於道德情感的情調與之相結合，是無法設想的；而儘管對自然的美者的直接愉快同樣以思維方式的某種自由性，亦即愉悅對純然感官享受的獨立性爲前提條件，並對它加以培養，但由此得到表現的卻更多的是遊戲中的自由，而不是在一種合法的事務之下的自由；後者是人的道德的眞正性狀，在這裡理性必須對感性施加強制力，只是在關於崇高者的審美判斷中，這種強制力被表現爲由想像力本身作爲理性的一個工具來實施的。

因此，對自然的崇高者的愉悅也只是消極的（與此不同，對美者的愉悅是積極的）；也就是說，是想像力的自由被它自己剝奪的情感，因爲想像力是按照另外的法則，而不是按照經驗性應用的法則被合目的地規定的。由此，它獲得了一種擴展和威力，這威力比它犧牲掉的威力更大，但這威力的根據對它自己來說卻是隱藏的，它所感到的不是這根據，而是犧牲和剝奪，同時還有它所服從的原因。在觀看高聳入雲的山脈、深深的洞穴和裡面洶湧著的激流、烏雲密布而勾起人憂鬱沉思的荒野等的時候，近乎於驚恐的驚讚、恐懼和神聖的敬畏就會攫住觀看者，而在觀看者知道自己處於安全之中時，這都不是眞正的畏懼，而只是試圖憑藉想像力使我們參與其中，以便感到這同一種能力的威力，並把由此激起的心靈活動與心靈的寧靜結合起來，這樣來勝過我們自己心中的自然，因而也勝過我們之外的自然，如果這自然能夠對我們的愜意情感有影響的話。因爲依據聯想律的想像力使我們的滿意狀態在物理上有所依賴；但恰恰這想像力按照判斷力的圖形法的原則（因而就它從屬於自由而言）卻是理性及其理念的工具，但作爲這種工具卻是堅持我們對自然影響的獨立性的一種威力，即把在自然影響上大的東西蔑視爲小的，這樣把絕對大的東西僅僅設定在他（主體）自己的使命之中。審美判斷力把自己提升到與理性相適合（但無須一個確定的理念概念）的這種反思，甚至透過想像力即便有最大的擴展也對理性（作爲理念的能力）在客觀上的不適合，仍然把對象表現爲主觀上合目的的。

人們在這裡一般而言必須注意上面已經提醒過的東西，即在判斷力的先驗美學中必須只談論純粹的審美判斷，因而不可以從這樣一些以關於一個目的的概念爲前提條件的美的或者崇高的自然對象中提取例子；因爲那樣的話，它就會要麼是目的論的合目的性，要麼是基於對一個對象的純然感覺（快樂或者痛苦）的合目的性，因而在前一種場合不是審美的合目的性，在後一種場合不是純然形式的合目的性。因此，人們如果把繁星密布的天空稱爲崇高的，那麼，就不得把這樣一些世界的概念作爲對它的評判的基礎，這些世界被有理性的存在者居住著，而現在我們看到布滿我們頭上的空間的那些亮點，作爲它們的太陽在對它們來說安排得很合目的的圓周上運動著；而是僅僅像人們看到它的那樣，把它視爲一個包容一切的穹窿；我們必須僅僅在這個表象下來設定一個純粹的審美判斷賦予這個對象的那種崇高。同樣，海洋的景象也不像我們在充實了各種各樣的知識（但這些知識並不包含在直接的直觀中）的時候所設想的那樣；例如：把它設想成一個遼闊的水生物王國，或者是一個巨大的水庫，爲的是蒸發水分，讓空中充滿雲霧以利於田地，或者也是一種契機，它雖然把各大陸相互隔離開來，但仍使它們之間的最大的共聯性成爲可能，因爲這所提供的全然是目的論的判斷；相反，人們必須僅僅像詩人們所做的那樣，按照親眼目睹所顯示的，在海洋平靜地被觀賞時把它視爲一面僅僅與天際相連的清澈水鏡，但在它不平靜時則把它視爲一個威脅著要吞噬一切的深淵，但卻仍然是崇高的。關於人的形象中的崇高者和美者，可以說同樣的話，在這裡，我們並不回顧他的所有肢體為之存在的那些目的的概念，把它們當作判斷的規定根據，而且必須不讓與那些目的的一致影響我們的審美判斷（那樣的話就不再是純粹的審美判斷了），儘管它們不與那些目的相抵觸，這當然也是審美愉悅的一個必要條件。審美的合目的性就是判斷力在其自由中的合法則性。對於對象的愉悅取決於我們要在其中設定想像力的那個關係：只是想像力是獨自把心靈維持在自由的活動之中的。與此相反，如果某種別的東西，或者是感官感覺，或者是知性概念，規定著判斷，那麼，這判斷雖然是合法則的，但卻不是一個自由的判斷力的判斷了。

因此，如果人們談到理智的美或者崇高，那麼首先，這些表述並不完全正確，因爲這是一些審美的表象方式，如果我們是純然的理智（或者只是在思想上把我們置入這種性質之中）的話，在我們裡面就會根本找不到這些表象方式；其次，儘管兩者作爲一種理智的（道德的）愉悅的對象，雖然就它們不基於任何興趣而言是可以與審美的愉悅一致的，但它們畢竟在其中又難以與審美的愉悅結合起來，因爲它們應當造就一種興趣，當那種展示應當與審美評判中的愉悅相一致的時候，這種興趣在審美評判中就會永遠僅僅透過感官興趣而發生，人們在展示中把感官興趣與它結合起來，但這樣一來，理智的合目的性就受到損害，它變得不純粹了。

一種純粹的和無條件的理智愉悅的對象，就是在其威力之中的道德法則，它把這威力在我們心中施加於心靈的一切和每一個先行於它的動機；而且既然這種威力眞正說來只是透過犧牲才使自己在審美上可以認識的（這是一種剝奪，儘管是爲了內在的自由，與此相反，它揭示出我們心中這種超感性能力的一種不可探究的深度，連同它那些延伸到無限的後果），所以，這種愉悅從審美方面來看（與感性相關）就是消極的，亦即違背這種興趣的，但從理智方面來看則是積極的和與一種興趣結合在一起的。由此得出：理智的、就自身而言合目的的（道德上的）善者，在審美上來評判，就必須不是被表現爲美的，而毋寧是被表現爲崇高的，以至於它所喚起的更多的是敬重的情感（這種情感鄙視魅力），而不是愛和親密的愛慕的情感；因爲人的本性不是那麼自行地，而是唯有透過理性施加於感性的強制力，才與那個善者協調一致。反過來，即便是我們在我們之外的自然中，甚至在我們裡面的自然中稱爲崇高的那種東西（例如：某些激情），也只是被表現爲心靈的一種憑藉道德原理躍升到某些感性障礙之上的威力，並由此而使人感興趣的。

我要在後者稍作逗留。帶有激情的善者的理念叫做熱忱。這種心靈狀態看起來是崇高的，以至於人們通常都預先規定：沒有它任何偉大的事情都不可能完成。但現在，任何激情①都是盲目的，要麼是在其目的的選擇上，要麼是在目的的實施上，哪怕這目的是由理性提出的；因爲激情是心靈的這樣一種運動，它使得心靈沒有能力對原理進行自由的思考，以便據以規定自己。因此，它不能以任何方式配得上理性的愉悅。儘管如此，熱忱在審美上還是崇高的，因爲它是各種力量由於理念而來的一種緊張，這些理念給予心靈一種比由於感官表象而來的推動更爲有力、更爲持久得多地起作用的激奮。但是（這看起來令人奇怪），就連一個頑強地執著於自己那些不變原理的心靈的**無激情**（Apatheia,Phlegma in significatu bono〔冷漠、褒義的遲鈍〕），也是崇高的，確切地說以高級得多的方式是崇高的，因爲它同時在自己那方面擁有純粹理性的愉悅。唯有這樣一類的心靈性質才叫做高貴的：這一表述後來也被用在這樣的事物上，例如：建築、一件衣服、行文風格、儀表等，如果這些事物所激起的不僅是**驚奇**（超出期待的新穎性的表象中的激情），而且是**驚讚**（一種即使失去新

---

① **激情**與**熱情**在類上不同。前者僅僅關係到情感；後者則屬於欲求能力，並且是使任性憑藉原理的一切可規定性變得困難或者不可能的偏好。前者是猛烈的和非蓄意的，後者是持久的和深思熟慮的，這樣，不滿作爲憤怒就是一種激情；但作爲仇恨（復仇欲）就是一種熱情。後者永遠並且在任何一種關係中都不能被稱爲崇高的，因爲在激情中心靈的自由雖然受到**阻礙**，但在熱情中卻被取消了。

穎性也不停止的驚奇）的話，當理念在其展示中無意地、沒有做作地與審美愉悅協調一致的時候，上述情況就會發生。

每一種具有英勇性質的激情〔因爲這種激情激發起對我們克服任何阻抗的力量（animi strenui〔頑強的精神〕）的意識〕，都是在審美上崇高的，例如：憤怒，甚至絕望（亦即憤然的絕望，但不是沮喪的絕望）。而具有軟化性質的激情〔它使阻抗的努力甚至成爲不快的對象（animum languidum〔孱弱的精神〕）〕自身並不具有任何高貴的東西，但卻可以被列爲性情的美的東西。因此，能夠一直強化到成爲激情的那些感動也是很不同的。有勇敢的感動，有柔情的感動。後者在一直上升到成爲激情的時候根本沒有任何用處；這樣一種癖好就叫做多愁善感。一種同情的痛苦，它不願讓自己得到安慰，或者我們在它涉及一些虛構的禍害時蓄意參與其中，直到透過幻想而誤以爲它們是現實的禍害，它證明著和造就著一個溫柔的、但同時是孱弱的靈魂，這靈魂表明了美的一面，而且雖然可以被稱爲幻想性的，但卻根本不能被稱爲熱忱的。小說、哭哭啼啼的戲劇、乏味的道德規範，都在賣弄著（儘管是虛假地）所謂的高貴意向，但事實上卻使心靈變得乾枯，對於嚴格的義務規範沒有感覺，使它不能對我們人格中的人性尊嚴和人們的權利（它是完全不同於人們的幸福的某種東西）有任何敬重，使它一般而言不能有任何堅定的原理；甚至一篇宗教演說亦是如此，它兜售的是放棄對我們心中自己阻抗惡的能力的一切信任的卑躬屈膝的、低三下四的邀寵諂媚，而不是嘗試用我們那些無論怎樣脆弱，卻依然存留下來的力量以克服種種偏好的毅然決心；還有虛假的謙恭，它把人們唯一可能使最高存在者喜歡的方式設定在自我蔑視中，設定在搖尾乞憐的僞裝懺悔和一種純然是逆來順受的心靈自制之中；這些就連與那能夠被視爲美的東西都不相容，更不用說與能夠被視爲性情的崇高的東西相容了。

但是，即便是猛烈的心靈運動，不論它們是以振奮的名義與宗教的理念相結合，還是純然作爲屬於文化的而與包含著一種社會利益的理念相結合，即使它們如此使想像力緊張起來，也絕不能要求有一種崇高的展示的榮譽，如果它們不留下一種心靈情調，這情調哪怕只是間接地影響到對它的力量和追求純粹的理智合目的性帶有的東西（超感性的東西）的決心的意識的話。因爲若不然，所有這些感動就都只屬於人們爲了健康而樂意有的變動。緊隨在由於激情的遊戲而來的這樣一種震撼之後的適意的疲倦，就是從我們裡面的種種生命力重建平衡而來的對舒適的一種享受；這種享受最終所導致的，與東方的縱欲者們在彷彿讓人按摩自己的身體、輕柔地擠壓和屈伸自己的所有肌肉和關節時認爲如此愜意的享受所導致的，是同樣的結果；只不過對於前者來說運動的原則絕大多數在我們裡面，而相反，對於後者來說運動的原則完全在我們外面罷了。於是，有人相信聽一次布道就振奮了自己，其實在他心中卻沒有建立起任何東西（沒有建立起任何善的準則的體系）；或者相信看一次悲劇就變好了，其實他只不過是爲成功地排遣了無聊而感到高興罷了。因此，崇高者在任何時候都必須與思維方式相關；也就是說，與賦予理智的東西和理性理念以對感性的支配威力的準則相關。

人們不必擔憂崇高者的情感會由於這樣一類在感性東西上完全否定性的抽象展示方式而喪失掉；因爲想像力雖然超出感性東西之外找不到任何它可以求助的東西，它卻畢竟也正是透過對它的限制的這種取消而感到自己是無界限的；因此，那種抽象就是無限者的一種展示，這種展示雖然正因爲此而永遠只能是一種否定的展示，但卻畢竟擴展了心靈。也許，在猶太人的法典中沒有哪段話比這條誡命更崇高了：你不可爲自己雕刻偶像，也不可做什麼形象，無論是天上的，還是地上的，還是地下的東西等。唯有這條誡命才能解釋猶太民族在其教化時期與其他民族相比較對自己的宗教所感到的那種熱忱，或者解釋穆罕默德（Mahomet）教所引起的那種驕傲。同樣這一點，也適用於我們心中的道德法則和道德性稟賦的表象。擔心如果道德性被剝奪它能夠推薦給感官的一切，它在這種情況下就會只帶有冷冰冰的沒有生氣的同意，而不帶有任何激動人心的力量或者感動了，這是完全錯誤的。事情恰恰相反；因爲在感官再也看不到任何東西，而不會出錯也不可磨滅的道德理念仍然留存下來的時候，就會有必要寧可減弱一種無界限的想像力的激奮，不讓它一直上升到熱忱，也不出自對這些理念沒有力量的畏懼而到偶像和童稚的器械中爲它們尋求援助。因此，就連政府也樂意允許讓宗教去大量供應後一種附屬品，並力圖這樣來解除他的臣民把自己的心靈力量擴張到人們爲他專斷地設定的限制之外的辛勞，但同時也解除他這樣做的能力，這樣一來，人們就能夠更容易地把他當作純然被動的來處置了。

與此相反，道德的這種純粹的、提升靈魂的、純然否定的展示並不帶來任何狂熱的危險，狂熱是一種想要超出感性的一切界限看到某種東西，亦即按照原理去夢想（憑理性飛馳）的妄念；這正是因爲，展示在感性那裡純然是否定的。因爲自由理念的不可探究性完全切斷了一切積極展示的道路，但道德法則就自身而言在我們裡面是充分地並且原初地進行規定的，以至於它根本不允許我們在它之外去尋求一種規定根據。如果熱忱可以和狂想相比的話，那麼，狂熱就可以與荒唐相比，其中後者是一切事物中最不能與崇高者相容的，因爲它是想入非非的和可笑的。在作爲激情的熱忱裡面，想像力是無拘無束的；在作爲根深蒂固的、冥想的熱情的狂熱裡面，它是沒有規則的。前者是暫時的偶然，最健全的知性有時也會遇到；後者則是一種病症，它會破壞最健全的知性。

純樸（沒有做作的合目的性）彷佛就是自然在崇高者裡面，甚至也在道德裡面的風格，道德是一個（超感性的）第二自然，我們只知道它的法則，但卻不能透過直觀達到我們自己心中包含著這種立法的根據的那種超感性的能力。

還要說明的是：儘管對美者的愉悅和對崇高者的愉悅一樣，都不僅僅是透過普遍的可**傳達性**而在其他審美評判中判然有別，而且還透過這種屬性而與社會（愉悅在其中得以傳達）相關獲得一種興趣，儘管如此，畢竟就連與一切社會的脫離也被視爲某種崇高的東西，如果這種脫離是基於不顧一切感性興趣的理念的話。自給自足，因而不需要社會，但卻不是不合群，亦即不是逃避社會，這就是某種近乎崇高的東西了，對需求的任何超脫亦是如此。與此相反，由於敵視人們就出自厭世而逃避人們，或者由於把人們當作自己的敵人來畏懼就出自恐人症（怕見人）而逃避人們，這一方面是醜陋的，另一方面也是可鄙的。儘管如此，有一種（十分非本眞地說的）厭世，這種氣質往往隨著年齡的增長而出現在許多思想正派的人的心靈裡，這些人雖然就好意來說是足夠博愛的，但卻由於一種長期的悲傷經驗而遠離了對人的愉悅：離群索居的癖好、在一個偏遠的莊園裡度其一生的幻想願望、甚或（在年輕人士那裡）在一個不爲其餘世界所知的島嶼上與小家庭度其一生的夢幻幸福，《魯賓遜漂流記》式作品的小說家和詩人們很懂得利用的這些，都爲此提供了見證。虛僞、忘恩負義、不公正，以及在我們自己認爲重要和偉大的目的中的那種幼稚可笑，在追求這些目的時人們甚至相互帶來一切想像得出的災禍：這些都是與人們只要願意就能夠成爲的樣子的理念如此矛盾，並且與人們要看到自己改善的強烈願望如此對立，以至於當有人不能愛人們時，爲了不恨人們，放棄一切社交的樂趣看起來只是一個小小的犧牲而已。這種悲哀並不是針對命運加在其他人頭上的災禍的（這樣的悲哀的原因是同情），而是針對人們自己給自己帶來的災禍的（這種悲哀在原理上是基於反感），這種悲哀由於是基於理念的，所以是崇高的，而前一種則充其量只能被視爲美的。——既風趣又縝密的索緒爾在對他的阿爾卑斯山之遊的描述中，關於薩伏依諸山脈之一的好人山說道：「那裡瀰漫著某種乏味的悲哀。」因此，他畢竟也知道一種有趣的悲哀，它是一片荒野的景象引起的，人們也許很願意置身於其中，以便不再從世界聽到任何東西，也不再從世界得知任何東西，但這荒野畢竟必須不是那麼完全不令人流連的，以至於它只是給人們提供一段極其艱苦的逗留時光。——我作出這一說明，意圖僅僅在於提醒，即便是憂鬱（不是意志消沉的悲哀）也可以被列為強有力的激情，如果它在道德理念中有自己的根據的話；但是，如果它是基於同情的，並且作為這樣的憂鬱也是可愛的，那麼，它就僅僅屬於軟化的激情，為的是由此讓人注意到這樣一種心靈情調，它唯有在前一種情況下才是崇高的。

※　※　※

人們也可以把對審美判斷現在詳細闡述過的先驗說明與諸如博克（Burke）和我們中間許多思想敏銳之士曾探討過的生理學說明比較一番，以便看出一種純然經驗性的說明會導向何處。博克②在這種探討方式中堪稱最優秀的作者，他沿著這一途徑（該書二二三頁）得出：「崇高者的情感基於自保的衝動，基於畏懼，亦即一種痛苦，這種痛苦由於並不一直達到對肉體各部分的現實傷害，所以就引起一些激動，當這些激動使更細的或者更粗的血管清除了危險的和麻煩的堵塞時，就能夠激起適意的感覺，儘管不是愉快，而是一種愜意的顫

② 據他的著作的德文譯本：《對我們關於美者和崇高者的概念之起源的哲學考察》，里加，哈特諾赫出版社，一七七三。

慄，是某種摻有驚恐的平靜」。他把美者建立在愛上面（他畢竟自稱懂得把欲望與愛分離開來），把它引導到（二五一至二五二頁）「肉體纖維的鬆弛、放鬆和疲軟，因而是由於快樂而軟化、而鬆弛、而疲憊，是由於快樂而傾倒、而捨命、而銷魂」。於是，他透過想像力不僅與知性相結合，而且甚至與感官感覺相結合而能夠在我們心中激起美者，以及崇高者的情感的那些場合，來證實這種解釋方式。——作為心理學的說明，對我們的心靈現象的這些分析是絕對出色的，並且給最受歡迎的經驗性人類學研究提供了豐富的素材。也不能否認，我們心中的一切表象，不論它們客觀上是純然感性的，還是完全理智的，都畢竟在主觀上可能與快樂或者痛苦結合在一起，哪怕兩者是不可覺察的（因為它們全都刺激生命的情感，而且它們之中沒有一個作為主體的變相而可能是無動於衷的）；甚至，就像伊比鳩魯所聲稱的，快樂和痛苦最終畢竟總是肉體的，無論它是從想像開始還是乾脆從知性表象開始；因為生命若沒有肉體感官的情感，就會純然是它的實存的意識，但卻不是舒適或者不適，亦即促進或者阻礙生命力的情感；因為心靈獨自就完全是生命（生命原則本身），而且障礙或者促進必須到它之外，但畢竟是在人裡面，因而是在與他的身體的結合中去尋找。

但是，如果把對於對象的愉悅完全設定在對象透過魅力或者透過感動使人快樂這一點上，那麼，人們就也必須不苛求任何別人來贊同我們所作出的審美判斷；因為對此每個人都有權僅僅徵詢他的私人感官。但在這種情況下，對鑑賞的一切審查就都中止了；人們就不得不使別人透過其判斷的偶然一致所提供的例子對於我們來說成為贊同的命令，而我們畢竟也許會抗拒這一原則，而訴諸自然權利，使基於自己舒適的直接情感的判斷服從自己的感官，而不是別人的感官。

因此，如果鑑賞判斷必須不被視爲唯我主義的，而是根據其內在本性，亦即由於它自己，而不是由於別人從自己的鑑賞中提供的例子，必然地被看做多元主義的，如果人們把它評價成一個可以同時要求每個人都應當贊同的判斷，那麼，它就必須以某個（不論是客觀的還是主觀的）先天原則作爲基礎，這個先天原則是人們透過探查心靈變化的經驗性法則所永遠也達不到的；因爲這些經驗性的法則只是讓人認識判斷是如何作出的，而不是要求判斷應當如何作出，確切地說，這要求根本就是無條件的；這類要求是鑑賞判斷以之爲前提條件的，因爲鑑賞判斷要懂得把愉悅與一個表象直接地連結起來。因此，儘管對審美判斷的經驗性說明總是作爲開端，以便爲一種更高的研究提供素材；但對這種能力的一種先驗的討論卻畢竟是可能的，並且在本質上屬於鑑賞的批判。因爲若不是鑑賞擁有這些先天原則，它就不可能能夠裁定別人的判斷，並對別人的判斷哪怕只是以某些權利的外表來作出贊同或者拒斥的表示。

屬於審美判斷的分析論的其餘部分，首先包括：

•純粹審美判斷的演繹

第三十節　關於自然對象的審美判斷的演繹，不可以針對我們在自然中稱為崇高的東西，而只能針對美者

一個審美判斷對於對每個主體都普遍有效的要求，作為一個必須立足於某個先天原則的判斷，需要一個演繹（亦即它的要求的一種合法性證明），這個演繹還必須附加在對這判斷的說明之上；也就是說，如果涉及對客體的形式的一種愉悅或者反感的話。這類判斷就是關於自然的美者的鑑賞判斷。因為在這種情況下，合目的性畢竟在客體及其形象中有它的根據，儘管它並不把這根據與其他對象的關係按照概念指示出來（成為知識判斷）；而只是一般地涉及對這個形式的把握，這是就該形式在心靈中既與概念的能力，也與展示概念的能力（它與把握能力是同一個東西）相符合地顯示出來而言的。因此，人們也可以就自然的美者而言提出各種各樣的問題，這些問題涉及自然形式的這種合目的性的原因；例如：人們想如何解釋，自然為什麼如此揮霍地到處散布了美，甚至在人類的眼睛（美卻唯有對於人類的眼睛來說才是合目的的）很少達到的海底，如此等等。

唯有自然的崇高者——如果我們對此作一個純粹的審美判斷，它不摻有作為客觀合目的性的完善性的概念；在後一種場合，它就會是一個目的論的判斷——才可以完全被看做無形

式的或者無形象的，但仍被看做一種純粹的愉悅的對象，並且表明被給予的表象的主觀合目的性；於是，這裡的問題就是：對於這種方式的審美判斷來說，在對其中所思考的東西所作的說明之外，是否也還能夠要求對它關於某個（主觀的）先天原則的要求作出一番演繹。

對此的回答是：自然的崇高者只是非本眞地如此稱謂的，而眞正說來它必須僅僅被賦予思維方式，或者毋寧說賦予人類本性中這種思維方式的基礎。意識到這種基礎，對一個通常無形式的和不合目的的對象的把握僅僅提供出誘因，該對象以這樣的方式被主觀合目的地運用，但卻不是作爲這樣一個對象獨立地，並由於它的形式而被判斷（彷彿是species finalis accepta, non data〔被接受的，而不是被給予的目的概念〕）。因此，我們對關於自然的崇高者的判斷的說明同時就是它的演繹。因爲如果我們對這些判斷中的判斷力的反思加以剖析，那麼，我們在它們裡面就將發現諸認識能力的一種合目的的關係，這種關係必須被先天地奠定爲目的能力（意志）的基礎，因而本身就先天地是合目的的：於是這馬上就包含著那個演繹，亦即這樣一類判斷對普遍必然有效性的要求的辯護理由。

因此，我們需要尋找的將只是鑑賞判斷的演繹，亦即關於自然事物之美的判斷的演繹，並且就這樣在整體上爲全部審美判斷力來完成這個任務。

280

第三十一節　鑑賞判斷的演繹的方法

唯有當判斷提出必然性的要求時，才會出現一類判斷的演繹，亦即保證其合法性的責任；當判斷要求主觀的普遍性，亦即要求每個人都贊同的時候，情況也是這樣；不過，這種判斷畢竟不是知識判斷，而僅僅是對一個被給予的對象的愉快或者不快的判斷，即自認爲具有一種對每個人都普遍有效的主觀合目的性，這種合目的性不應當建立在關於事物的概念之上，因爲它是鑑賞判斷。

既然我們在後面這種場合所面對的不是任何知識判斷，既不是把透過知性被給予的一般**自然**概念當作基礎的一種理論判斷，也不是把先天地透過理性被給予的**自由**理念當作基礎的一種（純粹）實踐判斷；因而要根據其先天有效性爲之作辯護的，既不是表現一件事物是什麼的判斷，也不是表現我爲了造成一件事物應當作什麼的判斷；所以，爲一般判斷力而必須闡明的，將只是表述一個對象的形式的某個經驗性表象之主觀合目的性的一個**單稱**判斷的**普遍有效性**，以便解釋，某種東西僅僅在評判中（無須感官感覺或者概念）就能夠讓人喜歡，而且就像爲了一般知識而對一個對象的評判具有一些普遍的規則一樣，每一個人的愉悅也都可以對每個他人來說被預示爲規則，這是如何可能的。

現在，如果這種普遍有效性不應當是建立在搜羅選票和到處向別人詢問其感覺方式上面，而是彷彿基於對（在被給予的表象上的）愉快情感作出判斷的主體的一種自律，亦即基於他自己的鑑賞，但儘管如此畢竟也不是從概念推導出來的；那麼，這樣一個判斷——就像鑑賞判斷實際上所是的那樣——就具有一種雙重的而且也是邏輯的特性；也就是說，首先，它具有先天的普遍有效性，但畢竟不是一種按照概念的邏輯必然性，而是一個單稱判斷的普遍性；其次，它具有一種必然性（它在任何時候都必須基於先天的根據），但這種必然性畢竟不依賴於先天的證明根據，似乎透過這些根據的表象就能夠強求鑑賞判斷向每個人所要求的那種贊同。

如果我們在這裡一開始就抽掉鑑賞判斷的一切內容，亦即愉快的情感，並僅僅把審美形式與客觀判斷的那種由邏輯學規定的形式相比較，那麼，一個鑑賞判斷與一切知識判斷的區別就在於上述邏輯特性，唯有對這些邏輯特性的解析才足以成爲這種特殊的能力的演繹。因此，我們要預先透過討論一些例子來表明鑑賞的這些具有特徵的屬性。

第三十二節　鑑賞判斷的第一特性

鑑賞判斷就愉悅（作爲美）而言規定自己的對象，要求每個人都贊同，就好像它是客觀的似的。

說這朵花是美的，就等於只是照著說這朵花有自己對每個人都愉悅的要求。它卻根本不由於自己的香氣而提出什麼要求。這香氣使這一個人心曠神怡，卻使另一個人頭暈目眩。除了美必須被視爲花本身的一種屬性，這種屬性並不以這些頭腦和如此之多的感官的不同爲準，而是這些頭腦和感官如果要對它作出判斷的話，就必須以它爲準之外，人們應當從中猜測出別的什麼嗎？然而事情卻不是這樣。因爲鑑賞判斷恰好就在於，它只是按照這樣一種性狀才把一件事物稱爲美的，在這種性狀中，該事物以我們接受它的方式爲準。

此外，對於每個應當證明主體有鑑賞的判斷，都要求主體應當獨立地作出判斷，而不需要透過經驗在別人的判斷中到處摸索，以及由別人對同一個對象的愉悅或者反感來事先教導自己，因而他的判斷不應當由於一個事物也許現實地普遍讓人喜歡就作爲模仿，而是應當先天地陳述出來。但是，人們應當想到，一個先天判斷必須包含著關於客體的一個概念，它包含著對這個客體的認識的原則；但是，鑑賞判斷根本不是建立在概念上面的，它在任何地方都不是知識，而只是一個審美判斷。

因此，一個年輕的詩人不要因爲公眾的，哪怕是他的朋友們的判斷而爲他的詩是美的這種勸說所左右；如果他聽從他們，那也不是因爲他作出了另外的評判，而是因爲他在自己對讚揚的欲望中找到理由，即使（至少在他的意圖中）全部公眾都具有一種錯誤的鑑賞，也依然（甚至違背他自己的判斷）去迎合平庸的妄念。只是到了後來，在他的判斷力透過練習而變得更加敏銳了之後，他才會自願放棄他過去的判斷；就像他也堅持自己那些完全基於理性的判斷一樣。鑑賞只提出自律的要求。把他人的判斷當作自己的判斷的規定根據，那就會是他律了。

人們有理由把古人的作品稱頌爲典範，把它們的作者稱爲經典的，如同作家們中間的一個貴族那樣，他透過自己的在先行爲而爲民眾立法；這似乎是指示了鑑賞的後天來源，反駁了鑑賞在每個主體中的自律。然而，人們同樣可以說，直到今天還被視爲綜合方法的最高澈底性和完美性之不可缺少的典範的那些古代數學家，也證明了我們這方面的一種模仿的理性和理性的一種無能，即不能從自己本身中憑藉最大的直覺透過概念的構建產生出嚴格的證明來。這裡根本沒有我們各種力量的任何運用，不論這種運用是如何自由，而且甚至也沒有理性的運用（理性必須從共同的先天來源汲取它的一切判斷），理性運用是在每個主體應當始終完全從他的天性的原始稟賦開始時，即便沒有別人以他們的嘗試先行於他，也不會陷入到錯誤的嘗試中去的，這不是爲了使追隨者成爲純然的模仿者，而是透過他們的做法指點別人，以便在自己本身裡面尋找原則，並這樣來選取他們自己的，往往是更好的道路。甚至在宗教中，無疑每個人都必須是從自己本身獲取他的行爲舉止的規則的，因爲他也仍然是自己對這行爲舉止負責的，不能把他所犯過錯的罪責推到作爲導師和先行者的其他人頭上，但畢竟絕不能透過人們或者從教士們那裡或者從哲學家們那裡獲得的，或者從自己本身取得的普遍規範，達到與透過一個德性或者聖潔的榜樣所達到的同樣多的效果，這種在歷史中樹立起來的榜樣，並不使得德性出自特有的和原始的（先天）道德理念的自律成爲多餘的，或者是把它轉變爲模仿的機械作用。與一個在先行爲相關的追隨，而不是模仿，才是一個示範性的創始人的產品對別人所可能具有的一切影響的正確表述；這只是意味著：從那個創始人自己所曾汲取的同一個源泉汲取，並且只向他的先行者學習在這方面行事的方式。但是，在一切能力和才能中間，鑑賞恰恰是這樣的東西，由於它的判斷不能透過概念和規範來規定，它最需要的是在文化的進展中最長久地維持著贊同的那種東西的榜樣，爲的是不要馬上又變得粗野，跌回到最初的嘗試的那種粗糙性中去。

第三十三節　鑑賞判斷的第二特性

鑑賞判斷根本不能透過證明根據來規定，就好像它純然是主觀的似的。

如果某人認爲一座建築、一片風景、一首詩不是美的，那麼首先，他不可以受眾口一詞高度讚頌它所迫使而在內心中表示讚揚。他雖然可以裝作好像他也喜歡它的樣子，以免被視爲沒有鑑賞；他甚至可能開始懷疑自己是否透過對足夠多的某類對象的了解，而也充分地培養了自己的鑑賞（就像一個人相信認出遠處的某種東西是一片森林，而所有其他人都把那東西看做是一座城市，他就要懷疑自己的親眼目睹所作的判斷一樣）。但是，他畢竟清晰地看出的是：別人的讚揚根本不能充當對美的評判的任何有效證明；別人充其量可以替他去看和觀察，許多人以同一種方式所看到的東西，對於相信看出不同的東西的人來說，可以用做理論判斷，從而邏輯判斷的一個充分的證明根據，但絕不能把別人喜歡的東西用做一個審美判斷的根據。別人的不利於我們的判斷雖然可以有理由使我們就我們自己的判斷而言產生懷疑，但絕不能使我們確信我們自己的判斷不正確。因此，不存在任何經驗性的證明根據去強迫某人作出鑑賞判斷。

其次，更不能用一個先天的證明按照確定的規則來規定關於美的判斷。如果某人給我朗誦他的詩，或者把我引入一齣戲劇，而這最終不能使我的鑑賞感到中意，那麼，不論他是引用巴托（Batteux）還是引用萊辛（Lessing），還是引用更早的也更著名的鑑賞評論家以及由他們提出的一切規則來作證明，說他的詩是美的；甚至可能我恰恰反感的某些段落與美的規則（就像這些規則在那裡被提出，並獲得普遍的承認一樣）完全吻合；我將堵住自己的耳朵，不會去聽任何根據和任何玄想，而寧可假定評論家們的那些規則是錯誤的，或者至少這裡不是它們應用的場合，而不假定我應當讓自己的判斷受先天的證明根據的規定，因爲它應當是一個鑑賞判斷，而不是知性判斷或者理性判斷。

看起來，這就是人們爲什麼把這種審美的評判能力恰恰冠以鑑賞之名的主要原因之一。因爲某人盡可以把一道菜的所有配料給我列舉出來，並且對每道菜都加以說明，說它們之中的每一道通常對我來說都是適意的，此外也有理由誇讚這食物有利於健康；我卻對這所有理由充耳不聞，而是用我自己的舌頭和味覺去品嘗這道菜，而且據此（不是根據普遍的原則）我作出自己的判斷。

事實上，鑑賞判斷絕對總是作爲一個關於客體的單稱判斷而作出的。知性可以透過把客體在令人愉悅這一點上與別人的判斷進行比較而作出一個全稱判斷；例如：所有的鬱金香都是美的；但這樣一來，它就不是一個鑑賞判斷，而是一個邏輯判斷，它使一個客體與鑑賞的關係成爲具有某種一般性質的事物的謂詞；但是，唯有我藉以認爲某一個別的被給予的鬱金香美，亦即認爲我對它感到的愉悅普遍有效的那個判斷，才是鑑賞判斷。但它的特性卻在於：儘管它只有主觀的有效性，它卻仍然這樣來要求所有的主體，就像唯有當它是一個基於知識根據，並能夠透過一個證明來強加於人的時候才總是發生的那樣。

第三十四節　不可能有任何客觀的鑑賞原則

人們也許會把一個鑑賞原則理解成一條原理，人們能夠把一個對象的概念歸攝在這個原理的條件之下，並在這種情況下透過一個推論就能夠得出，這個對象是美的。但這是絕對不可能的。因爲我必須直接在這個對象的表象上感覺到愉快，而這種愉快是不能透過任何證明根據向我侈談的。因此，雖然如休謨（Hume）所說，評論家比廚師更顯得能玄想，但他們卻和廚師有同樣的命運。他們不能指望從證明根據的力量中，而只能指望從主體對他自己的狀況（愉快或者不快）的反思中，憑藉拒絕一切規範和規則，來獲得他們的判斷的規定根據。

但是，評論家儘管如此卻能夠也應當玄想，致使我們的鑑賞判斷得到糾正和擴展的東西，並不是要以一個普遍可用的公式來闡明這一類審美判斷的規定根據，這是不可能的；

而是要研究這些判斷中的認識能力及其活動，並在例子中來分析交互的主觀合目的性，關於這種合目的性，我們上面已經指出過，它在一個被給予的表象中的形式就是這表象的對象的美。因此，鑑賞批判本身就一個客體藉以被給予我們的表象而言只是主觀的；也就是說，它是把知性和想像力在被給予的表象中彼此之間的交互關係（與先行的感覺或者概念無關），因而把它們的一致或者不一致置於規則之下，並就其條件而言對它們加以規定的一門藝術或者科學。如果它只是在例子上來指出這一點，它就是藝術；如果它把這樣一種評判的可能性從作爲一般認識能力的這種能力的本性中推導出來，它就是科學。唯有後者，作爲先驗的批判，才是我們在這裡到處要做的。它應當把鑑賞的主觀原則作爲判斷力的一個先天原則來加以闡明並爲之辯護。批判作爲藝術，僅僅力圖把鑑賞據以現實地進行的那些生理學的（在這裡就是心理學的），因而是經驗性的規則運用於鑑賞對象的評判，並對美的藝術的產品進行批判；就像前一種批判所批判的是評判這些產品的能力本身一樣。

第三十五節　鑑賞原則是一般判斷力的主觀原則

鑑賞判斷與邏輯判斷的區別在於：後者把一個表象歸攝在關於客體的概念之下，前者則根本不把它歸攝在一個概念之下，因爲若不然，就會能夠透過證明來強迫作出必然的普遍贊同了。但儘管如此，前者在這一點上卻是與後者類似的，即它預先規定了一種普遍性和必然性，但卻不是按照關於客體的概念，因而是一種純然主觀的普遍性和必然性。由於一個判斷中的諸概念構成了該判斷的內容（屬於對客體的知識的東西），而鑑賞判斷卻不是能夠透過概念來規定的，所以，它只是建立在一個判斷的一般主觀形式條件之上的。一切判斷的主觀條件就是判斷能力本身，或者就是判斷力。就一個對象藉以被給予的一個表象而言來運用這種判斷力，要求兩種表象能力的協調一致：亦即想像力（爲了直觀及其雜多的複合）和知性（爲了這種複合的統一性之表象的概念）。由於判斷在這裡不以任何關於客體的概念爲基礎，所以它只能在於把想像力本身（在一個對象藉以被給予的表象那裡）歸攝到知性一般地從直觀達到概念的條件之下。也就是說，由於想像力的自由正是在於它無須概念而圖形化這一點上，所以鑑賞判斷就必須建立在想像力以其自由而知性、以其合法則性相互啓動的一種純然感覺之上，因而建立在一種情感之上，這情感讓對象按照表象（一個對象透過它而被給予）在對認識能力就其自由遊戲而言的促進上的合目的性來評判；而鑑賞作爲主觀的判斷力，就包含著一種歸攝原則，但不是把直觀歸攝在概念之下，而是把直觀或者展示的能力（亦即想像力）歸攝在概念的能力（亦即知性）之下，只要前者在它的自由中與後者在它的合法則性中協調一致。

現在，爲了透過鑑賞判斷的一個演繹來找出這種合法根據，唯有這一類判斷的形式特性，從而就對這些判斷僅僅考察其邏輯形式而言，才能用做我們的指導線索。

第三十六節　鑑賞判斷的演繹的課題

可以與對一個對象的知覺直接結合成爲一個知識判斷的，是關於一個一般客體的概念，關於這客體，那個知覺包含著種種經驗性的謂詞，而由此就產生出一個經驗判斷。現在，爲了把這個經驗判斷思考爲對一個客體的規定，它是以關於直觀的雜多之綜合統一性的一些先天概念爲基礎的；而這些概念（範疇）則要求一個演繹，這個演繹也已經在《純粹理性批判》中給出，透過它也就能夠完成對這個課題的解決：先天綜合的知識判斷是如何可能的？因此，這個課題涉及純粹知性及其理論判斷的先天原則。

但是，與一個知覺直接結合的也有一種愉快（或者不快）的情感，和一種伴隨著客體的表象並代替謂詞爲這表象服務的愉悅，而這樣就產生出一種不是知識判斷的審美判斷。一個這樣的判斷，如果它不是純然的感覺判斷，而是一個形式的反思判斷，它要求這種愉悅對每個人來說都是必然的，那麼，它就必須以某種作爲先天原則的東西爲基礎，哪怕這原則也許是一個純然主觀的原則（如果對這樣一類判斷來說，一個客觀原則本來就不可能的話），但即便是作爲這樣一種原則也需要一個演繹，以便了解一個審美判斷如何能夠對必然性提出要求。於是，在這上面就建立起我們現在所探討的課題：鑑賞判斷是如何可能的。因此，這個課題涉及純粹判斷力在審美判斷中的先天原則，亦即在這樣一些判斷中的先天原則，在其中判斷力不能（像在理論判斷中那樣）僅僅被歸攝到客觀的知性概念之下，並服從一條法則，而是它在其中自己主觀上既是對象又是法則。

這個課題也可以這樣來表現：一種判斷，僅僅從自己對一個對象的愉快情感出發，不依賴於這個對象的概念，而先天地，亦即無須等待外來的贊同，就把這種愉快評判為在每個別的主體中都附著在同一個客體的表象上的，這種判斷是如何可能的？

鑑賞判斷是綜合的，這一點很容易看出來，因為它們超出了客體的概念，甚至超出了其直觀，並把某種根本連知識都不是的東西，亦即把愉快（或者不快）的情感作為謂詞附加給那個直觀。但是，儘管謂詞（即與表象相結合的自己的愉快這一謂詞）是經驗性的，鑑賞判斷就其要求每個人都贊同而言卻仍然是先天判斷，或者想要被視為先天判斷，這一點，同樣已經包含在它們的要求的這些表述之中了；這樣，判斷力批判的這個課題就是屬於先驗哲學的這個普遍問題之下的：先天綜合判斷是如何可能的？

第三十七節　眞正說來在一個鑑賞判斷中關於一個對象先天地斷言的是什麼？

關於一個對象的表象直接與一種愉快相結合，這只能內在地被知覺到，而如果人們只想指出這一點，這就會給出一個純然經驗性的判斷。因為我不能先天地把一種確定的情感（愉快或者不快）與任何一個表象相結合，除非那裡有一個規定意志的先天原則在理性中作為基礎；這時愉快（在道德情感中）就是這個先天原則的後果，但正是由於這一點，它根本不能與鑑賞中的愉快相比較，因爲它要求關於一個法則的確定概念；與此相反，鑑賞中的愉快應當是先於一切概念直接與純然的評判結合在一起的。因此，一切鑑賞判斷也都是單稱判斷，因爲它們把自己的愉悅謂詞不是與一個概念，而是與一個被給予的個別的經驗性表象相結合。

因此，不是愉快，而是被知覺到與心靈中對一個對象的純然評判相結合的這種愉快的普遍有效性，在一個鑑賞判斷中被先天地表現爲對判斷力、對每個人都有效的普遍規則。我用愉快去知覺和評判一個對象，這是一個經驗性的判斷。但是，我認爲它是美的，也就是說我可以要求那種愉悅對每個人來說都是必然的，這卻是一個先天判斷。

第三十八節　鑑賞判斷的演繹

如果承認在一個純粹的鑑賞判斷中對於對象的愉悅，是與對其形式的純然評判結合在一起的，那麼，這種愉悅無非就是這形式對於判斷力的主觀合目的性，我們感覺到這個合目的性是與心靈中對象的表象結合在一起的。既然判斷力就評判的形式規則而言，撇開一切質料（無論是感官感覺還是概念），只能是針對一般判斷力（它既不被限制在特殊的感官方式上，也不被限制在一個特殊的知性概念上）的應用的主觀條件的；因而是針對我們在所有人身上都（作爲一般的可能知識所要求的）可以預設的主觀的東西的；所以，一個表象與判斷力的這些條件的一致，就必須能夠被先天地假定爲對每個人都有效的。也就是說，在對一個一般感性對象的評判中，愉快或者表象對諸認識能力的關係的主觀合目的性，將是能夠有理由向每個人都要求的。③

附釋

這個演繹之所以如此容易，乃是因爲它並不需要爲一個概念的任何客觀實在性作辯護；因爲美不是關於客體的概念，而且鑑賞判斷不是知識判斷。它所斷言的只是：我們有理由在每個人那裡普遍地預設我們在自己心中發現的判斷力的同一些主觀條件；只是我們還要把被給予的客體正確地歸攝到這些條件之下罷了。雖然現在後面這一點有一些不可避免的，並不

③ 爲了有理由對審美判斷力的一個僅僅基於主觀根據的判斷提出普遍贊同的要求，只須承認以下幾點就夠了：1. 在所有人那裡，這種能力的主觀條件，就其中所使用的諸認識能力與一般知識的關係而言，都是一樣的；這必定是眞實的，因爲若不然，人們就不能傳達自己的表象乃至於知識了。2. 這個判斷僅僅考慮了這種關係（因而僅僅考慮了判斷力的形式條件），並且是純粹的，亦即既不摻有關於客體的概念，也不摻有感覺來作爲規定根據。即便就後者來說有所差錯，這也僅僅涉及把一個法則給予我們的權限錯誤地運用於一個特殊的事例，由此並不一般地取消這種權限。

附著在邏輯判斷力上面的困難（因爲人們在邏輯的判斷力中是歸攝到概念之下，而在審美判斷力中則是歸攝到在客體被表現出來的形式上想像力，以及知性相互之間彼此相稱的一種只是可感覺到的關係之下，在這裡，歸攝可能很容易騙人）；但由此卻絲毫無損於判斷力指望普遍贊同這種要求的合法性，這個要求所導致的只是對出自主觀根據而對每個人都有效的這個原則的正確性作出判斷。因爲談到因歸攝到那個原則之下的正確性而來的困難和懷疑，這種歸攝並不使對一個一般審美判斷的這種有效性的要求之合法性，因而並不使這個原則本身變得可疑，就像邏輯的判斷力（雖然不是如此經常和容易地）錯誤地歸攝到自己的原則之下，同樣也不會使其本身是客觀的原則變得可疑一樣。但是，如果問題是：先天地把自然假定爲鑑賞對象的一個總和，這是如何可能的？那麼，這個課題就與目的論有關了，因爲爲我們的判斷力建立合目的的形式，這必須被視爲自然的一個本質上與自然的概念相聯繫的目的。但是，這種假定的正確性還是很可疑的，然而，自然美的現實性對於經驗來說卻是明擺著的。

第三十九節　一種感覺的可傳達性

如果感覺被當作知覺的實在東西與知識聯繫起來，那它就叫做感官感覺；而且它的質的獨特之處就可以被表現爲普遍地以同樣的方式可傳達的，如果人們假定每個人都有與我們的感官一樣的感官的話；但是，這一點卻絕對不能預設於一個感官感覺。這樣，對於一個缺少嗅覺感官的人來說，這一類感覺就不能傳達給他；而且即便他不缺少這種感官，人們也畢竟不能肯定，它對於一朵花是否恰好具有我們對它具有的同樣感覺。但是，我們必須設想人們在同一個感官對象的感覺方面就適意或者不適意而言還有更多的區別；絕對不能要求對同一些對象的愉快被每個人所承認。由於具有這樣一種性質的愉快是透過感官進入心靈的，因而我們此時是被動的，所以，人們可以把它稱為享受的愉快。

與此相反，由於一個行動的道德性狀而對它的愉悅，就不是享受的愉快，而是對能動性及其與自己的使命的理念相符合的愉快。這種情感叫做道德的情感，但它要求有概念，並且所展示的不是自由的合目的性，而是有法則的合目的性，因而也是只能憑藉理性來普遍傳達的，而且如果這愉快應當在每個人那裡都是同樣性質的話，它就只能透過十分確定的實踐理性概念來普遍傳達。

對自然的崇高者的愉快，作為玄想靜觀的愉快，雖然也對普遍的同情提出要求，但卻畢竟已經以一種別的情感，亦即自己的超感性使命的情感為前提條件，這種情感無論多麼模糊，都有一種道德的基礎。但別的人也將考慮到這些，並在對自然的粗獷的觀賞中找到一種愉悅（這種愉悅確實不能歸於自然的景象，這種景象毋寧說是可怖的），這一點我卻絕對沒有理由來預設。儘管如此，我畢竟能夠在考慮到應當在每個適當的機會都顧及那種道德稟賦時，也向每個人要求那種愉悅，但只是借助於道德法則，而後者在自己那方面又是建立在理性概念之上的。

與此相反，對美者的愉快卻既不是享受的愉快，也不是一種有法則的活動的愉快，也不是按照理念的玄想靜觀的愉快，而是純然反思的愉快。不以某種目的或者原理爲準繩，這種愉快伴隨著對一個對象的平常的把握，這種把握是透過作爲直觀能力的想像力、與作爲概念能力的知性相關、憑藉判斷力的一種即便爲了最平常的經驗也必須實施的程序而獲得的；只不過判斷力不得不這樣做，在這裡爲的是知覺到一個經驗性的客觀概念，而在那裡（在審美評判中）則爲的是知覺到表象對於兩種認識能力在其自由中的和諧的（主觀合目的的）活動的適合性；也就是說，爲了用愉快去感覺那種表象狀態。這種愉快必須在每個人那裡都必然地建立在同樣的條件之上，因爲這些條件是一般知識的可能性的主觀條件，而鑑賞所需要的兩種認識能力的比例，也是人們在每個人那裡都可以預設的那種平常的和健康的知性所需要的。正因爲如此，就連以鑑賞作判斷的人（只要他在這種意識中沒有出錯，不把質料當作形式、把魅力當作美），也可以把主觀的合目的性，亦即他對客體的愉悅要求於任何他人，假定他的情感是可以普遍傳達的，而且無須借助概念。

第四十節　作爲一種sensus communis〔共感〕的鑑賞

當可以察覺的不是判斷力的反思，而毋寧說只是它的結果時，人們往往給判斷力冠以一種感覺之名，並談到一種眞理感，談到對於正派、正義等的一種感覺；儘管人們知道，至少按理應當知道，這並不是這些概念可以在其中占有一席之地的感覺，更不是說這種感覺會有絲毫的能力去要求有普遍的規則，而是說，如果我們不能超越這些感覺而把自己提升到更高的認識能力的話，我們關於眞理、合適、美和正義是永遠不會想到這種方式的表象的。平常的人類知性，人們把它當作僅僅是健康的（尚未得到培養的）知性而視爲極微不足道的東西，是人們只要一個人要求被稱爲人就總是能從他那裡期待的，因而也就有了侮辱性的名聲，這種知性可以被冠以共感（sensus communis）之名；確切地說是這樣，人們把平常的這個詞（不僅僅在我們的語言中，它在這個詞中確實包含著一種語義雙關，而且在許多別的語言中也是這樣）正好理解爲到處都遇到的庸常的東西，擁有這種東西絕對不是什麼功績或者優點。

但是，人們必須把sensus communis〔共感〕理解爲一種共同的感覺的理念；也就是說，一種評判能力的理念，這種評判能力在自己的反思中（先天地）考慮到任何他人在思想中的表象方式，以便使自己的判斷彷彿是依憑全部人類理性，並由此避開那會從主觀的私人條件出發對判斷產生不利影響的幻覺，這些私人條件很容易會被視爲客觀的。做到這一點所憑藉的是，人們使自己的判斷依憑別人那些不是現實的，而毋寧說是僅僅可能的判斷，並透過人們只是撇開以偶然的方式與我們自己的評判相聯繫的那些局限，而置身於每個他人的地位；而這又是由此造成的，即人們把在表象狀態中是質料，亦即是感覺的東西盡可能地除去，並僅僅注意自己的表象或者自己的表象狀態的形式的特性。爲了把反思加到我們稱爲平常感覺的這種能力上，對反思的這樣一種處理也許顯得太做作了；不過，它也只是在我們以抽象的公式表述它的時候才看起來如此；就自身而言，當人們尋找一個應當用做普遍規則的判斷時，就再也沒有什麼比撇開魅力和感動更自然的了。

平常的人類知性的以下準則雖然不屬於這裡作爲鑑賞判斷的部分，但卻畢竟能夠用做其原理的闡明。它們是如下準則：1.自己思維；2.站在別人的地位上思維；3.任何時候都與自己一致地思維。第一個準則是無成見的思維方式的準則，第二個準則是開闊的思維方式的準則，第三個準則是一以貫之的思維方式的準則。第一個準則是一種永不被動的理性的準則。對被動的理性，因而對理性的他律的癖好就叫做**成見**；而一切成見中最大的成見就是，把自然想像成不服從知性透過自己的根本法則奠定爲它的基礎的那些規則：這就是迷信。從迷信中解放出來就叫做**啓蒙**④；因爲雖然這個稱謂應當歸於從一般成見中解放出來，

④ 人們馬上就看出，啓蒙雖然在論題上很容易，但在假說上卻是一件必須艱難而緩慢地進行的事業；因爲以自己的理性不是被動地，而是任何時候都自己爲自己立法，這對於只想適合於自己的根本目的而不要求知道超出自己知性的東西的人來說，雖然是某種十分容易的事情；但既然追求後者的努力幾乎是不可防止的，而且這在其他那些以諸多信心許諾能夠滿足這種求知欲的人那裡是永遠也不缺少的；所以，要在思維方式中（尤其是在公共的思維方式中）保持或者確立這種純然否定的東西（它構成眞正的啓蒙），必定是很困難的。

但迷信卻是首先（in sensu eminenti〔在突出的意義上〕）值得被稱爲一種成見的，因爲迷信置身於其中，甚至將之作爲一種責任來要求的那種盲目性，首先使靠別人來引導的那種需要，因而使一種被動理性的狀態清晰可辨。至於思維方式的第二個準則，我們通常都習慣於把其才能不堪大用（尤其是重用）的人稱爲有局限的（狹隘的，開闊的對立面）。然而在這裡，我們說的不是認識的能力，而是合目的地運用認識能力的思維方式：這種思維方式，無論人的自然天賦所達到的範圍和程度多麼小，仍表明一個人具有開闊的思維方式，如果他把如此之多的別人都如同被封閉在其中的主觀的私人判斷條件置之度外，並從一個普遍的立場（他唯有透過置身於別人的立場才能規定這個立場）出發對他自己的判斷加以反思的話。第三個準則，亦即一以貫之的思維方式的準則，是最難達到的，也唯有透過結合前兩個準則並經常遵循它們以至熟練之後才能達到。人們可以說：這些準則中第一個是知性的準則，第二個是判斷力的準則，第三個是理性的準則。

我再重新提起由於這一插曲而偏離了的話題說：與健康知性相比，鑑賞有更多的理由可以被稱爲sensus communis〔共感〕；而且審美判斷力比理智判斷力更能夠領有一種共同感覺這個名稱⑤，如果人們眞的要使用感覺這個詞來表示純然的反思對心靈的一種作用的話；

⑤ 人們可以用sensus communis aestheticus〔審美的共感〕來表示鑑賞，用sensus communis logicus〔邏輯的共感〕來表示平常的人類知性。

因爲在這裡，人們把感覺理解爲愉快的情感。人們甚至可以用對使我們在一個被給予的表象上的情感，無須借助概念就能普遍傳達的那種東西的評判能力來定義鑑賞。

人們相互傳達自己的思想的技巧，也要求想像力和知性的一種關係，以便把直觀加給概念，再把概念加給直觀，它們會聚在一種知識中；但在這種情況下，這兩種心靈力量的協調一致就有法則地處在確定的概念的強制之下。唯有當想像力在其自由中喚醒知性，而且知性無須概念就把想像力置於一種合規則的遊戲之中的時候，表象才不是作爲思想，而是作爲心靈的一種合目的的狀態的內在情感而普遍地傳達。

因此，鑑賞就是先天地評判與被給予的表象（無須借助一個概念）結合在一起的那些情感的可傳達性的能力。

如果人們可以假定，僅僅其情感的普遍可傳達性就自身而言就已經帶有對我們來說的一種興趣（但人們沒有理由從一種純然反思性的判斷力的性狀中推論出這種興趣），那麼，人們就會能夠明白，情感在鑑賞判斷中何以彷彿是作爲義務而要求於每個人。

第四十一節　對美者的經驗性的興趣

宣布某種東西是美的所借助的鑑賞判斷，必須不以任何興趣爲規定根據，這一點上面已作過充分的闡明。但由此卻得不出，在這判斷被作爲純粹的審美判斷而提出之後，不能有任何興趣與它相結合。不過，這種結合永遠只能是間接的；也就是說，鑑賞必須首先與某種別的東西相結合被表現出來，以便能夠還把對一個對象（當一切興趣都在它身上時）的實存的愉快連結在關於它的純然反思的愉悅之上。因爲在（關於一般事物的）知識判斷中所說的話，即a posse ad esse non valet consequentia〔從能夠到存在的結論無效〕，這裡在審美判斷中也適用。這種別的東西可以是某種經驗性的東西，亦即人的本性所固有的偏好；或者是某種理智的東西，作爲意志能夠先天地由理性來規定的屬性；這兩者都能夠包含對一個客體的存在的愉悅，這樣就能夠給對於無須考慮任何興趣獨自就已經讓人喜歡的那種東西的一種興趣提供根據了。

美者唯有在社會中才經驗性地產生興趣；而如果人們承認社會的衝動對人來說是自然的，因而對此的適應性和癖好，亦即社交性，對於作爲註定有社會的造物的人的需要來說，是屬於人道的屬性，那麼，就不可能不也把鑑賞視爲對人們甚至能夠藉以把自己的情感向每個他人傳達的那種東西的評判能力，因而視爲每個人的自然偏好所要求的那種東西的促進手段。

一個孤零零地在一個荒島上的人，獨自一人既不會裝飾他的茅屋，也不會裝飾他自己，或者搜尋花卉，更不會種植它們，以便用來裝點自己；相反，唯有在社會中他才想起自己不僅是個人，而且還按照自己的方式是一個文雅的人（文明化的開端），因爲人們把這樣一個人評判爲一個文雅的人，他願意並且善於把自己的愉快傳達給別的人，而且如果他不能與別人共同感受對一個客體的愉悅的話，這個客體就不會使他滿意。每一個人也都期待和要求每個人都考慮到普遍的傳達，彷彿是出自一個由人性本身強制接受的原始契約；而這樣，當然在開始時只是魅力，例如：用來紋身的顏料（加勒比人的胭脂樹紅和易洛魁人的朱砂），或者花卉、貝殼、顏色美麗的鳥羽，但隨著時間的進展還有根本不帶有任何快樂亦即享受的愉悅的一些美的形式（如在小船、衣服等上面），在社會中是重要的，並且與重大的興趣相結合；直到最後，達到巔峰的文明化從中幾乎造就出文雅化了的偏好的主要作品，而各種感覺唯有就它們能夠被普遍傳達而言才被視爲有價值的；於是，在這裡儘管每個人對這樣一個對象具有的愉快只是微不足道的、自身沒有顯著的興趣的，但關於它的普遍可傳達性的理念卻幾乎是無限地增大著它的價值。

但是，這種間接地透過對社會的偏好而附著在美者上面的，因而是經驗性的興趣，對於我們來說，在這裡並不具有我們只是在可能哪怕只是間接地與先天鑑賞判斷相關的東西上能夠看到的那種重要性。因爲即便以後面這種形式應當表現出一種與此相結合的興趣，鑑賞也會揭示出我們的評判能力從感官享受向道德情感的一種過渡；而且不僅是人們由此會被更好地引導到合目的地利用鑑賞，就連一切立法所須依賴的種種人類先天能力之鏈條的一個中間環節，也會作爲這樣一個環節得到展示。關於對鑑賞對象以及對鑑賞本身的經驗性興趣，人們同樣能夠說，由於鑑賞沉溺於偏好，哪怕這偏好還是如此文雅化了的，這種興趣也畢竟樂意與一切在社會中達到其最大多樣性和最高等級的偏好和熱情融合起來，而對美者的興趣，當它建立在這上面的時候，就有可能充當從適意者到善者的一種哪怕是很模稜兩可的過渡。但是，這種過渡是否絕不能夠由就其純粹性來看的鑑賞所促進，對此我們有理由來加以研究。

第四十二節　對美者的理智的興趣

情願讓人們由內在的自然稟賦所推動而從事的一切人類活動都指向人類的最終目的，亦即道德上的善的人，把在一般的美者上面擁有一種興趣視爲一種善的道德品質的標誌，這種情況之發生，乃是在於善良的意圖。但是，他們不無理由地受到了另一些人的反駁，這些人依據的是經驗，即鑑賞的行家們不僅往往，而且甚至是習慣性地表現出愛慕虛榮、自以爲是和敗壞道德的熱情，也許比其他人更不可能要求具有忠實於道德原理的優點；看起來，對於美者的情感（如它實際上所是的那樣）與道德情感有類上的區別，而且人們能夠與之結合的那種興趣，也很難與道德的興趣相協調，更絕對不能透過內在的親和性相協調。

我現在雖然樂意承認，對**藝術的美者**（我把人爲地將自然美運用於裝飾，因而運用於虛榮也歸爲此列）的興趣根本不能充當一種忠實於道德上的善，或者哪怕傾向於此的思維方式的證明。但與此相反我卻斷言，對**自然的**美擁有一種**直接的興趣**（不僅僅爲了評判它而有鑑賞），這在任何時候都是一個善的靈魂的特徵；而如果這種興趣是習慣性的，則它至少在樂意與對自然的觀賞相結合時，表明了一種有利於道德情感的心靈情調。但是，人們必須提醒自己，我在這裡眞正說來指的是自然的美的形式，與此相反，魅力雖然通常如此豐富地與這些形式結合著，我也還是把它放在一邊，因爲對它的興趣雖然也是直接的，但卻畢竟是經驗性的。

一個人孤獨地（而且沒有想把自己的覺察傳達給別人的意圖）觀賞著一朵野花、一隻鳥、一隻昆蟲等美的形體，以便驚讚它、喜愛它，不願意在自然中根本看不到它，哪怕這樣做會對他造成一些傷害，更不用說從中看出對他有什麼好處了，這個人就對自然的美擁有一種直接的、雖然是理智的興趣。也就是說，他不僅在形式上喜歡自然的產品，而且也喜歡這產品的存在，而沒有一種感性魅力參與其中，或者說他也沒有把某種目的與之結合。

但是，這裡值得注意的是，如果人們暗中欺騙這位美的東西的愛好者，把人造的花（人們能夠把它們做得與自然的花一模一樣）插進地裡，或者把人工雕刻的鳥放在樹枝上，而他後來揭穿了這一騙局，那麼，他原先對之懷有的直接興趣就馬上消失了，但他也許會發現一種別的興趣取而代之，亦即用這些東西爲別人的眼睛裝飾自己的房間的虛榮的興趣。自然所產生的是前一種美，這個思想必須伴隨著直觀和反思；唯有在這一點上，才建立起人們對此所懷有的直接的興趣。否則的話，所剩下的就要麼是一個沒有任何興趣的純然鑑賞判斷，要麼只是一個與一種間接的，亦即與社會相關的興趣相結合的鑑賞判斷：後者對道德上善的思想方式不提供任何可靠的指示。

自然美對藝術美的這種優勢，即前者雖然在形式上甚至會被後者勝過，卻獨自就喚起一種直接的興趣，是與一切培養過自己的道德情感的人那淨化了的和澈底的思維方式協調一致的。如果一個人有足夠的鑑賞以極大的正確性和雅致來對美的藝術的產品作出判斷，情願離開在其中能夠遇到那些維持著虛榮，而且也許維持著社交樂趣的美的房間，轉向自然的美者，以便在這裡彷彿是在一個他自己永遠也不能完全闡明的思路上感到自己精神上的狂喜，那麼，我們將以高度的尊重來看待他的這種選擇本身，並在他身上預設一個美的靈魂，這種靈魂是任何藝術行家和愛好者都不能因爲他對自己的對象所懷有的興趣就有資格要求的。——現在，對純然鑑賞的判斷中相互幾乎難以否認優勢的兩種客體的如此不同的估量，其區別是什麼呢？

300

我們擁有一種純然審美的判斷力的能力，即無須概念而對形式作出判斷，並在對形式的純然評判中找到一種愉悅，我們同時使這種愉悅成爲每個人的規則，卻又不使這種判斷建立在一種興趣之上，也不產生這樣一種興趣。——另一方面，我們也擁有一種理智的判斷力的能力，即爲實踐準則的純然形式（如果它們自行獲得普遍立法的資格的話）規定一種先天的愉悅，我們使這種愉悅成爲每個人的法則，卻又不使我們的判斷建立在某種興趣之上，但畢竟產生這樣一種興趣。前一種判斷中的愉快或者不快叫做鑑賞的愉快或者不快，後一種則叫做道德情感的愉快或者不快。

但是，既然這也引起了理性的興趣，即理念（理性在道德情感中對它們造就出一種直接的興趣）也具有客觀實在性；也就是說，自然至少會顯示某種痕跡或者提供某種暗示，表明它在自身中包含有某種根據，來假定它的產品與我們不依賴於任何興趣的愉悅（我們先天地認識這種愉悅對每個人都是法則，卻不能把這建立在證明之上）有一種合法則的協調一致，所以，理性必然會對自然與這樣一種協調一致類似的協調一致的任何表現都懷有興趣；所以，心靈如果不是發現自己在此感興趣，就不可能對自然的美進行沉思。但是，這種興趣在親緣關係上是道德的；而且對自然的美者有這種興趣的人，只是就他事先已經很好地建立了對道德上的善者的興趣而言，才對自然的美者有興趣。因此，誰對自然的美直接感興趣，在他那裡，人們就有理由至少猜測有一種對善的道德意向的稟賦。

人們會說：根據與道德情感的親緣關係對審美判斷的這種解釋，看起來太學究氣了，以致不能把它視爲對自然藉以在其美的形式中形象地對我們言說的那些密碼的眞正破譯。但是首先，對自然的美者的這種直接的興趣實際上並不常見，而只是爲要麼其思維方式已經被教養成爲善，要麼爲對這種教養特別易於接受的人們所特有；其次，在純粹的鑑賞判斷和道德判斷之間有一種類似性，前者不依賴於某種興趣而使人感到愉悅，同時先天地把這種愉悅表現爲適合於一般人性的，後者從概念出發做著同樣的事情，這種類似性甚至無須清晰的、玄妙的和有意的沉思，就把人引向對前一種判斷的對象與對後一種判斷的對象同等程度的直接興趣：只不過前者是一種自由的興趣，或者是一種基於客觀法則的興趣罷了。應歸於此列的還有對自然的驚讚，自然在其美的產品上不是僅僅透過偶然，而是彷彿有意地按照合法則的安排表現爲藝術，表現爲無目的的合目的性；這種目的既然我們在外面任何地方都找不到，我們自然而然地在我們自己裡面尋找，確切地說在構成我們的存在的最終目的中，亦即在道德使命中尋找（但是，關於對這樣一種合目的性的可能性之根據的追問，要到目的論中才將談到）。

在純粹鑑賞判斷中，對美的藝術的愉悅並不像對美的自然的愉悅那樣與一種直接的興趣結合在一起，這一點也很容易解釋。因爲美的藝術要麼是對美的自然的這樣一種模仿，它一直達到騙人的程度，而在這種情況下，它就作爲（被認爲是）自然美而起作用；要麼它是一種有意地明顯指向我們的愉悅的藝術，而在這種情況下，對這個產品的愉悅雖然會直接地透過鑑賞而發生，但所喚起的卻無非是對作爲基礎的原因的間接興趣，亦即對一種藝術的間接興趣，這種藝術只能透過它的目的，而永遠不能就自身而言引起興趣。人們也許將說，當一個自然客體透過自己的美僅僅就它被附加上一個道德理念而言才引起興趣時，就是這種情況；但是，直接產生興趣的不是這個客體，而是這種美自己的性狀，即它使自己有資格得到這樣一種附加。

美的自然中的種種魅力如此經常地被發現彷彿與美的形式融合在一起，它們要麼屬於光的變相（在著色時），要麼屬於聲音的變相（在發聲時）。因爲唯有這些感覺，才不僅允許感官情感，而且也允許對感覺的這些變相的形式所進行的反思，於是就彷彿是在自身中包含著自然帶給我們的，而且似乎是具有一種更高意義的語言。這樣，百合花的白顏色似乎使心靈與純潔的理念相稱，而從紅色到紫色這七種顏色則依序使心靈分別與如下理念相稱：1.崇高；2.勇敢；3.坦誠；4.友愛；5.謙遜；6.堅毅；7.溫柔。鳥的歌唱宣告著歡樂和對自己的實存的滿意。至少我們是這樣解釋自然的，不論它的意圖是不是這樣。但是，我們在這裡對美所懷有的這種興趣，絕對需要它是自然的美；一旦人們發覺受騙，而且它只不過是藝術罷了，這種興趣就完全消失了，甚至，就連鑑賞在這種情況下也不再能在這上面發現美的東西或者某種吸引視覺的東西了。有什麼比在寧靜夏夜柔和的月光下、寂靜的灌木叢中，夜鶯那迷人美妙的鳴囀得到詩人們更高的頌揚呢？然而，人們有這樣的事例，即在沒有發現有這樣的歌唱家的地方，某一位詼諧的店主爲了讓投宿到他這裡來享受鄉下新鮮空氣的客人們得到最大的滿足，而以這樣的方式欺騙他們，他把一個惡作劇的男孩藏在灌木叢中，這男孩懂得（用嘴裡的蘆葦或者哨管）完全類似自然地模仿這種鳴囀。但是，一旦人們覺察到這是一個騙局，就沒有人再繼續忍受去傾聽這先前被認爲如此誘人的歌聲了；其他任何鳴禽的情況也是這樣。這必須是自然，或者被我們認爲是自然，以便我們能夠對美者本身懷有一種直接的**興趣**；更有甚者，如果我們甚至指望別人也應當在這上面懷有一種直接的興趣的話；實際上，當我們把那些對美的自然沒有任何情感（因爲我們就是這樣稱謂對觀賞美的自然的一種興趣的感受性的），並且在餐飲之際執著於純然感官感覺的享受的人的思想方式視爲粗俗的和卑下的時，所發生的就是這種事。

303

第四十三節　一般的藝術

一、藝術與自然不同，就像作（facere）與一般行動或者活動（agere）不同，以及前者的產品或者後果作爲作品（opus）與後者作爲效果（effectus）不同一樣。

人們沿著法律途徑應當只把透過自由而生產，亦即透過以理性爲其行動之基礎的任性而生產稱爲藝術。因爲儘管人們喜歡把蜜蜂的產品（合規則地建造的蜂巢）稱爲一個藝術作品，但這樣稱謂畢竟只是由於與藝術作品的類比；也就是說，一旦想一想蜜蜂並不是把自己的工作建立在自己的任何理性思考之上，人們馬上就說，這是牠們的本性（本能）的一個產品，而它作爲藝術則只應歸於藝術的創造者。

如果在搜索一塊沼澤地時，像有時發生的那樣，發現一段砍削過的木頭，那麼，人們就不說這是一個自然產品，而說它是一個藝術產品；產生這產品的原因設想過一個目的，這產品的形式應歸功於這個目的。通常人們也在一切如此性狀的東西上看到一種藝術，即這東西在原因中的表象必定先行於它的現實（如同哪怕在蜜蜂那裡），而這表象的結果卻可以並不正好是所想到的；但是，如果人們把某種東西絕對地稱爲一個藝術品，以便把它與一個自然結果區別開來，那麼，人們就總是把它理解爲一個人的作品。

二、藝術作爲人的技巧也被與科學區別開來（能夠被與知道區別開來），作爲實踐的能力被與理論的能力區別開來，作爲技術被與理論區別開來（就像測量術被與幾何學區別開來一樣）。而且在這裡，就連人們一旦知道應當作什麼，因而只要充分了解所欲求的結果就能夠做到的事情，也不被稱爲藝術。唯有人們即使最完備地了解，也並不因此就馬上擁有去做的技巧的事情，才就此而言屬於藝術。坎培爾（Camper）很精確地描述出最好的鞋必須是什麼性狀，但他肯定不能做出任何鞋來。⑥

304

三、藝術甚至也被與手藝區別開來；前者叫做自由的藝術，後者也可以叫做僱傭的藝術。人們這樣看待前者，就好像它只是作爲遊戲，亦即作爲獨自就使人適意的活動而能夠合目的地得出結果（成功）似的；而後者卻是這樣，它能夠作爲工作，亦即作爲獨自不使人適意而只是透過其效果（如佣金）而吸引人的活動，因而強制性地加之於人。在行會的等級表上，鐘錶匠應當被視爲藝術家，而鐵匠則與此相反，應當被視爲手藝人，這是需要一個與我們在這裡所持的觀點不同的評判觀點的；亦即必須爲這些行當的這一種或者那一種提供根據的那些才能的比例。就連在所謂的七種自由的藝術中，是否也可以舉出一些應當歸給科學，另一些可以與手藝相比，我在這裡不想談論。但是，在一切自由的藝術中，也都仍然

---

⑥ 在我們這一帶，平常的人，如果有人向他提出像哥倫布（Columbus）與他的蛋這樣一種課題，就說：這不是什麼藝術，這只是一種科學。也就是說，如果人們知道，那麼人們就能夠做到；對於變戲法人的一切所謂的藝術，人們說的同樣是這些話。與此相反，人們絕不會拒絕把走繩演員的藝術稱爲藝術。

要求有某種強制性的東西，或者像人們稱謂的那樣，要求一種機械作用，沒有這種機械作用，在藝術中必須是自由的並且唯一給予作品以生命的那個精神，就會根本不具形體並且完全蒸發；不提醒這一點是不可取的（例如：在詩藝中語言的正確和豐富，此外還有韻律和節律），因爲好些新派教育家相信，如果他們除掉藝術的一切強制，並使藝術從工作轉化爲純然的遊戲，就會是最好地促進一種自由的藝術。

第四十四節　美的藝術

既沒有美者的科學而只有美者的批判，也沒有美的科學而只有美的藝術。因爲談到美者的科學，那在它裡面就會應當科學地，也就是透過證明根據來澄清，某種東西是否必須被視爲美的；因此，關於美的判斷如果是屬於科學的，它就不會是鑑賞判斷。至於後者，一門科學本身應當是美的，它就是荒唐的東西。因爲如果人們在作爲科學的它裡面詢問根據和證明的話，就會被人用一些漂亮的格言（警句）來打發。——那誘發出**美的科學**這種常見表述的東西，毫無疑問不是別的，就是人們完全正確地發現，對於處在其全部完美性之中的美的藝術來說，要求有許多科學，例如：古代語言的知識，對那些被視爲經典作家的作者們的博聞強記、歷史、對古代的知識等，因此，這些歷史性的科學由於它們爲美的藝術構成了必要的準備和基礎，部分地也由於在它們中間甚至包括對美的藝術的產品的知識（雄辯和詩藝），就透過用詞的混淆而本身被稱爲美的科學了。

如果藝術與對於一個可能對象的知識相適合，純然是爲了現實地製作出這對象而作出爲此所需要的行動，那麼，它就是機械的藝術；但如果它以愉快的情感爲直接的意圖，那它就叫做審美的藝術。審美的藝術要麼是適意的藝術，要麼是美的藝術。如果藝術的目的是使愉快來伴隨作爲純然感覺的表象，它就是前者，如果藝術的目的是使愉快來伴隨作爲認識方式的表象，它就是後者。

適意的藝術是純然以享受爲目的的藝術；所有這類藝術都是魅力，它們能夠使一次宴會的社交妙趣橫生：有趣的敘事把社交置於坦誠生動的交談中，用戲謔和笑聲使之具有某種歡樂的氣氛，在這裡，如人們所說，可能嘰哩呱啦地說一些廢話，而且沒有人願意對他所說的話負責，因爲這只是著眼於眼下的消遣，不是著眼於以後沉思和議論的長久材料。（屬於此列的還有爲了享受而如何配備餐桌，或者甚至在大吃大喝時的宴會音樂：這是一種奇怪的東西，它只是作爲一種適意的響聲應當維持心靈的快樂情調，而且即便沒有人把絲毫的注意力用於這音樂的樂曲，它也有利於鄰座相互之間自由的交談。）此外，屬於此列的還有所有那些並不帶有別的興趣，而只是使時間不知不覺地過去的遊戲。

與此相反，美的藝術是這樣一種表象方式，它獨自就是合目的的，而且儘管沒有目的，卻仍然促進爲了社交傳達而對心靈能力的培養。

一種愉快的普遍可傳達性就其概念而言就已經帶有這一點，即這種愉快不是出自純然感覺的享受的愉快，而必須是反思的愉快；這樣，審美的藝術作爲美的藝術，就是這樣一種以反思性的判斷力，而不是以感官感覺爲準繩的藝術。

第四十五節　美的藝術是一種就其同時顯得是自然而言的藝術

在美的藝術的一個產品上，人們必須意識到，它是藝術而不是自然；但是，它的形式中的合目的性畢竟必須顯得如此擺脫了任性規則的一切強制，就好像它純然是自然的一個產品似的。在我們諸般認識能力的畢竟同時又必須是合目的的遊戲中的這種自由情感之上，建立起唯一可以普遍傳達卻並不建立在概念之上的那種愉快。自然是美的，如果它同時看起來是藝術；而藝術只有當我們意識到它是藝術而在我們看來它畢竟又是自然的時候，才被稱爲美的。

因爲無論是談到自然美還是談到藝術美，我們都可以一般地說：美的就是那在純然評判中（而不是在感官感覺中，也不是透過一個概念）讓人喜歡的東西。現在，藝術在任何時候都有一個要產生出某種東西來的確定意圖。但是，如果這種東西純然是應當伴有愉快的感覺（某種純然主觀的東西），那麼，這個產品在評判中就會只是借助於感官感覺而讓人喜歡的了。如果這意圖是針對產生一個確定的客體的，那麼，當這意圖透過藝術而達到時，客體就會只是透過概念而讓人喜歡的。但在這兩種場合，藝術都會不是在純然的評判中，亦即不是作爲美的藝術，而是作爲機械的藝術讓人喜歡的。

因此，美的藝術的產品中的合目的性雖然是有意的，但卻畢竟不顯得是有意的；也就是說，美的藝術必須被視為自然，雖然人們意識到它是藝術。但一個藝術產品顯得是自然卻是由於，雖然唯有按照規則這個產品才能夠成爲它應當是的東西，而在與規則的一致中看得出所有的一絲不苟；但卻沒有刻板，沒有顯露出學院派的形式；也就是說，沒有表現出這規則懸浮在藝術家眼前並給他的心靈力量加上桎梏的痕跡。

第四十六節　美的藝術是天才的藝術

天才就是給藝術提供規則的才能（自然稟賦）。既然這種才能作爲藝術家天生的創造性能力本身屬於自然，所以人們也可以這樣來表述：天才就是天生的心靈稟賦（ingenium），通過它自然給藝術提供規則。

不論這個定義是怎樣一種情況，也不論它只是武斷的，還是與人們通常和天才這個詞相結合的那個概念相適合的（這一點應當到下一節中來討論），人們畢竟已經能夠預先證明，按照這裡所假定的詞義，美的藝術必然地必須被視爲天才的藝術。

因爲每一種藝術都以一些規則爲前提條件，一個產品如果應當叫做藝術的，要透過這些規則的奠立才被表現爲可能的。但是，美的藝術的概念不允許關於其產品的美的判斷從某個以一個概念爲規定根據，因而以關於這產品如何可能的概念爲基礎的規則中推導出來。因此，美的藝術不能爲自己想出它應當據以完成自己的產品的規則。既然沒有先行的規則一個產品就絕不能叫做藝術，所以，自然就必須在主體中（並透過主體各種能力的相稱）給藝術提供規則；也就是說，美的藝術唯有作爲天才的產品才是可能的。

人們由此就看出：1.天才是一種產生出不能爲之提供任何確定規則的東西的才能，而不是對於按照某種規則可以學習的東西的技巧稟賦；所以，原創性就必須是它的第一屬性。2.既然也可能存在原創的胡鬧，所以天才的產品必須同時是典範，亦即是示範性的；因此，它們本身不是透過模仿產生的，但卻必須對別人來說用於模仿，亦即用做評判的準繩或者規則。3.它是如何完成自己的產品的，它自己也不能描述或者科學地指明；相反，它是作爲自然來提供規則的；因此，一個產品的創作者把這產品歸功於他的天才，他自己並不知道這方面的理念是如何在他心中出現的，就連隨心所欲地或者按照計畫地想出這些理念，並在使別人能夠產生出同樣的產品的這樣一些規範中把這些理念傳達給別人，這也不是他所能控制的（因此，天才這個詞也很可能是衍生自genius〔守護神〕，即特有的、對於一個人來說與生俱來的保護和引導的精神，那些原創的理念就源自它的靈感）。4.自然透過天才不是爲科學，而是爲藝術頒布規則，而且就連這也只是就藝術應當是美的藝術而言的。

308

第四十七節　對上述關於天才的說明的闡釋和證實

在這一點上每個人都是一致的，即天才是與模仿的精神完全對立的。既然學習無非就是模仿，所以，機敏好學（接受力）作爲機敏好學，這種最大的能力就畢竟不能被視爲天才。但是，即便人們自己思想或者創作，而且不僅是把握別人想過的東西，甚至還對於藝術和科學有所發明，這畢竟也還不是眞正的根據，以便把這樣一個（常常是偉大的）頭腦（與那種由於從來不能超出純然的學習和模仿，而叫做蠢才的頭腦相對立）稱爲一個天才，因爲恰好這一點也是能夠學來的，因而是處在按照規則進行研究和沉思的自然道路之上的，並且與透過勤奮憑藉模仿就能夠獲得的東西沒有類的區別。所以，人們完全能夠學會牛頓（Newton）在其《自然哲學原理》這部不朽的著作中所講述的一切，哪怕發明出這類東西需要一個偉大的頭腦；但是，人們卻不能學會富有靈氣地作詩，哪怕詩藝的一切規範是如此詳細，它的典範是如此優秀。原因在於，牛頓可以把它從幾何學的最初要素直到他的偉大而深刻的發明所應當採取的一切步驟，都不僅僅向他自己，而且向每個他人完全直觀地並爲了追隨而確定地示範出來；但卻沒有一個荷馬（Homer）或者維蘭德（Wieland）能夠指出，其頭腦中那些富有幻想而又畢竟同時思想豐富的理念是如何產生出來並匯聚到一起的，這是因爲他自己也不知道這一點，因而也不能把它教給任何他人。因此在科學中，最偉大的發明者與最辛勞的模仿者和學徒都只有程度上的區別，與此相反，他與自然使其有美的藝術天賦的人卻有類的區別。不過，在這裡並沒有與在其美的藝術才能方面的自然寵兒相比來貶低人類要如此之多地感恩的那些偉大人物。他們與那些配得上號稱天才這一榮譽的人相比一個重大的優點恰恰在於，他們的才能適合於知識和依賴於知識的一切利益不斷進步的更大的完善性，同樣適合於在同樣這些知識中教導別人；而對於後者來說，藝術在某個地方就停滯不前了，因爲對藝術設立了一個界限，它不能夠再超出這個界限，這個界限也許很久以來就已經被達到並且不能再被擴展；此外，這樣一種技巧也不能被傳達，而是要由自然之手直接授予每個人，因而也與它一起死去，直到自然有朝一日再次同樣賦予另一個人，這個人所需要的只是一個榜樣，以便讓他在自己身上意識到的才能以類似的方式產生作用。

既然自然稟賦必須給藝術（作爲美的藝術）提供規則，那麼，這些規則究竟是什麼性質的呢？它不能以任何公式撰寫出來充當規範；因爲若不然，關於美者的判斷就是可以按照概念來規定的了；相反，這規則必須從事實中，亦即從產品中抽出，在這產品上，別人可以檢驗他們自己的才能，不是爲了讓它充當仿造的典範，而是爲了讓它充當模仿的典範。至於這一點是如何可能的，卻很難解釋。藝術家的理念激起他的學徒的類似的理念，如果自然給這個學徒配備上心靈力量的一種類似比例的話。因此，美的藝術的典範是唯一把這藝術帶給後來者的引導手段，這種事是不能透過純然的描述來發生的（尤其是在言語藝術的學科中）；甚至在言語藝術中，也只有在古代的已死的、現在只是作爲學術的言說藝術而保留下來的語言中的言說藝術才成爲經典的。

儘管機械的藝術和美的藝術，前者純然作爲勤奮的和學習的藝術，後者作爲天才的藝術，相互之間頗有區別，但卻畢竟沒有任何美的藝術，其中不是有某種能夠按照規則來領會和遵從的機械性東西，因而有某種符合學院規則的東西來構成藝術的本質條件的。因爲在這裡必須把某種東西設想爲目的，若不然，人們就根本不能把自己的產品歸於任何藝術；它就會只是偶然的產品。但爲了把一個目的確立在作品中，就要求有一定的規則，人們不可以使自己擺脫這些規則。既然才能的原創性構成天才品質的一個（但不是唯一的）本質性成分，所以一些膚淺的頭腦就相信，除了他們從一切規則的學院派強制解脫出來，他們就不能更好地表明他們自己就是朝氣蓬勃的天才，而且他們相信，他們騎在一匹暴躁的馬上比騎在一匹經過訓練的馬上要更加威風。天才只能爲美的藝術的產品提供豐富的素材；對這素材的加工和形式則要求一種透過訓練而形成的才能，以便對那材料作一種在判斷力面前經得起考驗的應用。但是，如果某人甚至在謹慎的理性研究的事情上也像一個天才那樣說話和作決定，這就尤其可笑了；人們眞的不知道，是更應當嘲笑那個騙子，他在自己周圍散播如此之多的迷霧，使得人們不能夠清晰地評判任何東西，但卻更能夠去想像；還是更應當嘲笑公眾，他們眞誠地自以爲自己之所以沒有能力清晰地認識和領會這種洞識的絕技，乃是因爲新的眞理是整塊地拋給他們的，相比之下（經過精確的解釋和對原理的符合學院規則的檢驗）的細節在他們看來只是粗製濫造的作品。

第四十八節　天才與鑑賞的關係

爲了把美的對象評判爲美的對象，要求有**鑑賞**，但爲了美的藝術本身，亦即爲了產生這樣一些對象，則要求有**天才**。

如果人們把天才視爲美的藝術的才能（它帶著這個詞的特有含義），並想在這種意圖中把它分解成爲必須匯聚起來構成這樣一種才能的諸般能力，那麼，就有必要事先精確地規定自然美和藝術美的區別，對前者的評判只要求有鑑賞，後者的可能性（這是在評判這類對象時也必須考慮到的）則要求有天才。

一個自然美是一個**美的事物**，藝術美則是對一個事物的一個**美的表象**。

爲了把一個自然美評判爲這樣一個自然美，我並不需要事先對這對象應當是一個什麼樣的事物有一個概念；也就是說，我沒有必要了解質料的合目的性（目的），相反，不了解目的的單是形式在評判中就獨自讓人喜歡了。但是，如果這對象是作爲一個藝術產品被給予的，並且作爲這樣一個產品應當被解釋爲美的，那麼，由於藝術總是以原因（及其因果性）中的一個目的爲前提條件，所以首先必須奠立一個關於事物應當是什麼的概念爲基礎；而既然一個事物中雜多與該事物作爲目的的內在規定的協調一致就是該事物的完善性，所以在對藝術美的評判中也必須同時把事物的完善性考慮在內，而在對自然美的評判（把它評判爲這樣一個自然美）中則根本不問這種完善性。——雖然在評判中，尤其是在對有生命的自然對象例如這個人或者一匹馬的評判中，通常也一起考慮到了客觀的合目的性；但這樣一來，就連這判斷也不再是純粹審美的判斷，而是純然的鑑賞判斷了。自然不再是如其顯得是藝術那樣被評判，而是就它現實地是藝術（儘管是超人的藝術）而言被評判；而目的論的判斷就對審美判斷來說充當了它不得不考慮的基礎和條件。在這樣一種場合，即使例如有人說，這是一個美女，實際上人們所想的卻無非是：自然在她的形象中美麗地表現出女性身體結構的那些目的；因爲人們還必須越過純然的形式而眺望一個概念，以便以這樣的方式透過一個邏輯上有條件的審美判斷來設想對象。

美的藝術在這一點上正表現出它的優點，即它美麗地描述的事物在自然中卻會是醜陋的或者討厭的。復仇女神、疾病、戰爭的破壞等諸如此類的東西，作爲禍害都能夠被描述得很美，甚至被表現在油畫中；唯有一種醜不能按照自然來表現，而不摧毀一切審美愉悅，從而摧毀一切藝術美：這就是喚起噁心的那種醜。這是因爲，由於在這種特殊的、全然建立在想像之上的感覺中，對象彷彿被表現爲好像在強迫人去享受它，而我們卻又在用強制力努力拒斥它；所以，這對象的藝術表象與這對象本身的自然在我們的感覺中就不再有區別，而那個表象在這種情況下就不可能被視爲美的。雕刻藝術也由於在其作品上藝術與自然幾乎被混同，所以就從自己的塑形中排除了醜的對象的直接表象，爲此就允許透過一種看起來令人喜歡的隱喻或者標誌，因而只是間接地借助於理性的詮釋，而不是爲了純然的審美判斷力來表現死亡（以一個美的守護神）、戰爭的勇氣（在瑪爾斯身上）。

312

關於一個對象的美的表象就說這麼多，它眞正說來只是一個概念藉以得到普遍傳達的那種展示的形式。——但是，賦予美的藝術的產品以這種形式，所要求的僅僅是鑑賞，藝術家在透過藝術或者自然的諸多例子對這鑑賞加以練習和校正之後，就使自己的作品依憑這鑑賞，並在經過許多滿足這鑑賞的往往是辛苦的嘗試之後，才發現那使它滿足的形式；因此，這形式並不彷彿是靈感或者心靈能力的一種自由振奮的事情，而是一種緩慢的，甚至折磨人的推敲的事情，爲的是讓形式適合思想，卻又不損害這些能力的遊戲中的自由。

但鑑賞只是一種評判的能力，而不是一種生產的能力；與它相符合的東西，並不因此就是美的藝術的一個作品，它可能是一個按照確定的規則屬於有用的和機械的藝術，或者乾脆屬於科學的產品，這些規則是能夠學習來並且必須被嚴格遵守的。但是，我們賦予該產品的那種讓人喜歡的形式卻只是傳達的載體和一種彷彿是陳述的風格，在這方面人們還在某種程度上保持著自由，儘管除此之外畢竟被束縛在確定的目的上。於是人們就要求，餐具，或者一篇道德論文，甚至一次布道，就自身而言都必須具有美的藝術的這種形式，卻又不顯得是矯揉造作的；但人們並不因此就把它們稱爲美的藝術的作品。被歸爲後者的是一首詩、一首樂曲、一條畫廊等諸如此類的東西；而在這裡，人們可能常常在一個應當是美的藝術的作品上發覺沒有鑑賞的天才，在另一個作品上發覺沒有天才的鑑賞。

第四十九節　構成天才的各種心靈能力

關於某些人們期待它們至少部分地應當表現爲美的藝術的產品，人們說：它們沒有精神；儘管人們在它們身上就鑑賞而言並沒有發現任何可指責的東西。一首詩可能是相當可愛的和漂亮的，但它沒有精神；一部歷史是精確的和有條理的，但沒有精神；一篇祝詞是縝密的同時也是精巧的，但沒有精神；一些交談不無風趣，但畢竟沒有精神；甚至關於一個少女人們也說：她是俊俏的、口齒伶俐的和乖巧的，但沒有精神。人們在這裡所理解的精神，究竟是什麼呢？

審美意義上的精神就叫做心靈中活躍的原則。但是，這個原則藉以使靈魂活躍起來的東西，即它爲此所用的材料，就是把心靈的各種力量合目的地置於振奮之中，亦即置於這樣一種自行維持，甚至爲此而加強這些力量的遊戲之中。

於是我主張，這個原則不是別的，就是展示審美理念的能力；但是，我把審美理念理解爲想像力的這樣一種表象，它誘發諸多的思考，卻畢竟沒有任何一個確定的思想，亦即概念能夠與它相適合，因而沒有任何語言能夠完全達到它並使它可以理解。——人們很容易看出，它是一個理性理念的對應者（對稱者），後者反過來是一個不能有任何直觀（想像力的表象）與它相適合的概念。

也就是說，想像力（作爲生產性的認識能力）就用現實的自然提供給它的材料彷彿是創造出另一個自然而言是很強大的。當我們覺得經驗太平常的時候，我們就拿自然消遣；我們也可以改造自然，雖然還總是按照類比的法則，但畢竟也按照在理性中地位更高一些的原則（這些原則對我們來說，與知性據以把握經驗性的自然的那些原則一樣，也是自然的）；此時我們就感到我們對於聯想律的自由（聯想律是與那種能力的經驗性應用相聯繫的），雖然按照聯想律，材料是從自然給我們借來的，但這材料卻能被我們加工成某種完全不同的東西，亦即加工成超越自然的東西。

人們可以把想像力的這類表象稱爲**理念**，這一方面是因爲它們至少追求某種超出經驗界限之外存在的東西，並這樣來試圖接近於對理性概念（理智理念）的一種展示，這就賦予了它們一種客觀實在性的外表；另一方面，確切地說主要是因爲沒有任何概念能夠完全與作爲內部直觀的它們完全相適合。詩人敢於把不可見的存在者的理性理念，諸如至福者之國、地獄之國、永恆、創世等諸如此類的東西感性化；或者也把雖然在經驗中找得到例子的東西，諸如死亡、忌妒和一切惡習，同樣還有愛、榮譽等諸如此類的東西，超出經驗的限制之外，借助於在達到一個最大值方面竭力仿效理性的前奏的一種想像力，在一種完備性中使之成爲感性的；而這眞正說來就是審美理念的能力能夠以其全部規模在其中表現自己的那種詩藝。但這種能力獨自來看，眞正說來只是一種才能（想像力的才能）。

現在，如果給一個概念配上想像力的一個表象，這個表象是展示這個概念所需要的，但獨自說來卻誘發起如此之多、永遠也不能總括在一個確定的概念之中的思考，因而甚至以不受限制的方式在審美上擴展了該概念；那麼，想像力在這裡就是創造性的，並且使理智理念的能力活動起來；也就是說，在誘發一個表象方面時思考比在其中能夠把握和說明的更多的東西（雖然這屬於對象的概念）。

有一些形式，它們並不構成一個被給予的概念的展示，而是僅僅作爲想像力的附帶表象而表述與此相連結的後果和這個概念與另一些表象的親緣關係，人們把這些形式稱爲一個其概念作爲理性理念不可能被適當地展示的對象的標誌（審美標誌）。所以，朱庇特的鷹及其爪中的閃電就是這位強大的天帝的一個標誌，而孔雀則是儀態萬方的天后的一個標誌。它們並不像邏輯標誌那樣，表現處在我們關於創造之崇高和壯麗的概念之中的東西，而是表現某種別的東西，這東西給想像力提供誘因，去把自己擴展到有親緣關係的表象的一個集合之外，這些表象讓人思考比人們在一個透過語詞來規定的概念中所能夠表述的更多的東西；並且給出一個審美理念，這個理念取代邏輯的展示而服務於那個理性理念，但眞正說來是爲了使心靈活躍起來，因爲它給心靈展現出有親緣關係的表象的一個望不到邊的疆域的遠景。但是，美的藝術並不僅僅在繪畫或者雕刻藝術中這樣做（在這裡，習慣使用標誌這個名稱）；而是詩藝和演講術也都僅僅從對象的審美標誌中獲取那使自己的作品活躍起來的精神，這些審美標誌支援邏輯標誌，並給予想像力一種振奮，使它在此時雖然以未展開的方式，卻思考比在一個概念中，因而在一個確定的語言表述中所能夠總括的更多的東西。——爲了簡短起見，我不得不局限於僅舉少數幾個例子。

偉大的國王在他的一首詩中這樣說道：「讓我們毫無怨言地從生命中退出，不爲某種東西感到遺憾，因爲我們以累累善舉把世界留在身後。太陽在完成了一天的行程之後，還把一片和煦的光輝撒在天際；而它傳送到空中的最後的光線，就是它爲世界的福祉吐出的最後一息。」這時他在自己生命的終點還在用一個標誌，來使他關於世界公民意向的理性理念活躍起來，這個標誌是想像力（透過一個晴朗的傍晚在我們心靈中喚起的，對已度過的美麗夏日的所有適意的回憶）附加給那個表象的，而這就使得一批自身找不到表述的感覺和附帶表象有了生氣。另一方面，甚至一個理智概念也能夠反過來用做一個感官表象的標誌，並這樣來透過超感性的東西的理念使得這個感官表象活躍起來；但是，這只是因爲那主觀上附著在超感性東西的意識上的審美東西被應用於此。例如：某位詩人在描寫一個美麗的早晨時說道：「太陽噴薄而出，如同安謐從德性湧現。」德性的意識，即便人們只是在思想上置身於一個有德之人的地位，也在心靈中散布一批崇高的和使人安謐的情感，以及一個歡快的未來的無邊遠景，它們是任何與一個確定的概念相適合的表述都沒有完全達到的。⑦

316

⑦ 也許，從來沒有比在伊希斯（自然之母）神殿上方的那條題詞說出過更崇高的東西，或者更崇高地表述過一個思想了：「我是一切現有的、曾有的和將有的，我的面紗沒有任何死者曾揭開過」。謝格奈（Segner）在透過一個置於他的《論自然》之前的一個扉頁小花飾利用了這個理念，以便使他準備領進這個神殿的學生事

一言以蔽之，審美理念是想像力的一個加在被給予的概念上的表象，這表象在想像力的自由應用中與各個分表象的這樣一種多樣性結合在一起，以至於爲它找不到任何表示一個確定的概念的表述，因此，它使人對一個概念聯想到許多不可言說的東西，對這些東西的情感使認識能力活躍起來，並把精神結合在作爲純然字母的語言上。

因此，那些（在某種關係中）結合起來構成天才的心靈力量，就是想像力和知性。只不過，既然在爲知識而運用想像力時，想像力被置於知性的強制和與知性的概念相適合的限制之下；但在審美的意圖中想像力卻是自由的，以便還超越與概念的那種一致，卻自然而然地爲知性提供豐富多彩的、未加闡明的、知性在其概念中未曾顧及的材料，但知性並不是客觀地爲知識，而是主觀地爲使認識能力活躍起來，所以畢竟也是間接地爲知識而運用這材料；那麼，天才眞正說來就在於沒有任何科學能夠教會，也沒有任何勤奮能夠學會的那種幸運的關係，即爲一個被給予的概念找到各種理念，另一方面又對這些理念作出表述，透過這表述那由此引起的主觀的心靈情調，就能夠作爲一個概念的伴隨物而傳達給別人。這後一種才能眞正說來就是人們稱爲精神的那種才能；因爲把心靈狀態中無法稱謂的東西在某個表象那裡表述出來並使之可以普遍傳達，不論這表述是在語言中、在繪畫中，還是在雕塑中，這

先就充滿應當使心靈與肅穆的凝神專注相稱的神聖敬畏。

都要求有一種把握想像力的轉瞬即逝的遊戲，並將之結合進一個無須規則的強制就能夠被傳達的概念（這概念正因爲如此而是原創的，同時又展現出一條不能從任何先行的原則或者例子推論出來的規則）之中的能力。

※　※　※

如果我們根據這些分析回顧一下上面對人們稱爲天才的東西所提出的解釋，那麼，我們就發現：第一，它是一種藝術才能，而不是科學才能，在科學中必須有清晰了解的規則先行，並規定科學中的程序；第二，它作爲藝術才能，是以關於產品的一個作爲目的的確定概念，因而是以知性爲前提條件的，但也是爲了展示這個概念而以關於材料亦即直觀的一個（儘管不確定的）表象，因而以想像力與知性的一種關係爲前提條件的；第三，它與其說是在實行預先設定的目的時在一個確定的概念的展示中，倒不如說是在爲了那個意圖而包含著豐富材料的審美理念的陳述或者表述中表現出來的，因而使想像力在其擺脫規則的一切引導的自由中表現爲對於展示被給予的概念來說合目的的；最後第四，想像力與知性的有法則性的自由一致中的自然而然的、非有意的主觀合目的性以這兩種能力的這樣一種比例和相稱爲前提條件，這種比例和相稱不是遵循規則就能導致的，不論是科學的規則還是機械模仿的規則，而只能是主體的本性產生的。

按照這些前提條件，天才就是：一個主體在其認識能力的自由應用中的自然稟賦之典範的原創性。以這樣的方式，一個天才的產品（按照其中應歸於天才，而不應歸於可能的學習或者訓練的東西來看）就不是一個模仿的榜樣（因爲那樣的話，它上面是天才並構成作品的精神的東西就會喪失），而是對另一個天才來說的追隨的榜樣，這另一個天才由此而被喚起對他自己的原創性的情感，即他在藝術中如此實施了擺脫規則強制的自由，以至於這種藝術由此本身獲得了一個新的規則，那才能透過這個新的規則表現爲典範的。但是，由於天才是自然的寵兒，這類東西人們只能視爲罕見的現象，所以，他的榜樣就爲別的優秀頭腦產生了一種訓練，亦即一種按照規則的方法上的傳授，只要人們能夠從那些精神產品及其獨特性中得出這些規則；而對這些優秀頭腦來說，美的藝術就是自然透過一個天才爲之提供規則的模仿。

但是，如果學生仿造一切，直到作爲畸形物、天才只是由於不削弱理念就不能消除之才予以容忍的那種東西，那麼，這種模仿就成了因襲。這種勇氣唯有在一個天才那裡才是可嘉的事情；而表述中的某種大膽和一般而言對通常的規則的一些偏離，對於他來說是很適宜的，但卻絕不是值得模仿的，而是就自身而言總還是一個人們必須力求消除的錯誤，但天才對這種錯誤來說仿佛有特權，因爲他的精神振奮的那種不可模仿的東西會由於怯懦的謹慎而受到損害。風格化是另一種因襲，亦即僅僅對一般特性（原創性）的因襲，爲的是盡可能遠離模仿者，卻畢竟不具有同時成爲典範的才能。——雖然一般來說，組織自己的演示思想有兩種方式（modus），其中的一種叫做風格（modus aestheticus〔審美的方式〕），另一種叫做方法（modus logicus〔邏輯的方式〕），它們相互之間的區別在於：前者除了展示中的統一性的情感之外，沒有任何別的準繩，而後者在這裡卻遵循著確定的原則；因此，唯有前者才被視爲美的藝術。不過，一個藝術產品唯有當它裡面的理念的演示著眼於特異性，而不是被弄得與理念相適合的時候，才叫做風格化了的。炫耀賣弄的東西（矯揉造作的東西）、裝模作樣的東西和裝腔作勢的東西，僅僅是爲了與平常的東西區別開來（但沒有精神），就類似於這樣一種人的舉止，關於這種人，人們說，他自說自話，或者他一舉一動，就好像在舞臺上似的，爲的是引人注目，這在任何時候都暴露出是一個半吊子。

第五十節　在美的藝術的產品中鑑賞與天才的結合

如果問題在於，在美的藝術的事情上什麼更重要，是在它們上面顯示天才，還是顯示鑑賞，那麼，這就等於是問，在這裡是想像更重要，還是判斷力更重要。既然一種藝術就前者而言寧可說配被稱爲一種富有靈氣的藝術，唯有就後者而言才配被稱爲一種美的藝術，所以後者至少作爲繞不開的條件（conditio sine qua non〔必不可少的條件〕），就是人們在把藝術評判爲美的藝術時必須注意的最重要的東西。爲了美起見，並不那麼必然地需要在理念上豐富且原創，但卻很需要那種想像力在其自由中與知性的合法則性的相適合。因爲前者的一切豐富性在其無法則的自由中所產生的無非是胡鬧；與此相反，判斷力則是使它們適應於知性的那種能力。

鑑賞與判斷力一樣，一般而言是天才的紀律（或者管束），它狠狠地剪短天才的翅膀，使天才受到教養或者磨礪；但同時它也給予天才一種引導，即它應當擴展到什麼上面和擴展到多遠，以便保持是合目的的；而由於它把清晰和秩序帶進豐富的思想中，它就使得理念成爲站得住腳的，能夠獲得持久的而且同時也普遍的贊同、別人的追隨和一種始終進步的培養。因此，如果在一個產品上這兩種屬性的衝突中應當犧牲某種東西的話，那麼，就不得不寧可讓這事發生在天才方面；而如果判斷力在美的藝術的事情上從自己的原則出發發表意見，那就寧可允許損害想像力的自由和豐富，也不允許損害知性。

因此，美的藝術就需要**想像力**、**知性**、**精神**和**鑑賞**。⑧

⑧ 前三種能力透過第四種能力才獲得它們的結合。休謨在其歷史著作中使英國人理解了，雖然他們在自己的作品中就前三種屬性分別來看並不有所遜色於世界上的任何民族，但他們在把前三種屬性結合起來的那種屬性上，卻畢竟不得不落後於他們的鄰居法國人。

第五十一節　美的藝術的劃分

人們可以一般地把美（不論是自然美，還是藝術美）稱爲審美理念的表述：只是在美的藝術中，這個理念必須透過關於客體的一個概念來誘發，但在美的自然中，爲了喚起和傳達那個客體被視爲其表述的理念，僅僅對一個被給予的直觀的反思就夠了，無須關於應當是對象的東西的概念。

因此，如果我們要劃分美的藝術，那麼，我們爲此所能夠至少嘗試著去選擇的更爲方便的原則，莫過於藝術與人們言說時爲了盡可能完善地相互傳達，亦即不僅在其概念上，而且也在其感覺上相互傳達而使用的那種表述方式的類比。⑨——這種表述就在於語詞、表情和格調（發音、姿態和轉調）。唯有這三種表述方式的結合構成了言說者的完備的傳達。因爲思想、直觀和感覺由此同時，並且聯合起來被傳遞給別人。

因此，只有三種美的藝術：言語的藝術、造型的藝術和感覺（作爲外表感官印象）遊戲的藝術。人們也可以按照二分法建立這種劃分，使得美的藝術被劃分爲思想之表述的藝術或

---

⑨ 讀者不要把對美的藝術的一種可能劃分的這種設想，評判爲預期的理論。它只是人們還能夠並且應當著手從事的諸多嘗試中的一個罷了。

者直觀之表述的藝術，而後者又可以僅僅按照其形式或者其質料（感覺）來劃分。不過，這樣一來它們就會太抽象，看起來不那麼適合通常的概念。

一、言語的藝術是演講術和詩藝。演講術是把知性的事務，作爲想像力的一種自由遊戲來推進的藝術；詩藝則是把想像力的一種自由遊戲，作爲知性的事務來實施的藝術。

因此，演講者宣告一種事務，並這樣來實施它，就好像它純然是爲了娛樂聽眾而借助於理念的一種遊戲似的。詩人則僅僅宣告一種借助於理念的一種使人娛樂的遊戲，但它卻對於知性來說得出如此之多的結果，就好像他本來就只是有意推進這事務似的。感性和知性雖然相互不可或缺，但畢竟沒有強制和彼此的損害就不能聯合起來，這兩種認識能力的結合與和諧必須顯得是非有意的，並且是自行相互適應的；若不然，它就不是美的藝術了。因此，一切做作的東西和刻板的東西在這裡都必須避免；因爲美的藝術必須在雙重意義上是自由的藝術：一方面，它並非作爲雇工而是一種工作，這樣的工作的大小是可以按照一個確定的尺度來評判、來強制或者付酬的；另一方面，心靈雖然有事可忙，但此時畢竟並不眺望一個別的目的而（不計報酬地）被滿足和喚醒。

因此，演講者雖然給予的是某種他並未許諾的東西，亦即想像力的一種使人娛樂的遊戲；但是，他也斷絕了某種他所許諾的東西和本是他所宣告的事務的東西，亦即合目的地使用知性。與此相反，詩人許諾得少，而且僅僅宣告了借助於理念的遊戲，但卻完成了某種配得上是一件事務的東西，亦即在遊戲中給知性提供營養，透過想像力賦予知性概念以生命；因此在根本上，前者所做少於其所許諾，後者所做多於其所許諾。

二、**造型藝術**或者理念在**感官直觀**中的表述（不是透過純然想像力的那些由語詞激發起來的表象的表述）的藝術，要麼是**感官眞實**的藝術，要麼是**感官幻相**的藝術。前者叫做**塑形藝術**，後者叫做**繪畫**。兩者都使空間中的形象成爲理念的表述：前者使形象對兩種感官成爲可知的，亦即視覺和觸覺（儘管對後者來說意圖並不在於美），後者使形象只對於視覺成爲可知的。審美理念（原本、原型）對兩者來說在想像力中都是基礎，但構成理念的表述的那個形象（副本、摹本）則要麼是在其立體的廣延中（如同對象本身實存那樣）被給予，要麼是按照這形象在眼中呈現的方式（按照它在一個平面中的顯示）被給予；或者，即便就前者而言，也要麼是與一個現實目的的關係，要麼只是這目的的外表被當作反思的條件。

塑形藝術，作爲第一種美的造型藝術，屬於它的有**雕塑藝術**和**建築藝術**。前者是立體地如同事物**在自然中可能實存**那樣展示事物的概念的藝術（但作爲美的藝術考慮到審美的合目的性）；後者則是展示**唯有透過藝術**才有可能的事物的概念的藝術，這些事物的形式不是以自然，而是以一個任意的目的爲規定根據，但爲此意圖，這種展示畢竟也同時在審美上是合目的的。在後一種藝術這裡，主要的事情是人爲的對象的某種應用，它作爲條件，審美理念被限制在它上面。在前一種藝術那裡，主要的意圖只是審美理念的表述。這樣，人、神、動物的立像等諸如此類的東西是前一種的；但爲了公共聚會而建的神殿或者豪華建築，或者還有爲了緬懷榮光而建的住宅、牌坊、立柱、衣冠塚等諸如此類的東西則屬於建築藝術。甚至

322

所有的傢俱（木匠的作品以及諸如此類的有用之物）也可以歸入此列，因爲一個產品對某種應用的適合性，構成一個建築作品的本質性的東西；與此相反，一個純然的塑像作品是僅僅爲了觀賞而創作的，它應當獨自就讓人喜歡，作爲有形體的展示是對自然的純然模仿，但畢竟考慮到了審美理念；於是，在這裡感官真實不可以走得如此之遠，以至於它不再顯得是藝術和任意的作品了。

繪畫藝術，作爲第二種造型藝術，人爲地與理念相結合來展示感官幻相，我要把它劃分爲對自然的美的描繪的藝術和對自然產品的美的組合的藝術。前者會是真正的繪畫，後者則會是園林藝術。因爲前者提出的僅僅是立體的廣延的幻相；後者雖然按照眞實提出了立體廣延，但它卻只是利用和應用於別的目的，而不僅僅爲了觀賞它們的形式時想像的遊戲這種幻相。⑩後者無非是用自然藉以把地面呈現給直觀的同一種多樣性（草地、花卉、灌木叢和樹

⑩ 園林藝術儘管立體地展示自己的形式，卻可以被視爲繪畫藝術的一種，這看起來令人奇怪；但是，既然它實際上是從自然取來自己的各種形式（樹木、灌木叢、草地和花卉都來自森林和田野，至少最初是這樣），而且就也不以關於對象及其目的的概念（例如：像建築藝術那樣），而是僅僅以觀賞中想像力的自由活動爲其組合的條件而言，絕不像塑形藝術那樣是藝術；所以，它與不具有任何確定主題（把空氣、原野和水透過光和影而令人愉悅地組合起來）的純然審美的繪畫在這方面是一致的。——總之，讀者只會把這評判爲一種把各門藝術結合在一個原則之下的嘗試，這原則在這裡應當是審美理念（按照一種語言的類比）的表述的原

木，甚至流水、山丘和山谷）來裝飾地面，只不過是以另一種方式並與某些理念相適合來組合而已。但是，對立體事物的這種美的組合也像繪畫那樣只是爲了眼睛而提出的；觸覺的感官對於這樣一種形式不能獲得任何直觀的表象。我還會把用裱糊紙、頂飾和一切只用於外觀的美的室內傢俱來裝飾房間歸爲廣義的繪畫；同樣還有按照鑑賞來穿著（各種環、扣等）的藝術。因爲一個種植各種各樣花卉的花圃、一個配有各種各樣飾物（甚至把女士的首飾也包括在內）的房間，在一個盛大的節日構成了一種畫面，它像眞正說來的畫面（絕不是意在教人歷史或者自然知識）一樣僅僅是爲了觀看而存在的，以便使想像力在借助於理念的遊戲中感到娛樂，並且沒有確定的目的而使判斷力活動起來。在所有這種裝飾方面的製品盡可以在機械性上非常不同，並且要求完全不同的藝術家；但對於在這種藝術中什麼是美的，鑑賞判斷卻是以同樣的方式就此而言被規定的，亦即對於這些形式來說，只是（不考慮一個目的）按照它們對眼睛呈現的那樣單個地或者在其組合中根據它們對想像力造成的效果來評判它們。——但是，造型藝術如何能夠（按照類比）被歸爲一種語言中的神情之列，卻是由此得到辯護的，即藝術家的精神透過這些形象對他想過什麼以及如何想給出了一個具體的表述，並使得事情本身彷彿是繪聲繪色地說話：這是我們的幻想力的一種常見的遊戲，它給無

則，而不會把它視爲各門藝術被認爲已裁定的推導。

生命的事物按照其形式配上了一種從它們裡面說話的精神。

三、**感覺的美的遊戲的藝術**（這些感覺由外部產生，而這種遊戲仍然必須是可以普遍傳達的）所能夠涉及的，無非是這感覺所屬的感官不同程度的情調（緊張）的比例，亦即這感官的格調；在該詞的這種廣泛的意義上，它被劃分爲聽覺和視覺這兩種感覺的藝術遊戲，因而分爲**音樂**和**色彩藝術**。——值得注意的是：這兩種感官除了爲憑藉其概念從外部對象獲得印象而需要的那麼多的對印象的感受性之外，還能夠具有一種與此相結合的特殊感覺，關於這種感覺人們不能很好地斷定，它是以感官還是以反思爲基礎的；以及這種感受性畢竟有時可能缺乏，儘管感官在其他方面，就它應用於客體的知識而言，根本沒有缺陷，而也許是十分出色的。這就意味著：人們不能確定無疑地說：一個顏色或者一個音調（聲響）僅僅是適意的感覺，還是就自身而言已經是諸感覺的一種美的遊戲，並且作爲這樣一種遊戲帶有在審美評判中對形式的愉悅。如果人們想到光的振動速度，或者在第二種方式中想到空氣的振動速度，似乎是遠遠超出了我們直接在知覺中評判透過這速度來劃分時間的那個比例的一切能力，那麼，人們就應當相信，唯有這些顫動對我們身體的彈性部分的作用才被感覺到，而透過它們對時間的劃分卻未曾被發覺並納入評判，因而與顏色和音調相結合的只是適意，而不是它們的組合的美。但與此相反，**首先**，如果人們想到關於音樂中這些振盪的比例及其評判所能夠說出的數學成分，並順理成章地按照與這種評判的類比來評判色彩的對比；**其次**，如果人們諮詢雖然只有罕見實例的那些人，他們擁有世界上最好的視覺卻不能分辨顏色，擁有最靈敏的聽覺卻不能分辨音調。同樣，對於能夠做到這一點的那些人來說，諮詢在色階或者音階上以不同的緊張度對一種變化了的質（不只是對感覺的程度）的知覺，此外這些色階或者音階的數目對於可把握的區別來說是確定的；那麼，人們就會發現自己不得不把兩者的感覺不視爲純然的感官印象，而是視爲在多種感覺的遊戲中對形式的一種評判的結果。但是，在對音樂的根據作評判時一種意見或者另一種意見所提出的區別，只會把定義改變爲：人們要麼像我們所做的那樣把音樂解釋成爲各種感覺（透過聽覺）的美的遊戲，要麼解釋成爲適意的感覺的遊戲。唯有按照第一種解釋方式，音樂才會完全被表現爲美的藝術，而按照第二種解釋方式，它就會（至少部分地）被表現爲適意的藝術。

第五十二節　在同一個產品中各種美的藝術的結合

演講術可以與對其主體以及對象的繪畫性展示結合在一齣戲劇中，詩可以與音樂結合在歌詠中，而歌詠又同時能夠與繪畫性的（戲劇性的）展示結合在一場歌劇中，音樂中諸感覺的遊戲可以與諸形象的遊戲結合在舞蹈中，如此等等。甚至對崇高者的展示，就它屬於美的藝術而言，也可以在一出押韻的悲劇、一首教誨詩、一曲聖樂中與美相結合；而在這些結合中，美的藝術就更加人爲化了，但是否也（由於如此多樣的不同種類的愉悅相互交織而）更加美了，在這些場合的一些場合裡是可以懷疑的。但畢竟在所有美的藝術中，本質性的東西都在於對於觀賞和評判來說合目的的那種形式，在這裡愉快同時就是教養，並使精神與理念相稱，因而使精神能感受更多這樣的愉快和娛樂；而不在於感覺的質料（魅力或者感動），在這裡著眼的僅僅是享受，這種享受在理念裡不留下任何東西，使得精神遲鈍，使得對象逐漸變得令人生厭，並使得心靈由於意識到自己在理性的判斷中違背目的的情調而對自己不滿意和情緒化。

如果美的藝術不是被或近或遠地與道德理念結合起來，唯有道德理念才帶有一種獨立的愉悅，那麼，後一種情況就是這些美的藝術的最終命運了。在這種情況下，它們就只是用做消遣，而人們越是利用這種消遣，以便透過越來越使自己無用和對自己不滿而驅趕心靈對自己的不滿，就越是需要這種消遣。一般來說，自然的各種美是最有利於前一種意圖的，如果人們早就習慣於觀賞它們、評判它們和驚讚它們的話。

第五十三節　各種美的藝術相互之間審美價值的比較

在所有的審美藝術中，詩藝（它的起源幾乎完全歸功於天才，並且最少要由規範或者由榜樣來引導）堅守著至上的地位。它擴展著心靈，因為它把想像力置於自由之中，並在一個被給予的概念的限制之內，在無限多樣性的可能與此協調一致的那些形式中間，呈現出一個把這概念的展示與一種沒有任何語言表述與之完全符合的思想豐富性連結起來的形式，因而在審美上把自己提升到理念。它使心靈堅強有力，因爲它使心靈感到自己自由的、能動的和不依賴於自然規定的能力，即把自然按照外觀作爲顯象來觀察和評判的能力，這些外觀並不是自然不論是爲感官還是爲知性自行在經驗中呈現出來的，因而也就是把自然用於超感性的東西，彷彿是用做超感性的東西的圖形的能力。詩藝用它任意造就的幻相做遊戲，但並不以此騙人；因爲它把自己的活動本身就解釋爲純然的遊戲，這遊戲儘管如此還可以被知性運用，合目的地運用到它的事務上。——演講術，就它被理解爲遊說的藝術，亦即透過美的幻相來騙人的藝術（作爲ars oratoria〔能言善辯的藝術〕），而不僅僅是善於辭令（口才和風格）而言，是一種辯證法，這種辯證法從詩藝所借取的，只是在人們作評判之前就爲演講者自己的好處而贏得人心並剝奪其自由所必需的東西；因而既不能被推薦給法庭也不能被推薦給布道壇。因爲如果所涉及的是公民法律，是各個個人的法權，或者是耐心地教誨和規定心靈去正確地認識和認眞地遵循自己的義務，那麼，對於一種如此重要的事務來說，哪怕只是讓人看出機智和想像力的放肆的一點痕跡，就是有失身分的，更不用說讓人看出遊說和爲某人撈取好處的藝術的痕跡了。因爲即使演講術有時也能被運用於就自身而言合法的和値得稱讚的意圖，但它畢竟是應予指斥的，因爲以這種方式，準則和意向都在主觀上受到敗壞，儘管行爲在客觀上是合法的，因爲做本身正當之事，這是不夠的，而是還要僅僅出自它是正當之事的理由來做它。甚至僅僅這幾種人類事務的清晰概念，與在榜樣中的生動展示相結合，並且不違背語言流暢和對理性理念表述得體的規則（這些合起來就是善於辭令），就自身而言就已經對人的心靈具有充分的影響，沒有必要在這裡再加進遊說的手法；這些手法由於同樣也可以用於美化或者掩蓋惡習和錯誤，是不能完全根除對其瞞天過海的暗中懷疑的。在詩藝中，一切都是誠實地和正直地進行的。它表示，只是想推進那借助於想像力而使人娛樂的遊戲，確切地說是在形式上與知性法則相一致的遊戲；而且不要求用感性的展示來矇騙和糾纏知性。⑪

如果所涉及的是魅力和心靈的激動，那麼，我會把這樣一種藝術置於詩藝之後，這種藝

328

⑪ 我不得不承認，一首美的詩總是使我產生一種純粹的快樂，而讀一位羅馬公民演說家或者現在的議會演說家或者布道演說家的最好的演說則任何時候都混有對一種陰險的藝術的反感這種不適意的情感，這種藝術懂得把人們當作機器，推動人們在重要的事情上作出在平靜思考時必定在他們那裡失去任何重要性的判斷。口才和善於辭令（合起來就是修辭學）屬於美的藝術；但演說家的藝術（ars oratoria）作爲利用人們的弱點來達到自己的目的的藝術（哪怕這些意圖被認爲或者甚至現實地如它們願望的那樣好），卻是根本不值得敬重的。何況無論是在雅典還是在羅馬，它都是在國家急速衰敗、眞正的愛國主義思維方式已經熄滅的時候才上升到最高階段的。由於對事情有清晰的洞識而按照其豐富性和純粹性掌握了語言，並由於一種能產的、對於展示自己的理念來說精明強幹的想像力而鮮活地在心靈中分享眞正的善的人，就是vir bonus decendi peritus〔有演說經驗的好人〕*，即無須藝術，但卻堅強有力的演說家，就像西塞羅（Cicero）想有的那種力量，但他自己卻並沒有保持總是忠於這一理想那樣。

術在言語藝術中最接近詩藝，也可以很自然地與詩藝結合起來，這就是音調藝術。因爲儘管它不用概念而全然透過感覺來說話，因而不像詩那樣爲思考留下了某種東西，但它畢竟更多樣化地，而且儘管只是轉瞬即逝但卻更內在地激動著心靈；但它確實更多的是享受而不是教養（由此附帶激起的思想遊戲只不過是一種彷彿機械性的聯想的作用）；由理性來評判，比美的藝術中任何別的藝術都更少具有價值。因此，它像任何享受一樣要求經常的變換，忍受不了多次的重複而不產生厭煩。它那可以如此普遍地傳達的魅力看起來乃是基於：語言的每一個表述在聯繫中都有一個與該表述的意義相適合的音調；這個音調或多或少地表示著說話人的一種激情，並且也在面對傾聽者那裡產生這種激情，這激情在傾聽者那裡反過來也激起在語言中以這樣的音調所表述的那個理念；而且就像轉調彷彿是一種普遍的、對每個人來說都可以理解的感覺語言一樣，音調藝術獨自以其全部強調，亦即作爲激情的語言實施著這種轉調，就這樣按照聯想律普遍地傳達著與此自然相結合的審美理念；但是，由於那些審美

---

*這句格言並非出自西塞羅，而是出自加圖；參見《加圖殘篇》，H.約爾丹編，八〇頁，萊比錫，一八六〇；參見昆體良：《雄辯術原理》，第七卷，第一章，一：Sit ergo nobis orator, quem constituimus, is, qui a M. Catone finitur, vir bonus dicendi peritus〔因此，對於我們來說，我們所推舉的演說家就是M.加圖規定的，即有演說經驗的好人〕。徐恩多夫證之。——科學院版編者注

理念不是概念和確定的思想，這些感覺的複合形式（和聲與旋律）就只是代替一種語言的形式，而用於憑藉這些感覺的一種有比例的相稱（這種相稱由於在音調這裡就這些音調同時地或者也前後相繼地彼此結合起來而言，乃是基於在同一時間裡空氣振動的數目的比例關係的，所以能夠在數學上被置於某些規則之下），來按照構成樂曲中主導激情的某個主題，而表述一種不可名狀的思想豐富性之關聯整體的審美理念。這種數學的形式雖然不是透過確定的概念表現的，但唯有在這種形式上，才依附著把關於這樣一批相互伴隨或者前後相繼的感覺的純然反思與感覺的這種遊戲連結起來，作爲其美的對每個人都有效的條件的那種愉悅；而且唯有這種形式，才是鑑賞據以自認爲有權預先說出每個人的判斷的東西。

但是，對於音樂所產生的魅力和心靈激動，數學肯定沒有絲毫的參與；相反，它只是各種印象在其結合以及交替中的那種比例的繞不開的條件（conditio sine qua non〔必不可少的條件〕），透過這種比例，才有可能把這些印象總括起來，並阻止它們，使它們不是相互破壞，而是透過與之相諧和的激情協調成爲心靈的一種連續的激動和振奮，從而成爲一種愜意的自我享受。

與此相反，如果人們按照各種美的藝術給心靈造成的教養來評估它們的價值，並以爲了認識而必須在判斷力中匯聚起來的那些認識能力的擴展爲尺度，那麼，音樂在各種美的藝術中間地位最低（就像它在同時按照其適意來評估的藝術中也許地位最高一樣），因爲它僅僅以感覺來做遊戲。因此，造型藝術在這方面就遠遠走在音樂前面；因爲當它們把想像

330

力置於一種自由的，畢竟同時與知性相適合的遊戲之中時，它們就同時推動著一件事務，因爲它們完成了一個產品，這產品把知性概念用做一個耐久的、獨自就受歡迎的工具，去促進這些概念與感性的結合，這樣就彷彿是促進了高級認識能力的文雅。這兩類藝術選取的是完全不同的道路：前一類是從感覺到不確定的理念；而後一類則是從確定的理念到感覺。後一類具有常駐的印象，前一類則只具有短暫的印象。想像力能夠喚回後一類，並以此作適意的娛樂；前一類則要麼完全消失，要麼當它們不由自主地被想像力重複的時候，對於我們與其說是適意的，倒不如說是累贅的。此外，與音樂相聯繫的，是某種文雅的欠缺，即音樂尤其是按照其樂器的性狀把自己的影響擴展到人們所要求的影響之外（即影響到鄰居），這樣就彷彿是強迫人，因而損害音樂聚會之外的其他人的自由；這不是那些對眼睛說話的藝術所做的事，因爲如果人們不想接受它的印象的話，只要把自己的眼睛轉開就可以了。這種情況幾乎就像用一種擴散得很遠的香味來使自己陶醉一樣。一個人從口袋裡掏出他的灑滿香水的手絹，違背自己周圍和旁邊所有人的意志款待他們，迫使他們如果想呼吸就同時享受這香味；因此這種事也已經不時興了。⑫——在造型藝術中，我會給予繪畫以優先地位：這部分是因爲它作爲描繪藝術是其餘一切造型藝術的基礎；部分是因爲它能夠比其餘造型藝術所允

---

⑫ 那些建議在家裡作祈禱時也唱聖歌的人，並沒有考慮，他們透過這樣一種喧鬧的（正因爲此通常是假虔誠的）祈禱而給公眾加上了一種巨大的負擔，因爲他們強迫鄰居們要麼一起來唱，要麼放下他們的思維工作。

許的更遠地深入到理念的領域，也與這些理念相符合而更多地擴展直觀的疆域。

第五十四節　附釋

在僅僅於評判中讓人喜歡的東西和使人快樂的（於感覺中讓人喜歡的）東西之間，如同我們經常指出的那樣，有一個本質性的區別。後者是某種人們不能像對前者那樣要求於每個人的東西。快樂（它的原因盡可以也在理念中）看起來任何時候都在於一種促進人的全部生活，因而也促進肉體的舒適亦即健康的情感；以至於把一切快樂在根本上都冒充爲肉體感覺的伊比鳩魯（Epikur），在這方面也許會是不無道理的，而且當他把理智的，甚至實踐的愉悅都歸入快樂之列的時候，他只不過是自己誤解了自己罷了。如果人們注意到後一種區別，那麼，人們就能夠解釋，何以一種快樂甚至能夠使感覺到它的人反感（如一個貧窮但卻思想正派的人對他那愛他但卻吝嗇的父親的遺產所感到的高興），或者何以一種深深的痛苦卻能夠讓承受它的人喜歡（一個寡婦對她功勳卓著的丈夫的死感到的悲傷），或者何以一種快樂此外還能夠讓人喜歡（如對我們所推進的科學的快樂），或者一種痛苦（例如：仇恨、忌妒和報復心）還能夠使我們對它反感。愉悅或者反感在這裡都基於理性，與贊同或者不贊同是一回事；但快樂和痛苦則可能僅僅基於情感或者對一種（無論出自什麼根據的）可能的舒適或者不舒適的展望。

感覺（它們不以任何意圖爲根據）的一切交替著的自由遊戲都使人快樂，因爲這遊戲促進著對健康的情感；無論我們在理性評判時對它的對象，甚至對這種快樂是否有一種愉悅，而且這種快樂能夠一直上升到激情，儘管我們對這個對象本身並沒有什麼興趣，至少沒有這樣一種與激情的程度成比例的興趣。我們可以把它們劃分爲博彩的遊戲、音調的遊戲和思想的遊戲。第一種遊戲要求有一種興趣，無論它是虛榮的興趣還是自私的興趣，但它遠不如對我們如何力圖獲得它的方式所感到的興趣那麼大；第二種遊戲僅僅要求感覺的交替，這些感覺中的每一種都與激情有自己的關係，但與激情的程度無關，都使審美的理念活躍起來；第三種遊戲僅僅產生自判斷力中諸表象的交替，由此雖然沒有產生任何帶有某種興趣的思想，但畢竟振奮了心靈。

遊戲必須如何使人快樂，而人們卻不必把有興趣的意圖在這時當作基礎，這是我們的所有社交晚會都表明了的；因爲沒有遊戲，幾乎所有的社交晚會都不可能使人娛樂。但是，希望、畏懼、高興、憤怒、嘲弄這些激情，在這裡透過它們每一刻都交換自己的角色而做遊戲，而且是如此生動，以至於由此作爲一種內在的運動，體內的整個生命活動都看起來得到了促進，就像心靈由此產生的一種生氣勃勃所表明的那樣，儘管既沒有獲得什麼也沒有學到什麼。但是，既然博彩遊戲並不是什麼美的遊戲，我們在這裡要把它放到一邊。與此相反，音樂和笑料卻是兩種帶有審美理念，或者也帶有知性表象的遊戲，透過它們最終沒有思考任何東西，它們只是能夠透過自己的交替使人快樂，但仍然是生動的快樂；由此它們就使人相當清晰地認識到，兩者中的振奮都只是肉體的，雖然它們都是由心靈的理念激起的，而且對健康的情感透過內臟的一種與那個遊戲相對應的運動，就構成了一個熱情洋溢的晚會那被稱讚爲如此高尙風雅的全部快樂。不是對各種音調或者機智念頭中的和諧的評判，這和諧連同它的美只不過被用做必要的載體罷了，而是肉體中得到促進的生命活動，即推動著內臟和橫膈膜的激情，一言以蔽之對健康的情感（它沒有這樣的機緣通常是感不到的），構成了人們在能夠透過靈魂掌握肉體以及把靈魂用做肉體的醫生這一點上感到的那種快樂。

在音樂中，這種遊戲從肉體感覺進展到審美理念（激情的客體的理念），然後又從這些理念返回，但卻是以聯合起來的力量返回到肉體。在玩笑（它正如音樂一樣，與其說應被歸爲美的藝術，倒不如說應被歸爲適意的藝術）中，遊戲從思想開始，這些思想就它們要感性地表述自己而言，也全都使肉體活動起來；而且由於知性在這種展示中沒有發現所期待的東西而突然鬆弛下來，於是人們就在體內透過各種器官的振奮感覺到這種鬆弛的作用，這種作用促進著這些器官的平衡的恢復，並對健康有一種良好的影響。

在一切應當激起一場熱烈的哄堂大笑的東西裡面，都必須有某種荒謬的東西（因此知性就自身而言在它那裡不可能感到愉悅）。笑是由一種緊張的期待突然轉變成虛無而來的激情。正是這種肯定不會使知性感到高興的轉變，畢竟間接地使人在一瞬間高興非常。因此，其原因必定在於表象對肉體的影響以及肉體對心靈的交互影響；確切地說，並非就表象客觀地就是快樂的對象而言（因爲一個受騙的期待怎麼可能使人快樂呢？），而只是由於這種轉變作爲純然的表象遊戲而在肉體中產生了各種生命力的一種平衡。

當某人講述：一個印第安人在蘇拉特的一個英國人的筵席上看到打開的一瓶英國淡色啤酒，這啤酒全都變成泡沫冒了出來，他用連聲呼叫來表示他的巨大驚異，而當英國人問：「這裡到底有什麼可以如此驚異的？」他回答說：「我奇怪的也不是它冒出來，而是你們怎麼把它塞進去的。」這時我們就會發笑，而且它使我們感到衷心的愉快：不是因爲我們發現例如自己比這個無知的人更聰明，或者通常是對知性在這裡讓我們注意到的某種令人愉悅的東西感到愉快；而是我們的期待曾經是緊張的，而突然消失爲虛無。或者當一個富有的親戚的繼承人想給這親戚舉辦一個相當隆重的葬禮，卻抱怨自己在這件事上相當不成功，因爲（他說），「我給送葬人員的錢越多，讓他們看起來悲傷些，他們就看起來越快活」，這時我們就大笑，而理由就在於一種期待突然轉變成虛無。人們必須注意的是：這種期待必須不是轉變成一個預期對象的積極對立面——因爲這總是某種東西並常常會使人悲傷——，而是必須轉變成虛無。因爲如果某人講一個故事而激起了我們很大的期待，而我們在結尾馬上看出了這個故事的不眞實，這就使我們感到反感；例如：關於那些據說由於巨大的憂傷而一夜之間白了頭髮的人的故事。與此相反，如果有另一個促狹鬼爲了回敬這樣一類講述而加油添醋地講述一位商人的憂傷，說他帶著自己的全部財貨從印度返回歐洲，在一場大風暴中不得不把它們全都抛到海裡，並且憂傷到如此程度，以至於爲此在這天夜裡他的假髮都變白了，我們就會發笑，而這就使我們快樂，因爲我們把自己在捕捉一個本來對我們無所謂的對象上的失誤，或者毋寧說把我們所追逐的理念像一顆球那樣，在我們只是以爲抓住並拿牢了它的時候還打來打去了一陣子。在這裡，不是打發掉了一個騙子或者傻瓜而喚起了快樂：因爲後面這個一本正經講出的故事單是自身就已經讓一個聚會笑聲朗朗了；而前者通常會就連去注意也是不值得的。

值得注意的是：在所有這樣一些場合，笑話總是必須包含有某種能夠矇人一時的東西；因此，當幻相消失爲虛無的時候，心靈就又回顧，以便把這幻相再次品味一番，這樣，心靈就由於快速接踵而至的緊張和鬆弛而跳來跳去，動盪不安：這種動盪由於是彷彿繃緊了弦的東西突然（不是透過一種逐漸的放鬆）彈跳出來，必定造成心靈的激動以及與之和諧的內部身體運動，後者不由自主地持續下去，並產生疲倦，但同時也產生快感（一種導致健康的運動的結果）。

因爲如果承認，與我們的所有思想和諧地結合在一起的，同時有肉體器官中的某種運動，那麼，人們就相當可以理解，何以那樣把心靈時而置於這一立場、時而置於另一立場以觀察其對象，會有我們內臟的彈性部分的一種傳達到橫膈膜的交替緊張和放鬆與之相對應了（就像怕癢的人感到的那類緊張和放鬆）；這時，肺部以快速前後相繼的間歇把空氣噴發出去，這樣就造成一種有益於健康的運動，唯有這種運動，而不是在心靈中發生的事情，才是對一個根本上什麼也不表現的思想感到快樂的眞正原因。——伏爾泰（Voltaire）說過，上天爲了平衡生活的許多艱辛給了我們兩樣東西：希望和睡眠。他倒是還可以把笑計算在內；只要在有理性者那裡激起笑的手段如此容易手到擒來，而機智或者為此所需要的心血來潮的原創性亦不罕見，就像那進行虛構的才能屢見不鮮一樣：傷神地虛構如神祕的冥想家，傷身地虛構如天才，或者傷心地虛構如善感的小說家（也有這類的道德家）。

因此我覺得，人們大可以承認伊比鳩魯的說法：一切快樂，即便是由那些喚起審美理念的概念所引起的，也都是動物性的，亦即肉體的感覺；由此絲毫也不損害對道德理念的敬重這種精神性的情感，這種情感不是什麼快樂，而是把我們提升到對快樂的需要之上的（對我們裡面的人性的）一種自我尊重，它甚至連對鑑賞這種稍遜高貴的情感也絲毫不損害。

某種由兩者複合而成的東西存在於天眞之中，天眞就是對人性來說原初自然的正直對已成為另一本性的偽裝術的逃避。人們嘲笑尚不懂得偽裝自己的那種純樸；但畢竟也為在這裡一筆勾銷那種偽裝術的本性純樸感到高興。人們期待著那矯揉造作的、小心翼翼地著眼於幻相的態度的日常習俗；而看吧！未被敗壞的無辜的本性根本是人們不期而遇的，是那讓看到它的人也不曾想顯露出來的。美的、但卻虛假的幻相，通常在我們的判斷中是很重要，在這裡卻突然轉化為虛無，彷彿我們心中的那個促狹鬼突然被暴露出來，這就先後產生出心靈朝兩個相反方向上的運動，這運動同時有益於健康地使身體抖動。但是，比一切接受下來的習俗都無限好的東西，即思維方式的純正性（至少是這種思維方式的稟賦），畢竟在人類本性中還沒有完全泯滅，這就在判斷力的這種遊戲中摻進了嚴肅和尊重。但由於這只是一個短時間內凸顯出來的顯象，而偽裝術的面罩馬上就又拉上了，所以在這裡面同時就混有一種遺憾，這種遺憾是對溫柔的一種觸動，它作爲遊戲可以很好地與這樣一種善意的笑結合在一起，而且實際上通常也是與它相結合的，同時也經常給爲此提供笑料的人因爲自己還沒有按照人們的方式變得乖巧而感到的尷尬提供補償。——因此，一種天真的藝術是一種自相矛盾；然而，在一個虛構的人格中表現天眞，卻是完全可能的，是美的藝術，儘管也是罕有的藝術。切不可把天眞與坦誠的純樸混淆起來，後者之所以不僞裝本性，只是因爲它不善於本是交往藝術的東西。

至於讓人高興的、與出自笑的快樂有近親關係並屬於精神的原創性的，但恰好並不屬於美的藝術的才能的東西，還可以算上心血來潮的風格。因爲心血來潮在褒義上意味著能夠把自己任意地置入某種心靈態位的才能，在這種態位中對一切事物的評判都與平常不同（甚至相反），但畢竟是按照在這樣一種心靈情調中的某些理性原則來評判的。不由自主地服從這樣一些變化的人，就是情緒化的。但能夠任意地和合目的地（爲了借助一種使人發笑的對比來作一種生動的展示）運用這種變化的人，他和他的表演就叫做心血來潮的。然而，這種風格更多地屬於適意的藝術，而不是美的藝術，因爲後者的對象總是必須就自身而言表現出幾分尊嚴，因而就像鑑賞在評判中所要求的那樣在展示中表現出某種嚴肅。

第二卷

審美判斷力的辯證論

第五十五節

一種判斷力要是辯證的，就必須首先是推想的；也就是說，它的判斷必須提出普遍性的要求，確切地說是提出先天普遍性的要求①；因爲辯證論就在於這樣一些判斷的相互對立。所以，（關於適意者和不適意者的）審美的感官判斷的不一致性並不是辯證的。就連鑑賞判斷的衝突，就其每一個都是基於其自己的鑑賞而言，也不構成鑑賞的辯證論；因爲沒有人想到使自己的判斷成爲普遍的規則。因此，關於一種辯證法就沒有留下任何能夠關涉鑑賞的概念，除了鑑賞的批判（不是鑑賞本身）就其諸原則而言的一種辯證論的概念之外；因爲在這裡，關於一般鑑賞判斷的可能性的根據，自然而然地和不可避免地出現了一些相互抵觸的概念。因此，鑑賞的先驗批判就此而言將只包含一個可以使用審美判斷力的辯證論之名稱的部分，如果出現了這種能力的諸原則的一種二論背反，它使這種能力的合法則性，因而也使它的內在可能性變得可疑的話。

---

① 每一個判斷，如果他宣稱自己是普遍的，都可以叫做一個推想的判斷（iudicium ratiocinans〔進行推論的判斷〕）；因爲就此而言，它可以用做一個理性推理中的大前提。與此相反，一個理性判斷（iudicium ratiocinatum〔推論出來的判斷〕）則只能被稱爲這樣一個判斷，它被設想爲一個理性推理的結論，因而是先天地建立起來的。

第五十六節　鑑賞的二論背反的表現

鑑賞的第一句套話就包含在每個沒有鑑賞的人都想用以抵擋指責的這個命題中：**每一個人都有他自己的鑑賞**。這就等於是說：這個判斷的規定根據是純然主觀的（快樂或者痛苦）；而這判斷沒有權利要求別人的必然贊同。

鑑賞的第二句套話，是甚至那些承認鑑賞判斷有權宣布對每個人都有效的人也運用的，這就是：**關於鑑賞不能爭辯**。這就等於是說：一個鑑賞判斷的規定根據雖然也可以是客觀的，但它不能被置於確定的概念上；因此，關於這個判斷本身不能透過證明**裁定**任何東西，儘管對此很可以並且有理由作出**爭執**。因爲**爭執**和**爭辯**雖然在力圖透過諸判斷的相互對抗產生出它們的一致這一點上是相同的，但它們的差別在於，後者希望按照作爲證明根據的確定概念來造成這種情況，因而把**客觀的概念**假定爲這個判斷的根據。但在這一點被視爲不可行的地方，這種爭辯也同樣被視爲不可行的。

人們很容易看出，在這兩句套話之間還缺少一個命題，這個命題雖然並未以諺語的方式流傳，但卻包含在每個人的意識中，這就是：**關於鑑賞可以爭執**（雖然不能爭辯）。但是，這個命題包含著最上面那個命題的反面。因爲在應當允許爭執的地方，就必然有希望相互之間達成一致；因而人們就必須能夠指望判斷的那些不僅僅具有私人的有效性的根據，因而這些根據就不僅僅是主觀的；然而，這仍然與「**每一個人都有他自己的鑑賞**」那個原理是截然相反的。

因此，就鑑賞的原則而言，表現出如下的二論背反：

一、正論。鑑賞判斷不是建立在概念之上的；因爲若不然，對此就可以爭辯（透過證明來裁定）了。

二、反論。鑑賞判斷是建立在概念之上的；因爲若不然，儘管這種判斷有差異，對此也根本不可以爭執（要求別人必然贊同這個判斷）。

第五十七節　鑑賞的二論背反的解決

要消除配給每個鑑賞判斷的那些原則（它們無非是上面在分析論中所介紹的兩個鑑賞判斷特性）的衝突，這是不可能的，除非人們指出：人們使客體在這類判斷中與之相關的概念，在審美判斷的兩個準則中並不是在同樣的意義上採用的；這種雙重的意義或者評判觀點對於我們的先驗判斷力來說是必要的；但在一方與另一方的混淆中的這種幻相，作爲自然的幻覺，也是不可避免的。

鑑賞判斷必須與某個概念相關；因爲若不然，它就絕不能要求對每個人的必然有效性。但是，它恰恰不能從一個概念得到證明，卻是因爲一個概念可能要麼是可規定的，要麼也就自身而言是未被規定的同時又是不可規定的。前一種性質的是知性概念，它是可以透過能夠與之相對應的感性直觀的謂詞來規定的；但第二種性質的是關於超感性東西的先驗理性概念，超感性東西是所有那些直觀的基礎，所以這概念不再能在理論上予以規定。

現在，鑑賞判斷針對的是感官對象，但不是爲了爲知性而規定這些對象的一個概念；因爲這不是什麼知識判斷。所以，它作爲與愉快的情感相關的單個直觀表象，只是一個私人判斷，就此而言，它在有效性上會被僅僅限制在作判斷的個人身上：對象對我來說是一個愉悅的對象，對別人來說可能就是另一種情況；——每一個人都有他自己的鑑賞。

儘管如此，在鑑賞判斷中卻無疑包含著客體（同時也有主體）表象的一種擴展了的關係，我們在此之上建立起一種擴張，即把這類判斷擴張爲對每個人都必然的，因此這擴張就必須必然地以某個概念爲基礎；但必須是一個根本不能透過直觀來規定的概念，透過它也不能認識任何東西，因而也不能爲鑑賞判斷作出任何證明。但是，一個這樣的概念只是關於超感性東西的純粹理性概念，超感性東西是作爲感官客體，因而作爲顯象的對象（而且還有作判斷的主體）的基礎。因爲假如人們不作這樣一種考慮，那麼，鑑賞判斷對普遍有效性的要求就會無可挽救；假如它建立於其上的概念是一個例如關於完善性的哪怕純然模糊的知性概念，人們能夠相應地把對美者的感性直觀加給它，那麼，至少就自身而言就會有可能把鑑賞判斷建立在證明上，而這是與正論相矛盾的。

但現在，一切矛盾都將被消除，如果我說：鑑賞判斷建立在一個概念（關於自然對於判斷力的主觀合目的性的一般根據的概念）之上，但從這個概念不能就客體而言認識和證明任何東西，因為它就自身而言是不可規定的和不適用於知識的；但是，鑑賞判斷卻正是透過這個概念畢竟同時獲得了對每個人的有效性（儘管在每個人那裡作為單稱的、直接伴隨著直觀的判斷），因為這判斷的規定根據也許就在關於那可以被視為人性的超感性基底的東西的概念之中。

對一個二論背反的解決就取決於這種可能性，即兩個在幻相上相互衝突的命題實際上並不相互矛盾，而是能夠相互並存，儘管對它們的概念之可能性的解釋超出了我們的認識能力。至於這種幻相也是自然的和對於人的理性來說不可避免的，此外為什麼會有這種幻相，以及即使它在這種虛假矛盾解決了之後不再騙人但仍然存在，也可以由此得到解釋。

也就是說，我們在兩個相互衝突的判斷中，在同一個意義上採用了一個判斷的普遍有效性必須建立於其上的那個概念，但卻關於它說出了兩個相互對立的謂詞。因此在正論中本來應當說的是：鑑賞判斷不是建立在確定的概念之上的；但在反論中本來應當說的是：鑑賞判斷畢竟是建立在一個雖然不確定的概念（亦即關於顯象的超感性基底的概念）之上的；而這樣一來，在它們之間就會沒有任何衝突。

除了消除鑑賞的要求和反要求中的這種衝突之外，我們不可能提供更多的東西。提出鑑賞的一個客觀的確定原則，據此就能夠引導、檢驗和證明鑑賞判斷，這是絕對不可能的；因為這樣一來，它就不是什麼鑑賞判斷了。主觀的原則，亦即我們心中的超感性東西的不確定的理念，只能被指出是解開這個甚至在來源上也對我們隱藏著的能力之謎的唯一鑰匙，但不能透過任何東西作進一步的解釋。

這裡提出並得到調停的二論背反，是以鑑賞的正確概念，亦即以一個純然反思性的審美判斷力的概念爲基礎的；而在這裡，兩個在幻相上相互衝突的原理就相互一致了，因爲兩者都能夠是真的，而這也就夠了。與此相反，如果被假定爲鑑賞的規定根據的（由於鑑賞判斷以之爲根據的表象的個別性），像一些人所做的那樣是適意，或者像另一些人（由於鑑賞的普遍有效性）想做的那樣是完善性的原則，並據此建立起鑑賞的定義，那麼，由此就產生出一種二論背反，它是絕對不能這樣來調停的，即人們指出，兩個相互對立的（但不只是相互矛盾的）命題都是假的，這就表明，每一個命題建立於其上的那個概念本身就是自相矛盾的。因此人們看到，審美判斷力的二論背反的消除採取了與批判在解決純粹理論理性的二論背反時所遵循的進程相類似的一個進程；同樣，在這裡以及在實踐理性批判中，二論背反都違人意志地強迫人超出感性的東西，在超感性的東西中去尋找我們一切先天能力的結合點，因爲沒有留下別的出路讓理性與它自身一致了。

附釋一

既然我們在先驗哲學中如此經常地發現把理念與知性概念區分開來的理由，那麼，引入與它們的區別相適合的藝術表述，是會有益處的。我相信，如果我提出幾個這種表述的建議，人們將不會有任何反對意見。——最一般意義上的理念就是按照某個（主觀的或者客觀的）原則與一個對象相關的表象，不過是就這個表象永遠不能成爲該對象的知識而言的。理念要麼按照諸認識能力（想像力和知性）相互之間協調一致的純然主觀的原則與一個直觀相關，在這種情況下就叫做審美的理念；要麼按照一個客觀的原則與一個概念相關，但卻永遠不能充當對象的一種知識，這就叫做理性理念；在這種場合，概念就是一個超驗的概念，它與知性概念有別，知性概念在任何時候都能夠被配上一個適當地相應的直觀，因而叫做內在的。

一個**審美理念**不能成爲任何知識，因爲它是一個永遠不能適當地爲之找到一個概念的（想像力的）**直觀**。一個**理性理念**永遠不能成爲知識，因爲它包含著一個永遠不能適合地爲之提供一個直觀的（關於超感性的東西的）概念。

現在我相信，人們可以把審美理念稱爲想像力的一個不能闡明的表象，而把理性理念稱爲理性的一個不能演證的概念。對於兩者都預設：它們絕不是毫無根據地，而是（按照上面對一個一般理念所作的解釋）與它們所屬的認識能力的某些原則相符合（前者與主觀的原則相符合，後者與客觀的原則相符合）而產生出來的。

知性概念作爲這樣的概念必須在任何時候都是可以演證的（如果把演證像在解剖學中那樣僅僅理解爲**展示**的話）；也就是說，與這些概念相對應的對象必須任何時候都能夠在直觀（純直觀或者經驗性直觀）中被給予出來；因爲唯有這樣，它們才能夠成爲知識。大小的概念能夠在先天的空間直觀中，例如：在一條直線等中被給予出來；原因的概念能夠在物體的不可入性、物體的碰撞等上面被給予出來。因此，兩者都能夠借用一個經驗性直觀來證實；也就是說，這方面的思想能夠借一個實例來指出（演證、指明）；而這一點必須是能夠做到的，否則的話，人們就不能肯定這思想是否空洞，亦即是否沒有任何客體。

343

人們在邏輯學中使用可演證的東西和不可演證的東西這些表述，通常只是就命題而言的：這時前者透過僅僅間接的命題這一稱謂，後者透過直接肯定的命題這一稱謂就可以得到更好的表示；因爲純粹哲學也具有這兩類命題，如果把它們理解爲能夠證明的眞命題和不能證明的眞命題的話。然而，純粹哲學作爲哲學雖然能夠從先天根據出發得到證明，但卻不能得到演證；如果人們不想完全脫離詞義的話，按照詞義，演證（ostendere, exhibere〔出示、擺出來〕）就等於是（無論是在證明中，還是僅僅在定義中）把它的概念同時在直觀中展示出來，這種直觀如果②是先天直觀，就叫做該概念的構建，但它如果也是經驗性的，就仍然是客體的出示，透過這出示來保證該概念的客觀實在性。於是，關於一個解剖學家人們說道：當他透過解剖人的眼睛這個器官，來使他之前已經用推理的方式講述過的概念直觀化

② 「這種展示，如果直觀」會更好。因爲如果直觀是先天的就叫做作圖的東西，恰恰是在直觀中展示。——科學院版編者注

時，他就演證了人的眼睛。

據此，關於一切顯象的超感性基底的一般理性概念，或者還有關於與道德法則相關必須被奠定爲我們任性的基礎的那種東西的理性概念，亦即關於我們的先驗自由的理性概念，在種類上就已經是一個不可演證的概念和理性理念了，但德性是在程度上如此；因爲前者就自身而言根本不能被給予任何按照質來說在經驗中相對應的東西，而在後者中，那種因果性的任何經驗產品都達不到理性理念頒布爲規則的那個程度。

就像在一個理性理念上，想像力連同其直觀達不到被給予的概念一樣，在一個審美理念這裡，知性透過其概念也永遠達不到想像力與一個被給予的表象結合起來的整個內在直觀。既然用概念來表示想像力的一個表象，就等於闡明這表象，所以，審美理念就可以被稱爲想像力（在其自由遊戲中）的一個不可闡明的表象。關於這類理念，我在後面還有機會作一些詳細的說明；現在我只是說：這兩種理念，無論是理性理念還是審美理念，都必須有其原則；確切地說兩者都必須在理性中有其原則，前者是在理性應用的客觀原則中，後者則是在理性應用的主觀原則中。

據此，人們也可以透過審美理念的能力來解釋天才：由此同時也就指明了在天才的作品中爲什麼是自然（主體的自然），而不是藝術的深思熟慮的目的（產生美者的目的）在提供規則的理由。因爲既然美者必須不是按照概念來評判，而是按照想像力對於與一般概念能力的協調一致的那種合目的的相稱來評判的，所以，對於美的藝術中應當提出必須讓每個人都喜歡這一合法要求的那種審美的，但卻無條件的合目的性來說，能夠用做主觀的準繩的，就不是規則和規範，而只是純然是主體中的自然，但卻不能在規則或者概念之下來領會的那種東西；也就是說，是主體的一切能力的（沒有任何知性概念能夠達到的）那個超感性基底，因而是與之相關使我們的一切認識能力協調一致的那種東西，是由理知的東西給予我們的本性的那個最終目的。於是，也只有這一點是可能的，即對於人們不能爲之頒布任何客觀原則的那種美的藝術來說，有一個主觀的，但卻普遍有效的先天原則作爲基礎。

附釋二

在這裡，自行呈現出如下重要的說明：也就是說，純粹理性有三種二論背反，但它們都在這一點上是一致的，即它們都迫使純粹理性脫離把感官的對象視爲物自身這個通常很自然的預設，而寧可讓它們僅僅被視爲顯象，並給它們配上一個理知的基底（某種超感性的東西，關於它的概念只能是理念，且不容許有眞正的知識）。沒有這樣一種二論背反，理性就永遠不會能夠下定決心，接受這樣一個如此大大限制它的思辨疆域的原則，並作出犧牲，使如此多的通常十分閃閃發光的希望不得不完全消失；因爲即便是現在，當爲了補償這一損失，一種在實踐方面更加偉大的應用向理性敞開的時候，理性看起來也並不能毫無痛苦地與那些希望分手並擺脫舊的羈絆。

有三種二論背反，其根據在於有三種認識能力：知性、判斷力和理性，它們每一種（作爲高級認識能力）都必須有自己的先天原則；因爲理性只要對這些原則本身及其應用作出判斷，在所有這些原則方面，它就爲被給予的有條件者孜孜不倦地要求有無條件者，但後者是永遠也不能找到的，如果人們把感性的東西視爲屬於物自身的，而不是寧可把它作爲顯象，給它配上某種超感性的東西（我們之外的自然和我們裡面的自然的理知的基底）作爲事物自身的話。這樣一來，這裡就有：1.對於認識能力來說，理性在知性一直上升到無條件者的理論應用方面的二論背反；2.對於愉快和不快的情感來說，理性在判斷力的審美應用方面的二論背反；3.對於欲求能力來說，在就自身而言自己立法的理性的實踐應用方面的二論背反；只要所有這些能力都必須能夠有自己的高級的先天原則，並且按照理性的一個不可回避的要求，而根據這些原則也無條件地作判斷並規定自己的客體。

就那些高級認識能力的兩種二論背反，即理論應用的二論背反和實踐應用的二論背反而言，我們在別的地方已經指出，如果這類判斷不回溯作爲顯象被給予的客體的超感性基底的話，這些二論背反就是不可避免的，與此相反如果這樣做了，它們也就是可以解決的。現在，就按照理性的要求在判斷力的應用中的二論背反及其這裡提出的解決而言，沒有任何別的逃避它的辦法，除非是要麼否認審美判斷力以某種先天原則爲基礎，以至於對普遍贊同的必然性的一切要求都是沒有根據的、空洞的妄念，而一個鑑賞判斷之所以應被視爲正確的，只是因爲恰好有許多人在這方面一致，而且就連這一點眞正說來也不是因爲人們在這種

346

一致背後猜測到一個先天原則，而是（像在味覺鑑賞中那樣）因爲各主體偶然地具有同樣的機體組織；要麼人們就必須承認，鑑賞判斷眞正說來是對在一個事物及其中的雜多與一個目的之關係上揭示出來的完善性，所作出的一個隱蔽的理性判斷，因而只是由於與我們的這種反思相聯繫的含混性才被稱爲審美的，儘管它在根本上是目的論的；在這一場合，人們就宣稱用先驗理念來解決二論背反是不必要的和沒有價值的，這樣就能夠把感官的客體不是僅僅作爲顯象；而是也作爲物自身與那些鑑賞法則結合起來。但是，無論是這一遁詞還是另一種遁詞都怎樣不起作用，這一點在對鑑賞判斷的闡明中已在多處地方指出。

但是，如果人們對我們的演繹至少承認這麼多，即它是沿著正確的道路作出的，雖然還不是在一切部分都作得足夠清晰，那麼，就表明有三種理念：第一是一般的超感性東西的理念，它除了自然的基底之外沒有進一步的規定；第二是作爲自然對我們認識能力的主觀合目的性之原則的這同一個超感性東西的理念；第三是作爲自由的目的的原則和自由與道德中的目的協調一致的原則的這同一個超感性東西的理念。

第五十八節　自然以及藝術的合目的性的理念論，作爲審美判斷力的唯一原則

人們最初要麼可能把鑑賞的原則設定在這一點上，即鑑賞在任何時候都按照經驗性的規定根據，因而按照那些只是後天地透過感官被給予的規定根據來作判斷，要麼可能承認，鑑

賞是從一個先天根據出發作判斷的。前者會是鑑賞批判的經驗論，後者則是其理性論。按照前者，我們的愉悅的客體與適意者不會有區別；按照後者，如果這判斷基於確定的概念，就與善者不會有區別；而這樣，一切美都會被從世界上清除出去，只會取而代之有一個特別的名稱，也許爲前述兩種愉悅的某種混合保留下來。然而我們已經指出過，這愉悅也先天地有根據，因而這些根據能夠與理性論的原則共存，儘管它們並不能在確定的概念中被領會。

與此相反，鑑賞原則的理性論要麼是合目的性的實在論的理性論，要麼是其理念論的理性論。因爲現在獨自來看，一個鑑賞判斷不是什麼知識判斷，美也不是客體的什麼性狀，所以，鑑賞原則的理性論就永遠不能設定在這一點上，即這種判斷中的合目的性被設想成客觀的；也就是說，判斷在理論上，因而也在邏輯上（哪怕只是在一種含混的評判中）針對客體的完善性，相反，判斷只是在審美上，在主體中針對其表象在想像力中與判斷力的那些本質性原則的一致。所以，甚至按照理性論的原則，鑑賞判斷及其實在論和理念論的區別也只能被設定在這一點上，即那種主觀的合目的性要麼在第一種場合被認爲是作爲自然（或者藝術）的現實的（有意的）目的而與我們的判斷力協調一致，要麼在第二種場合被認爲就自然及其按照特殊法則所產生的那些形式而言，僅僅是與判斷力的需求的一種無目的地自行凸顯出來的、偶然凸顯出來的合目的之協調一致。

對於自然的審美合目的性的實在論，也就是人們要假定美者的產生在其產生原因中有它的一個理念，亦即一個有利於我們的想像力的目的被奠定爲基礎，有機自然王國中的種種美的形態是很爲它講話的。花卉、花朵，甚至整個植物的形象，一切物種的動物形態那種對它們自己的應用沒有必要，但對我們的鑑賞來說彷彿是挑選出來的秀麗；尤其是顏色的那種讓我們的眼睛如此愉悅的、富有魅力的多樣性和組合（在錦雉身上，在貝類動物、昆蟲，直到最普通的花卉身上），這些顏色由於它們僅僅涉及表面，而且即便在這表面上也根本不涉及這些造物的形體，而形體畢竟還是可能爲造物的內在目的所要求的，所以，它們似乎完全是以外在的觀賞爲目的的；這些都給假定自然爲了我們的審美判斷力而有現實目的的解釋方式，提供了重要的砝碼。

與此相反，不僅理性透過「任何地方都要盡一切可能防止不必要地增加原則」這個準則來對抗這種假定；而且，自然在它的各種自由形態中也到處顯示出如此之多的機械傾向，要產生一些看起來是爲我們的判斷力的審美應用而造就的形式，卻不提供絲毫根據讓人去猜測爲此還需要比它的機械作用、比單純自然更多的東西，來讓這些形式即使沒有任何作爲它們基礎的理念，也能夠對我們的評判來說是合目的的。但是，我把自然的一種自由形態理解爲這樣的形態，透過它，從靜止的液體中，由於它的一部分（有時僅僅是熱物質的一部分）的揮發或者分離，剩餘的東西就在固化時呈現出一種確定的性狀或者組織（形態或者結構），它們按照物質的種類差異而各不相同，但在同一種物質中卻是完全相同的。但這樣做的前提條件是，人們在任何時候都把一種眞正的液體理解爲什麼，亦即物質在它裡面完全溶解；也就是說，不能被視爲只是一些固體的和純然懸浮在裡面的部分的混合。

348

在這種情況下，這種形態就是透過結晶，亦即透過一種突然的固化形成的，不是透過一種從液體到固態的逐漸過渡，而是彷彿透過一種飛躍，這種過渡也被稱爲晶化。這種形態的最平常的例子就是正在結冰的水，在水裡面首先產生筆直的冰針，它們成六十度角拼接起來，此時別的冰針同樣附著在它們的每一個點上，直到一切都成了冰，以至於在這段時間裡這些冰針之間的水不是逐漸地黏稠，而是像它在溫度更高得多的時候會是的那樣完全是液體的，但卻完全具有冰的冷度。在固化的瞬間突然溢出的分離物質，就是可觀數量的熱材料，由於它是僅僅爲液態所需要的，它的離開就使現在這冰絲毫也不比留下此前不久在它裡面液體的水更冷。

許多鹽類，以及具有一種結晶形體的礦石，都同樣是從一種誰知道透過什麼樣的介質而溶解在水中的地質成分產生的。同樣，許多礦物，如正六面體的方鉛礦、紅金礦等諸如此類的東西，其晶簇狀的形態根據一切猜測也是在水中並透過各部分的結晶而形成的，透過它們由於某種原因而被迫脫離這種載體，並相互結合成爲一定的外部性狀。

但是，一切僅僅由於熱而是液態並由於冷而形成固態的物質，也在內部斷面上顯示出一定的結構，並讓人由此判斷，如果不是由於它們自己的重量或者與空氣的接觸而受阻的話，它們也會在外表具有自己種類特有的形狀的；人們在一些熔化後外表凝固了，但裡面還是液態的金屬上，透過抽出裡面還是液態的部分，讓裡面存留的其餘部分現在平靜地結晶，就可以觀察到這類情況。那些礦物結晶體中有許多，例如：晶石簇、玻璃頭、霰石，往往往顯出極美的形態，就像藝術永遠只能想像出它們那樣；而安提巴羅斯島洞穴中的靈光只不過是透過石膏岩層滲出的水的作品罷了。

液態的東西無論如何看，一般來說都比固態的東西更古老，無論是植物，還是動物的肉體，都是從液態的營養物質中形成的，只要這些物質平靜地獲得形式；當然，它們在這種營養物質中最初是按照某種原始的指向目的的素質（這種素質就像將在第二部分指出的那樣，必須不是在審美上，而是在目的論上按照實在論的原則來評判），但附帶地卻也許還是按照物質的親緣關係的普遍法則而結晶並自由地形成的。就像在本是不同的氣體成分的一種混合的大氣層中，被分解開來的水性液體在它們由於熱的離去而從大氣層中離析出來時就產生出雪的形體，它們根據當時空氣混合的不同而具有往往看起來非常藝術的和極美的形狀一樣，無須從評判有機化的目的論原則獲取某種東西，就完全可以設想：在涉及花卉、鳥羽、貝殼無論是就其形狀還是就其顏色而言的美時，這種美就可以被歸於自然及其能力，即它也能夠在自己的自由中，無須指向這種美的特別目的，按照化學法則透過有機化所需要的物質的沉積而在審美上合目的地形成。

但是，那直截了當地把自然的美者中合目的性的**理念**性原則，證明爲我們在審美判斷本身中任何時候都當作基礎的，而且不允許我們把自然對我們表象能力的某種目的之任何實在論用做解釋根據的東西，就是：我們在評判一般的美時是在我們自己裡面尋找美的先天準繩，而且審美判斷力就判斷某種東西是否美而言是自己立法的，這種情況在接受自然合目的性的實在論時就不可能發生，因爲我們在這時就會必須向自然學習我們應當認爲什麼是美的，而鑑賞判斷就會服從經驗性的原則了。而在這樣一種評判中，關鍵並不在於自然是什麼，或者還有什麼對我們來說是目的，而是在於我們如何接受它。假如自然是爲了我們的愉悅而形成了自己的形式，那麼，這就永遠會是自然的一種客觀的合目的性，而不是主觀的合目的性，後者乃是基於想像力在其自由中的遊戲，在這種遊戲中所有的是我們用以接受自然的那種好意，而不是自然向我們表示的好意。自然對於我們來說包含著機會，使我們在評判它的某些產品時，知覺到我們諸心靈力量的關係中有內在的合目的性，確切地說作爲這樣一種合目的性，它應當從一個超感性的根據出發被宣布爲必然的和普遍有效的，自然的這一特性不可能是自然目的，或者毋寧說被我們評判爲這樣一個目的，因爲若不然，由此而被規定的判斷就會是他律，而不是像一個鑑賞判斷應有的那樣是自由的並且以自律爲根據。

在美的藝術中，可以更清晰地認識到合目的性的理念論原則。因爲這裡不能由於感覺而接受合目的性的一種審美的實在論（那樣一來它就會不是美的藝術，而是適意的藝術）：這一點是它與美的自然共有的。然而，由審美理念而來的愉悅不必（作爲機械性蓄意的藝術）依賴於達到確定的目的，因而甚至在這原則的理性論中，作爲基礎的也是目的的觀念性，而不是其實在性：這一點，也由此而清晰可見，即美的藝術本身必須不被視爲知性和科學的產品，而是天才的產品，因而是透過與具有確定目的的理性理念本質不同的審美理念獲得其規則的。

351

正如作爲顯象的感官對象的理念性是解釋它們的形式能夠被先天地規定的唯一方式一樣，在對自然的美者和藝術的美者的評判中，合目的性的理念論也是前提條件，唯有在這個前提條件下，批判才能解釋一個先天地要求對每個人都有效（但並不把這種在客體上表現出來的合目的性建立在概念之上）的鑑賞判斷的可能性。

第五十九節　美作爲道德的象徵

要闡明我們的概念的實在性，永遠需要直觀。如果這是經驗性的概念，那麼，這些直觀就叫做**實例**。如果是那些純粹知性概念，那麼，這些直觀就被稱爲**圖形**。如果人們甚至要求，理性概念亦即理念的客觀實在性也得到闡明，確切地說是爲了對理念的理論知識，那麼，人們就是在欲求某種不可能的東西，因爲絕對不可能給出任何直觀與這些理念相適合。

一切**生動描繪**（展示，subjectio sub adspectum〔擺在眼前〕）作爲感性化都是雙重的：要麼是**圖形**的，此時知性所領會的一個概念被給予了相應的先天直觀；要麼是**象徵**的，此時唯有理性才能思維而沒有任何感性直觀能與之適合的一個概念被配上這樣一種直觀，借助於它，判斷力的處理方式僅僅類似於它在圖形化時所觀察到的東西，亦即僅僅按照這種處理方式的規則而不是按照直觀本身，從而僅僅按照反思的形式而不是按照內容與這種東西一致。

如果人們把「象徵的」這個詞與直覺的表象方式對立起來，那麼，這就是對這個詞的一種雖然被近代邏輯學家們接受了，但卻是意義顚倒了的、不正確的應用。因爲象徵的表象方式只不過是直覺的表象方式的一種罷了。也就是說，後者（直覺的表象方式）可以被劃分爲圖形的表象方式和象徵的表象方式。兩者都是生動描繪，亦即展示（exhibitiones）：不是純然的表徵，亦即透過伴隨的感性符號來標示概念，這些符號根本不包含任何屬於客體的直觀的東西，而是僅僅按照想像力的聯想律，因而在主觀的意圖中用做再生成的手段；這類東西要麼是語詞，要麼是可見的（代數的，甚至是表情的）符號，作爲概念的純然表述。③

因此，人們配給先天概念的一切直觀，都要麼是圖形，要麼是象徵，其中前者包含對概念的直接展示，後者包含對概念的間接展示。前者做這件事是以演證的方式，後者則是憑藉某種類比（人們也把經驗性直觀用於類比），在這種類比中判斷力完成了雙重的任務，首先是把概念運用於感性直觀的對象，其次是把純然對那種直觀的反思的規則運用於一個完全不同的對象，前一個對象只是這後一個對象的象徵。於是，一個君主制國家如果是按照內部的

352

③ 認識的直覺的東西必然與推理的東西（而不是與象徵的東西）相對立。前者要麼透過演證而是圖形的；要麼作爲按照一種純然類比的表象而是象徵的。

民族法律來統治的，就被透過一個賦有靈魂的身體來表現，如果是由一個個別的絕對意志來統治的，就被透過一個純然的機械（例如：一個手推磨）來表現，但在這兩個場合都只是被象徵地表現。因爲在一個專制國家和一個手推磨之間，雖然沒有任何類似性，但在對兩者及其因果性進行反思的規則之間卻有類似性。這一任務至今還很少被人辨析，儘管它是值得更深入地研究的；然而，這裡還不是逗留於此的地方。我們的語言充滿了這類按照一種類比進行的間接展示，由此表述所包含的就不是概念的眞正圖形，而僅僅是反思的一個象徵。這樣，**根據**（支撐、基礎）、**依賴**（由上面把持住）、從中流出（而不是跟隨）、**實體**（如洛克（Locke）所表述：偶性的承載者）這些語詞以及無數其他語詞，都不是圖形的，而是象徵的生動描繪，而且不是憑藉一個直接的直觀，而是僅僅按照與這直觀的類比，亦即按照對一個直觀對象的反思向一個完全不同的概念的轉換而對概念所作的表述，這個完全不同的概念也許永遠不可能有一個直觀直接相對應。如果人們已經可以把一種純然的表象方式稱爲知識的話（如果這表象方式並不是對於對象就它自身是什麼作出理論規定的原則，而是對於這對象的理念對我們以及對這理念的合目的應用來說應當成爲什麼作出實踐規定的原則，那麼，這樣稱謂就是完全允許的），那麼，我們關於上帝的一切知識就都只是象徵的；而誰把這知識連同知性、意志等這些唯有在塵世存在者身上才表明其客觀實在性的屬性當作圖形的，就將陷入神人同形同性論，就像如果他除去直覺的東西就將陷入理神論一樣，這樣一來就在任何地方，哪怕是在實踐的意圖上也認識不到任何東西。

現在我說：美者是道德上的善者的象徵；而且也唯有在這方面（在一種對每個他人都很自然，而且每個人都作爲義務而要求於別人的關係中），美者才讓人喜歡而提出每個他人都贊同的要求，此時心靈同時意識到自己的某種高貴化和對一種透過感官印象的愉快的純然感受性的超升。這就是前一節④指出過的鑑賞所眺望的理知的東西，因爲甚至我們的高級認識能力就是爲此而協調一致的，而沒有這種東西，在這些能力的本性之間與鑑賞所提出的要求相比所產生的就會全然是矛盾了。在這種能力中，判斷力並不認爲自己像通常在經驗性的評判中那樣服從經驗法則的一種他律：判斷力就一種如此純粹的愉悅的對象而言自己給自己立法，正如理性就欲求能力而言所做的那樣；而且它認爲自己既由於主體中的這種內在的可能性，又由於一個與此協調一致的自然的外在可能性，而與主體本身中和主體之外的某種既不是自然，也不是自由，但卻和自由的根據亦即超感性東西連結在一起的東西相關，在這超感性東西中理論能力與實踐能力以共同的和不爲人知的方式結合成統一體。我們要列舉這一類

---

④ 這個自我引用在第五十八節中（三五〇頁）只可能與「它應當從一個超感性的根據出發被宣布爲必然的和普遍有效的」這個從句相關。更有可能的是，康德在這個地方所想到的是他在第五十七節關於人性的超感性基底是解謎的唯一鑰匙所闡釋（參見三四〇至三四一頁），並在附釋一中更詳細地闡述的東西。據此，更準確的是：上上節。——科學院版編者注

比的幾個方面，同時也不應忽視它們的差異。

1.美者直接地讓人喜歡（但只是在反思性的直觀中，而不是像道德那樣在概念中）。2.它無須任何興趣而讓人喜歡（道德上的善者即使必然與某種興趣相結合，但卻不是與這樣一種先行於有關愉悅的判斷的興趣，而是與透過這判斷才引起的興趣相結合）。3.想像力（因而我們的能力的感性）的自由在對美者的評判中，被表現為與知性的合法則性相一致（在道德判斷中意志的自由，被設想為意志按照普遍的理性法則與自己本身的協調一致）。4.對美者的評判的主觀原則被表現為普遍的，亦即對每個人都有效的，但卻不是可以透過任何普遍的概念來認識的（道德性的客觀原則也被解釋為普遍的，亦即對一切主體、同時也對同一個主體的一切行動都是普遍的，但卻是可以透過一個普遍的概念來認識的）。因此，道德判斷不僅能夠有確定的建構性原則，而且唯有透過把準則建立在這些原則及其普遍性之上才是可能的。

對這種類比的考慮即便對平常的知性來說也是常見的；我們經常用一些看起來以一種道德評判為基礎的名稱，來稱謂自然或者藝術的美的對象。我們把建築或者樹木稱作雄偉的和壯麗的，或者把原野稱作歡笑的和快樂的；甚至顏色也被稱作貞潔的、謙虛的、溫柔的，因為它們所激起的那些感覺包含著某種與一種由道德判斷造成的心靈狀態的意識相類似的東西。鑑賞彷彿使從感官魅力到習慣性的道德興趣的過渡無須一個過於猛烈的飛躍就有可能，因為它把想像力即便在其自由中也表現為可以為了知性而被合目的地規定的，甚至在感官對象上也教人無須感官魅力而找到一種自由的愉悅。

第六十節　附錄：鑑賞的方法論

355 把一種批判先行於科學而劃分爲要素論和方法論，這不可以運用於鑑賞的批判，因爲沒有也不可能有美者的科學，而且鑑賞的判斷是不能透過原則來規定的。就每一種藝術中關涉其客體之展示中的**真實性**的科學成分而言，這種東西雖然是美的藝術的繞不開的條件（conditio sine qua non〔必不可少的條件〕），但卻不是美的藝術本身。因此，對於美的藝術來說，只有**風格**（modus）而沒有**教學方式**（methodus）。大師必須示範學生應當做什麼和應當怎麼做；他最終把自己的做法置於其下的那些普遍規則，與其說能夠用來把這種做法的主要因素頒布給學生，倒不如說是有機會就把這些因素置入記憶。但在這裡仍然必須考慮某種理想，它是藝術必須牢記的，即使它在實施中永遠不能完全達到它。唯有透過喚起學生的想像力去適合一個被給予的概念，透過覺察到由於理念是審美的、是概念本身達不到的，因而表述對於理念來說是不充分的，而且透過尖銳的批判，才能夠防止擺在他面前的那些榜樣馬上被他視爲原本和不屈從任何更高的規範和自己的評判的模仿典範，就這樣使天才，但與天才一起還使想像力本身在其合法則性之中的自由窒息，而沒有這種自由，任何美的藝術都是不可能的，甚至就連自己的一種正確的、評判美的藝術的鑑賞也是不可能的。

一切美的藝術的預科，就其著眼於美的藝術的最高程度的完善性而言，看起來都不在於規範，而是在於透過人們稱爲humaniora（人文學科）的預備知識來培養心靈力量，這也許是因爲人道一方面意味著普遍的同情感，另一方面意味著能夠最眞摯地和普遍地傳達自己的能力；這些屬性結合在一起就構成與人性相適合的社交性，透過它，人性就與動物性的局限區別開來。無論是這個時代還是各個民族，在它們裡面，一個民族因此構成一個持久的共同體的那種對有法則的社交的熱烈衝動，在與環繞著將自由（因而也將平等）與一種強制（更多的是出自義務的敬重和服從，而不是畏懼）結合起來這一艱巨任務的那些巨大困難進行搏鬥；這樣一個時代和這樣一個民族，首先就必須發明出將最有教養的部分的理念與較粗野的部分相互傳達的藝術，發明出前者的擴展和文雅化與後者的自然純樸和原創性的協調一致，並以這種方式發明出較高的教養和知足的天性之間的那種媒介，這種媒介即使對於作爲普遍的人類感覺的鑑賞來說，也構成了正確的、不能根據任何普遍的規則來陳述的尺度。

一個後來的時代很難使那些典範成爲多餘的，因爲它將越來越不接近自然，並且最終如果不具有自然的持久榜樣，就幾乎不可能做到爲自己形成這樣一個概念，即成功地把最高教養的有法則強制與感到這種教養的固有價值的自由本性之力量和正確性結合在這同一個民族中。

但是，既然鑑賞在根本上是道德理念的感性化（憑藉對兩者的某種類比）的評判能力，也從它裡面，從必須建立在它上面的對出自道德理念的情感（它就叫做道德情感）

的更大的感受性中，引出了鑑賞宣布爲對一般人性，不僅對每一種私人情感有效的那種愉快，所以很明顯，對於建立鑑賞來說的眞正預料就是發展道德理念和培養道德情感；因爲只有當感性與道德情感達到一致時，純正的鑑賞才能獲得一種確定的、不變的形式。

第二篇 目的論判斷力的批判

第六十一節　自然的客觀的合目的性

按照先驗的原則，人們有充分的根據來假定，自然在其特殊法則中，就對於人類判斷力 359
來說的可把握性和把特殊經驗連結在經驗的一個體系之中的可能性而言，有一種主觀的合目
的性；在這種情況下，這裡在自然的諸多產品中也就可以期待這樣一些產品是可能的，這些
產品好像眞正說來就是爲我們的判斷力擺出來的，包含著這樣一些與判斷力相適合的特殊形
式，這些形式透過其多樣性彷彿是有利於加強和維持各種心靈力量（這些力量在運用這種能
力時處在遊戲中），因而人們把它們冠以美的形式之名。

但是，說自然事物相互充當達到目的的手段，而且它們的可能性本身唯有透過這種方式
的因果性才能充分理解，對此，我們在作爲感官對象之總和的自然的普遍理念中，根本沒有
任何根據。因爲在上述場合裡，事物的表象由於是我們心中的某種東西，就完全也可以被先
天地設想爲與我們認識能力的內在合目的的相稱是適合、適宜的；但是，那些既不是我們
的、也不能歸之於自然（我們並不把自然假定爲理智的存在者）的目的，如何畢竟可以或者
應當構成一種特殊類型的因果性，至少是構成自然的一種完全獨特的合法則性，這卻是根本
不能用一些根據來先天地推測的。不過更有甚者，即便經驗也不能向我們證明這些目的的現
實性；這就必定有一種玄想走在前面，它只是把目的概念置入事物的本性，但卻不是從客體 360
及其經驗知識獲取這概念，因而更多的是用它來按照與我們心中表象之連結的一種主觀根據

的類比而使得自然可以理解，卻不是從客觀根據出發來認識自然。

此外，作爲自然事物的可能性之原則的客觀合目的性，離與自然的概念有必然的聯繫如此之遠，以至於客觀合目的性毋寧說恰恰是人們主要爲了由此證明它（自然）和它的形式的偶然性而援引的東西。因爲例如：如果人們援引一隻鳥的身體結構、它的骨頭中的空腔、它的雙翼對於運動的姿態和它的尾巴對於定向的姿態，如此等等，那麼人們就說：這一切按照自然中的純然（nexus effectivus〔效果的聯繫〕），而還不求助於一種特殊類型的因果性，亦即目的的因果性（nexus finalis〔目的的聯繫〕），就會是在最高程度上偶然的；也就是說，自然作爲純然的機械作用來看，能夠以上千種別的方式來形成自己，無須恰恰就遇上按照這樣一個原則的統一體，因此，人們唯有在自然的概念之外，而不是在自然的概念之中，才可以希望遇到這方面起碼的先天根據。

儘管如此，目的論的評判還是至少或然地有理由被用於自然研究的；但只是爲了按照與根據目的的因果性之類比而把它置於觀察和研究的原則之下，而不是自以爲能夠據此解釋它。因此，這種評判屬於反思性的判斷力，而不屬於規定性的判斷力。關於自然按照目的的結合和形式的概念，在按照自然的純然機械作用的因果性法則不夠用的地方，畢竟至少是多了一條原則來把自然的顯象置於規則之下。因爲我們引證一個目的論的根據，是在這樣的地方，即我們把就一個客體而言的因果性賦予關於客體的概念，就好像這種根據存在於自然裡面（不是存在於我們心中）似的，或者毋寧說，我們是按照這樣一種因果性（這類因果性是我們在自己心中發現的）的類比來想像對象的可能性的，因而是把自然設想成由於自己的能力而有技術的；與此相反，如果我們不把這樣一種作用方式賦予自然，那麼，自然的因果性就必定被表現爲盲目的機械作用。反之，假如我們給自然配上有意起作用的原因，因而給這種目的論奠定爲基礎的就不僅是一個範導性的原則，這原則純然是爲了評判顯象的，自然按照其特殊的法則可以被設想爲是服從這些顯象的，而且由此還有一個從自然的原因推導出它的產品來的建構性的原則；那麼，一個自然目的的概念就會不再隸屬反思性的判斷力，而是隸屬規定性的判斷力；但這樣一來，事實上它就根本不是屬於判斷力所特有的（就像美的概念作爲形式的主觀合目的性那樣），而是作爲理性概念在自然科學中引入了一種新的因果性，但這種因果性卻只是我們從我們自己那裡借來並賦予別的存在者的，儘管如此卻不想假定這些存在者與我們具有同樣性質。

361

第一卷

目的論判斷力的分析論

第六十二節　與質料的合目的性有別的純然形式的客觀合目的性

一切按照一個原則畫出的幾何圖形，本身都顯示出一種多樣化的、經常被人驚讚的客觀合目的性，亦即對於按照一個原則來解決許多問題，並且也許還以非常不同的方式來解決這些問題中的每一個的那種適用性。在這裡，合目的性顯然是客觀的和理智的，而不純然是主觀的和審美的。因為它表述了圖形對於產生許多引為目的的形狀的適合性，並且被理性所認識。不過，這種合目的性畢竟並不使關於對象本身的概念成為可能；也就是說，這概念並不只是考慮到這種應用而被視為可能的。

在一個像圓這樣簡單的圖形中，包含著解決一大批問題的根據，這些問題中的每一個自身都會要求有各種各樣的準備，而這種準備作為這個圖形的無限多的突出屬性之一就彷彿是自行產生的。例如：如果所說的是用已知的底邊和與它相對的角做一個三角形，那麼，這個題目就是不確定的；也就是說，它可以用無限多樣的方式來解答。然而，圓卻把它們全都包括在內，作為一切符合這一條件的三角形的幾何軌跡。或者，兩條線應當如此相交，使得一個線段的兩個部分產生的矩形與另一個線段的兩個部分產生的矩形相等，那麼，這個題目的解答看起來就具有許多困難。但是，一切在圓內部相交並受到該圓的圓周限制的線段，都是自行按照這個比例劃分的。其他曲線又提供出其他合目的的解答，這些解答在約定這些曲線的作圖的那個規則中是根本沒有想到的。一切圓錐曲線單獨來說和在相互的比較中，在解決一大批可能問題的原則上都是富有成果的，不論規定這些曲線的概念的那種解釋是多麼簡單。——看到古代幾何學家探究這一類線段的這些屬性的那種熱情，是一種眞正的快樂，他們沒有讓自己被狹隘的頭腦的問題，即這種知識究竟有什麼用，給搞糊塗；例如：對拋物線的知識，他們並不了解地球上的重力法則，這法則本來會爲他們提供出這知識在有重量的物體（這些物體在其運動中的重力方向可以被視爲平行的）的拋擲路線上的運用；或者對橢圓的知識，他們並未預見到即便在天體上也能夠發現一種重力，而且不了解重力在與吸引點距離不同時的法則，這法則使得這些天體描畫出這種自由運動的路線。在他們自己都沒有意識到他們在其中在爲後代工作時，他們卻對事物的本質中的一種合目的性而心曠神怡，這種合目的性畢竟是他們完全先天地在其必然性中展示的。柏拉圖（Plato）本人就是這門科學的大師，他曾因事物的這樣一種我們可以撇開一切經驗來揭示的原始性狀，因心靈能夠從存在者的超感性原則中來汲取這些存在者的和諧的能力（屬於此列的還有數目的那些讓心靈在音樂中以之遊戲的屬性）而歡欣鼓舞，這使他超越經驗概念提升到理念，而這些理念在他看來只能透過與一切存在者的起源的一種理智的共聯性來解釋。毫不奇怪，他曾把不懂幾何學的人趕出他的學園，因爲他想把阿那克薩哥拉（Anaxagoras）從經驗對象及其目的的連結中推論出來的東西，從純粹的、內在地寓於人類精神的直觀中推導出來。因爲合目的的東西，以及具有彷彿是有意爲我們的應用而如此設立，但儘管如此卻仍顯得應當原初地歸於事物的本質，而不考慮我們應用這樣的性狀的東西，在其必然性中恰恰就有對自然的巨大驚讚的根

364

據，這根據與其說是在我們之外，倒不如說是在我們自己的理性之中；在這方面完全可以原諒的是，這種驚讚由於誤解會逐漸地一直上升到狂熱。

但是，這種理智的合目的性雖然是客觀的（不像審美的合目的性那樣是主觀的），卻仍然完全可以按照其可能性被理解爲純然形式的（不是實在的）合目的性，亦即理解爲合目的性，卻畢竟不需要把一個目的奠定爲它的基礎，因而不需要目的論，但這種理解只是大體上的。圓形是一個由知性按照一個原則所規定的直觀，我任意假定並作爲概念奠定爲基礎的這個原則的統一性，在其運用於同樣只是作爲表象，確切地說先天地在我心中發現的一種直觀形式（空間）之上時，就使得許多從那個概念的作圖中產生出來的、在各種各樣的可能意圖中都合目的的規則可以理解了，無須還可以給這個合目的性配上一個目的或者某個別的根據。這裡的情況不同於我在我之外的事物的包括在某些界限之內的一個總和中，例如：在一個花園中，發現樹木、花壇、小徑等的秩序和合規則性時那樣，這種秩序和合目的性我並不能夠希望從我按照一條隨意的規則，而對一個空間的界限劃定推論出來；因爲這是實存的事物，它們爲了能夠被認識就必須被經驗性地給予出來，而不只是我心中的一個按照一條先天原則被規定的表象。因此，後一種（經驗性的）合目的性作爲實在的，依賴於一個目的的概念。

但是，就連對一種雖然是在事物（就它們的概念能夠被作圖而言）的本質中被知覺到的合目的性的驚讚，其根據也是可以很好地、確切地說合法地看出的。多樣化的規則的統一性

（出自一個原則）激起這種驚讚，這些規則全都是綜合的，而且不是從一個客體的概念，例如：圓的概念得出的，而是需要該客體在直觀中被給予。但是，這種統一性由此也獲得一種外表，就好像它經驗性地具有規則的一個與我們的表象能力不同的外部根據似的，因而就好像客體與知性對規則固有的需求的協調一致就自身而言是偶然的，因而只是透過一個明確針對這種一致的目的才是可能的似的。現在，雖然正是這種和諧，由於它儘管有所有這些合目的性，卻仍不是經驗性地，而是先天地被認識的，它就應當自行把我們帶到這一點上，即客體唯有透過空間的規定（憑藉想像力與一個概念相符合）才是可能的，這空間不是我們之外的事物的性狀，而只是我們心中的一種表象方式，因而我是把合目的性帶入我與一個概念相適合而畫出的圖形中，亦即帶入我自己關於從外面被給予我的不論就自身而言是什麼的東西的表象方式中，而不是從這東西中經驗性地就這個合目的性得到了教誨，因而為了那個合目的性，我不需要客體上在我之外的任何目的。但是，由於這種思考已經要求理性的一種批判應用，因而不可能馬上就一起包含在按照對象的屬性對它所作的評判中，所以這種評判直接給予我的，無非是諸異質規則（甚至按照它們就自身而言所具有的不同質的東西）在一個原則中的結合，這個原則並不為此要求一個先天地處在我的概念之外以及一般而言處在我的表象之外的特殊根據，但仍然被我先天地認做眞實的。現在，驚異是心靈對一個表象和透過它而被給予的規則與已經在心靈中作為基礎的那些原則的不一致性的一種抵觸，因而這種抵觸產生了一種懷疑，即人們是否看得正確或者判斷得正確；但是，驚讚卻是即使這種懷疑消失了也還總是出現的驚異。所以，後者是事物（顯象）的本質中那種被觀察到的合目的性的一種完全自然的作用，這種作用就此而言也無可指責，因爲感性直觀的那個（叫做空間的）形式與概念能力（知性）的一致不僅由於它恰好是這種一致而不是別的一致，而對我們來說是不可解釋的，而且除此之外對心靈來說還是擴展性的，彷彿還預見到超出那些感性表象的某種東西，在其中雖然我們不知道，但卻可能遇到那種一致的最終根據。儘管在僅僅涉及我們表象的形式的先天合目的性的時候，我們沒有必要去認識這種根據；但是，哪怕只是由於必須去眺望，對於迫使我們這樣做的那個對象來說，就同時產生出驚讚。

人們習慣於把幾何形狀以及數目的上述屬性，由於從其作圖的簡單性出發並沒有預期的它們對各種各樣的知識應用的那種先天合目的性，而稱爲美；例如：人們談到圓的這種或者那種美的屬性，它會以這種或者那種方式被揭示出來。然而，這不是我們藉以認爲它合目的的那種審美評判；不是在我們認識能力的自由遊戲中，使某種純然主觀的合目的性清晰可見的那種無須概念的評判；而是一種按照概念的理智評判，它使人清晰地認識到一種客觀的合目的性，亦即對各種各樣的（無限多樣化的）目的的適應性。與其說把它稱爲數學圖形的一種美，倒不如說必須把它稱爲一種相對的完善性。一種理智的美這個稱謂一般而言也不能有理由被允許，因爲若不然，美這個詞就必定會喪失一切確定的含義，或者理智的愉悅就必定會喪失對感性的愉悅的一切優越性。人們倒不如說可以把這樣一些屬性的演證稱爲美的，因爲透過這種演證，作爲概念能力的知性和作爲先天地展示這些概念的能力的想像力感到自已被加強了（這一點連同理性帶來的精確性，合在一起就被稱作演證的優美）；因爲在這裡，這種愉悅的根據雖然在概念中，但至少它是主觀的，而完善性所帶來的卻是一種客觀的愉悅。

第六十三節　自然與內在的合目的性有別的相對合目的性

經驗只是在必須對原因與結果的一種關係作出評判的時候①，才把我們的判斷力引導到一種客觀的和質料的合目的性的概念，亦即引導到一個自然目的的概念，而我們也只是由於我們把結果的理念作爲給其原因奠定基礎的，使其原因的因果性成爲可能的條件而配給其原因的因果性，才認爲自己有能力看出原因與結果的關係是有法則的。但是，這一點可能以兩種方式發生：要麼我們把結果直接視爲藝術產品，要麼只是視爲別的可能的自然存在者之藝術的材料，因而要麼視爲目的，要麼視爲其他原因的合目的的應用的手段。後一種合目的性叫做有用性（對人而言），或者也叫做有益性（對任何別的造物而言），是純然相對的，而

① 由於在純粹數學中並不談及事物的實存，而是僅僅談及其可能性，亦即一種與其概念相對應的直觀的可能性，因而根本不談及原因和結果。所以，所有在那裡被察覺的合目的性都必須僅僅被視爲形式的，而永遠不能被視爲自然目的。

前一種合目的性則是自然存在者的一種內在的合目的性。

例如：河流攜帶著各種各樣有利於植物生長的土壤，它們把這土壤有時沉積在陸地中部，也經常沉積在其入海口。漲潮在一些海岸邊帶著這泥沙漫過陸地，或者把它們沉積在陸地的岸邊；而尤其是當人們對此施以援手，以免退潮又將它們帶走時，肥沃的土地就增加了，在此前魚類和貝殼類動物曾棲身的地方，植物界就贏得了地盤。陸地以這種方式的擴展大多數是自然本身完成的，而且還在進行，雖然很緩慢。——現在問題是：這是否由於它包含著對人們的一種有用性，就應當被評判爲自然的一個目的；因爲對植物界的這種有用性，由於與此相反海洋造物被奪走的與陸地所增加的好處同樣多，人們就不能予以考慮。

或者，要舉一個某些自然事物作爲手段對其他造物（如果人們把它們預設爲目的）的有益性的例子，那麼，沒有任何土地比沙土更有利於雲杉的生長了。於是，古代的海洋在從陸地退走之前，在我們北方各地留下了如此之多的沙土帶，以至於在這種對於一切種植來說通常如此貧瘠的土地上，卻能夠冒出遼闊的雲杉林，由於不理智地砍光了它們，我們經常責怪自己的祖先；而這時人們就可以問：這種遠古的泥沙沉積是否曾有一個爲了在這上面可能有雲杉林的自然目的呢？這一點是清楚的：如果人們把雲杉林假定爲自然目的，那麼，人們就必須也承認那泥沙是目的，但只是相對的目的，爲此古代的海灘及其退走又是手段；因爲在一種目的連結的相互隸屬的各環節的系列中，每一個中間環節都必須被視爲目的（儘管恰恰不是終極目的），爲此它的最近的原因就是手段。同樣，一旦世界上要有牛、羊、馬等，地上就必須長出草來，但如果駱駝要繁衍起來，沙漠上就必須長出耐鹽鹼植物，或者，如果應當有狼、老虎和獅子的話，也必須能找到大批上述動物和其他食草動物。因此，建立在有益性之上的客觀合目的性不是事物自身的一種客觀合目的性，就好像泥沙單獨作爲從其原因亦即海洋而來的結果，不給海洋加上一個目的，不把結果亦即泥沙視爲藝術作品，就不能被理解似的。這種合目的性只是一種相對的、對它被賦予的那個事物本身來說只是偶然的合目的性；而且在上述例子中間，雖然草類獨自就可以被評判爲自然的有機產品，因而被評判爲富有藝術的，但在與以之爲生的動物的關係中，它們畢竟只是被視爲原材料。

但此外，當人透過自己的因果性的自由而發現自然事物有益於自己那些經常是愚蠢的意圖（五彩繽紛的鳥羽有益於他的衣服的裝飾，有顏色的土或者植物汁液有益於化妝），有時也是出自理性的意圖發現馬有益於乘騎，發現牛，甚至在梅諾卡發現驢和豬有益於耕地時，人們在這裡就連（在這種應用上的）一種相對的自然目的也不能假定了。因爲他的理性懂得給予事物以一種與他的任意念頭的協調一致，爲此他本人卻根本不是由自然註定的。只要人們假定人應當在大地上生活，那麼，他們作爲動物，甚至作爲有理性的動物（不論是在怎樣低的程度上）無之便不能生存的那些手段，至少就是必不可少的；但這樣一來，爲了這一點而不可缺少的那些自然事物，就會也必須被視爲自然目的了。

人們由此很容易看出，外在的合目的性（一個事物對其他事物的有益性）唯有在該事物或近或遠地對之有益的那個事物的實存獨自就是自然目的的條件下，才能被視爲一個外在的自然目的。但是，既然那一點從來也不是能夠透過純然的自然考察來澄清的，所以得出：相對的合目的性儘管以假說的方式對自然目的提出指示，卻仍然不給人以權利作出任何絕對的目的論判斷。

雪在嚴寒地區保護種子不被凍壞；它還（透過雪橇）便利人們的交通；拉普蘭人在那裡發現了促進這種交通的動物（馴鹿），牠們靠自己必須用蹄子從雪底下刨出來的一種乾枯的苔蘚就找到足夠的食物，卻仍然輕易地讓人馴服，自願被奪去牠們本來在其中能夠很好地保存自己的自由。對於同一個寒帶的其他民族來說，海洋含有豐富的動物資源，這些動物除了牠們所提供的食物和衣服，以及海上漂來彷彿是供他們建築房屋的木料之外，還為他們提供了燒熱他們的小屋的燃料。在這裡，於是就有如此之多的自然關係在一個目的上的一種值得驚讚的匯聚；而這個目的就是格陵蘭人、拉普蘭人、薩莫耶德人、雅庫特人等。但人們看不出來，一般而言人類為什麼必須生活在那裡。因此，如果說之所以空氣中的水蒸氣以雪的形式降落下來，海洋有洋流把在溫暖地區長成的木林沖到這裡，而且這裡有大型的富含油脂的海洋動物，乃是因為提供這一切自然產品的那個原因，以對某些可憐的造物有好處這個理念為根據，這就會是一個很魯莽的和很任意的判斷。因為即使所有這些自然有用性不存在，我們也絲毫不會覺得失去了自然原因對這種性狀的充分性；毋寧說，哪怕只是要求有這樣一種資質並強求自然有這樣一個目的（因為本來就只是人類相互之間極度的不相容，才可能使他們一直潰散到如此貧瘠的地區），都會使我們自己覺得是狂妄的和欠考慮的。

第六十四節　作爲自然目的的事物的特有性質

爲了看出一個事物唯有作爲目的才是可能的；也就是說，它的起源的因果性不是在自然的機械作用中，而是必須到一個由概念來規定其產生作用的能力的原因中去尋找，就要求該事物的形式不是按照純然的自然法則而可能的；也就是說，不是按照僅僅由我們透過知性在應用於感官對象上時能夠認識的那些法則而可能的；相反，甚至這形式根據其原因和結果的經驗性知識，也是以理性的概念爲前提條件的。由於理性哪怕只是要看出與一個自然產品的產生相連結的條件，也必須在該產品的每一個形式上認識其必然性，但卻仍然不能在那個被給予的形式上假定這種必然性，所以事物的形式不顧一切經驗性的自然法則而與理性相關的這種**偶然性**，本身就是如此假定自然產品的因果性的一個根據，就好像這因果性正因爲如此而唯有透過理性才是可能的似的；但是，這種因果性在這種情況下就是按照目的來行動的能力（一個意志）；而被表現爲唯有從這種能力出發才有可能的客體，就會唯有作爲目的才被表現爲可能的。

如果某人在一個在他看來無人居住的地方發覺在沙灘上畫有一個幾何圖形，也許是一個規則的六角形，那麼，他的反思在對該圖形形成一個概念時，就會借助於理性儘管模糊卻意識到這六角形的產生原則的統一性，並且就這樣按照理性而不會把沙灘、鄰近的海、風，或者還有他所認識的動物的足跡，或者任何別的無理性的原因，評判爲這樣一個形狀的可能性的根據；因爲與這樣一個唯有在理性中才有可能的概念巧合的偶然性將會顯得如此無限大，以至於正好就像爲此完全沒有任何自然法則，因而也沒有在純然機械地產生作用的自然中的任何原因，而是唯有關於這樣一個客體的概念，作爲唯有理性才能提出並將對象與之相比較的概念，才能包含著導致這樣一個結果的因果性似的，因而這因果性就絕對能夠被視爲目的，但不是自然目的；也就是說，它能夠被視爲藝術的產品（vestigium hominis video〔我看到人的痕跡〕）。

但是，爲了把人們認做自然產品的某種東西儘管如此畢竟也評判爲目的，因而評判爲自然目的，假如其中絕不存在任何矛盾的話，那麼，這就已經有更多要求了。我會暫時這樣說：如果一個事物自己是自己的原因和結果（儘管是在雙重的意義上），那麼，它就是作爲自然目的而實存的；因爲這裡有一種因果性，這類因果性如果不給它配上一個目的，就不可能被與一個自然的純然概念結合起來，但這樣一來它雖然能夠被無矛盾地設想，但卻不能被理解。我們在澈底分析關於自然目的的這個理念的規定之前，想先透過一個例子來闡明它。

第一，一棵樹按照已知的自然法則生出另一棵樹。但是，它生出的這棵樹是同一個類的；這樣，按照類來說它是自己產生出自己，它在這類中一方面是作爲結果，另一方面是作爲原因，不斷地自己被自己生產出來，同樣又經常自己生產出自己，而作爲類持久地保持著自己。

第二，一棵樹甚至作爲個體也產生自己。這種作用我們雖然只是稱之爲生長；但這種生長卻必須在這樣的意義上來說，即它與任何其他按照機械法則的量的增加完全不同，必須被認爲與生殖相同，儘管名稱不同。它給自己添加的物質，這植物事先將之加工成類所特有的質，這種質是在它之外的機械作用所不能提供的，而且它是借助於這樣一種材料來進一步發展自己的，這種材料就其配製而言是它自己的產品。因爲即使就它從外在於它的自然獲得的成分而言，這種材料必須僅僅被視爲離析物，但在這種原材料的分離和新組合中，畢竟可以發現這類自然存在者的分離能力和形成能力的這樣一種原創性，以至於一切藝術離它都還是無限遙遠，如果這藝術試圖用透過分解它們所獲得的元素，或者還用自然提供給它們作營養的材料再重新製造出植物界的那些產品的話。

第三，這個造物的一個部分也這樣自己產生自己，以至於一個部分的保持交互地依賴於別的部分的保持。把一種樹上的芽眼插接到另一種樹的細枝上，就在一個異質的根株上產生出一個屬於它自己種類的植物，嫁接到另一樹幹上的樹枝亦是如此。因此，人們也可以在同一棵樹上把每一個細枝或者樹葉都視爲只是被嫁接或者芽接到這棵樹上的，因而看做一棵獨自存在的樹，它只是附著和寄生在另一棵樹上。同時，這些樹葉雖然都是這棵樹的產品，但也反過來維持著這棵樹；因爲一再落葉就會使樹死去，而樹的生長則依賴於樹葉對樹幹的作用。自然在這些造物中當受到傷害時的自我保護，即當維持相鄰部分所需要的一個部分缺乏時由其餘部分來補足，以及在生長中的那些畸變和畸形，即某些部分由於出現缺乏或者阻礙而以全新的方式形成自己，以便維持現有的東西而產生出一個不正常的造物來，這些我在這裡只想順便提到，儘管它們屬於有機造物的那些最奇妙的屬性。

第六十五節　作爲自然目的的事物就是有機存在者

按照上一節所引證的特徵，一個應當作爲自然產品，但同時又只是作爲自然目的才可能被認識的事物，必須自己與自己的交互關係就是原因和結果，這是一種有些不眞切和不確定的表述，它需要從一個確定的概念作出某種推導。

因果結合就其只是透過知性被思維而言，就是一種構成（原因和結果的）一個不斷下降的序列的連結；而那些作爲結果的事物是以另一些作爲原因的事物爲前提條件的，它們不能反過來同時是後一些事物的原因。人們把這種因果結合稱爲作用因的結合（nexus effectivus〔效果的聯繫〕）。但與此相反，畢竟也可以設想一種按照（關於目的的）理性概念的因果結合，這種因果結合當人們把它視爲序列時，會既帶有一種下降的，也帶有一種上溯的依賴性，在其中一度被標明爲結果的事物，仍然上溯而理應得到它是其結果的那個事物的一個原因的稱號。在實踐（亦即藝術）中，人們很容易發現這類連結，例如：房子雖然是爲出租而收入的金錢的原因，但畢竟反過來，這一可能的收入的表象也曾是建造這棟房子的原因。這樣一種因果連結就被稱爲終極因的因果連結（nexus finalis〔目的的聯繫〕）。

人們也許可以更恰當地把前者稱爲實在原因的連結，把後者稱爲理想原因的連結，因爲在這樣稱謂時就理解到，不可能有多於這兩種類型的因果性了。

對於一個作爲自然目的的事物來說，首先就要求：各個部分（按照其存在和形式）唯有透過其與整體的關係才是可能的。因爲事物本身是一個目的，因而是在一個概念或者一個理念之下被把握的，這理念必須先天地規定應當包含在該事物之中的一切。但是，如果一個事物只是以這種方式被設想爲可能的，那麼，它就僅僅是一個藝術作品；也就是說，是一個與它的質料（各個部分）有別的理性原因的產品，這個理性原因的因果性（在造成和結合各部分時）是透過一個關於由此而可能的整體的理念（因此不是透過該事物之外的自然）來規定的。

但是，如果一個事物作爲自然產品在自身中以及在其內在的可能性中畢竟包含著與目的的一種關係；也就是說，僅僅作爲自然目的而無須它之外的理性存在者的概念的因果性就是可能的，那麼，其次就要求：它的各個部分由於相互交替地是其形式的原因和結果，而結合成爲一個整體的統一體。因爲只有以這樣的方式，整體的理念反過來（交替地）又規定所有部分的形式和結合才是可能的，不是作爲原因——因爲那樣的話它就會是一個藝術產品——，而是作爲對於作評判的人來說認識那包含在被給予的質料中的一切雜多的形式和結合之系統統一的根據。

因此，對於一個就自身而言並按照其內在可能性應當被評判爲自然目的的物體來說，就要求它的各個部分在其形式以及結合上全都交替地產生，並這樣從其因果性中產生出一個整體，這整體的概念反過來（在一個根據概念具有與這樣一個產品相適合的因果性的存在者中）按照一個原則而是該物體的原因，因而作用因的連結就能夠同時被評判爲由終極因而來的結果了。

在這樣一個自然產品中，每一個部分，就像它唯有透過其餘一切部分才存在一樣，也被設想成為了其他部分以及整體而實存的，也就是被設想成工具（器官），但這是不夠的（因爲它也可以是藝術的工具，這樣就只是作爲一般而言的目的被表現爲可能的）；而是作爲一個產生其他各部分（因而每一部分都交替產生別的部分）的器官，這類器官不可能是藝術的工具，而只能是爲工具（甚至爲藝術的工具）提供一切材料的自然的工具，而只有這樣，並且因爲這一點，這樣一個產品作爲有機的和自己使自己有機化的存在者，才能被稱爲一個自然目的。

在一塊表裡，一個部分是其他部分的運動工具，但不是說一個齒輪就是產生另一個齒輪的作用因；一個部分雖然是爲了另一個部分的，但卻不是透過另一個部分而存在的。因此，這些部分及其形式的產生原因也不包含在自然（這種物質）之中，而是在自然之外包含在一個能夠按照透過自己的因果性而可能的整體的理念來產生作用的存在者之中。因此，在這塊表中也不是一個齒輪產生另一個齒輪，更不是一塊表產生其他表，以至於它爲此利用別的物質（使它有機化）；所以，它也不自行補上從它那裡偷走的部分，或者透過其他部分的加入來補償它最初形成時的缺陷，或者當它陷入無序時自己修復自己，與此相反，這一切我們都可以期待於有機的自然。——因此，一個有機的存在者不只是機器，因爲機器僅僅具有運動的力量；相反，有機的存在者在自身中具有形成的力量，確切地說是這樣一種力量，它把這種力量傳遞給那些不具有這種力量的物質（使它們有機化），因此，這是一種自己繁衍的形成力量，它是不能僅僅透過運動能力（機械作用）來解釋的。

如果把自然在有機產品中的能力稱爲藝術的類似物，那麼，關於自然和它的這種能力，人們所說的就太少了；因爲那樣的話，人們所想的是自然之外的藝術家（一個有理性的存在者）。毋寧說，自然自己使自己有機化，並且在它的有機產品的每個物種中使自己有機化，雖然在整體上是按照同樣的範本，但畢竟也有適當的偏離，這種偏離是自我保存根據情況所要求的。如果把它稱爲生命的類似物，也許就更貼近這種無法探究的屬性了，但這時，人們就必須要麼把一種與物質的本質相衝突的屬性賦予作爲純然質料的物質（物活論），要麼就給它加上一個與它處於共聯性之中的異質原則（一個靈魂）；但爲此，如果這樣一個產品應當是一個自然產品，人們就要麼已經把有機物質預設爲那個靈魂的工具，因而絲毫也沒有使有機物質更可以理解，要麼不得不使靈魂成爲這個建築的藝術家，並這樣把該產品從自然（有形體的自然）中剔除。所以嚴格說來，自然的有機化並不具有與我們所了解的某種因果性相類似的東西。②自然的美由於只是與關於對象的外部直觀的反思相關，因而只是因爲表面的形式才被賦予對象，所以可以有理由被稱爲藝術的類似物。但是，自然的內在完善性，就像那些唯有作爲自然目的才可能，因而叫做有機存在者的事物具有它那樣，卻是不能按照某種我們已知的物理能力，亦即自然能力的類比來思考和解釋的，甚至，由於我們自己在最寬泛的理解中也屬於自然，所以就連透過與人類藝術的一種嚴格適合的類比來思考和解釋也不行。

所以一個事物，作爲就自身而言的自然目的，其概念並不是知性或者理性的任何建構性概念，但畢竟能夠是一個對反思性判斷力來說的範導性概念，按照與我們根據一般目的的因果性的一種遠距離類比來指導對這一類對象的研究並思考它們的至上根據；雖然，這後一點不是爲了認識自然或者自然的那個初始根據，而毋寧說是爲了認識我們心中這種實踐的理性能力，我們就是憑藉這種能力來在類比中觀察那種合目的性的原因的。

② 反過來，人們可以透過與上述直接的自然目的的一種類比來說明某種在理念中比在現實中還更多遇到的結合。這樣，人們在近代從事一項澈底的改造，即把一個偉大的民族改造成一個國家時，就很恰當地頻繁把有機化這個詞用於建立市政機構等乃至於整個國體。因爲在這樣一個整體中，每個成員當然都應當不僅是手段，而且同時是目的，並透過參與促成這個整體的可能性，又是按照自己的地位和職能而由整體的理念所規定的。

376 因此，有機的存在者是自然中唯一在人們即便單獨地、無須與其他事物的關係來看它們時也畢竟必須唯有作爲自然的目的才可能被設想的存在者，因此，它們首先使一個並非實踐目的，而是自然目的的目的之概念獲得客觀實在性，並由此爲自然科學取得一種目的論，亦即按照一個特殊的原則評判其客體的一種方式的根據，這類東西通常是絕對沒有理由引入到自然科學中去的（因爲人們根本不能先天地看出這樣一類因果性的可能性）。

第六十六節　評判有機存在者中的內在合目的性的原則

評判的這個原則，同時亦是它的定義，就叫做：**自然的一個有機產品就是在其中一切都是目的，並且交互地也是手段的那種產品**。在它裡面，沒有任何東西是白費的、無目的的，或者應歸於一種盲目的自然機械作用的。

這個原則雖然就其起因來說可以從經驗中推導出來，也就是從按照一定方法來安排並叫做觀察的那種經驗中推導出來；但由於它關於這樣一種合目的性所說的普遍性和必然性，它就不能是僅僅基於經驗的，而是必須以某個先天原則爲基礎，哪怕這個原則僅僅是範導性的，而且那些目的僅僅存在於評判者的理念中，而絕不存在於一個作用因中。因此，人們可以把上述原則稱爲評判有機存在者的內在合目的性的準則。

眾所周知，植物和動物的解剖學家們爲了研究它們的結構並能夠看出那些根據，即這樣一些部分是爲什麼以及爲了什麼目的被給予它們的，這些部分的這樣一種狀況和結合以及恰好這種內部形式是爲什麼被給予它們的，就把「在這樣一個造物中沒有任何東西是白費的」那個準則假定爲不可回避地必要的，並使它與「沒有任何東西是偶然發生的」這個一般自然學說的原理同樣生效。事實上，他們同樣也不可能表示放棄這個目的論原理，就像他們不可能表示放棄一般的物理學原理一樣，因爲如同離開了後者就根本不會有任何一般而言的經驗存留下來一樣，離開了前一個原理就不會有任何對我們一度以目的論的方式在自然目的的概念下思考過的某一類自然事物進行觀察的導線存留下來。

因爲這個概念把理性引進了事物的一種秩序，這種秩序與自然的一種在這裡不再能滿足我們的純然機械作用的秩序完全不同。一個理念應當是這種自然產品的可能性的基礎。但是，由於這個理念是表象的一種絕對的統一性，相反質料則是事物的一種複多性，這種複多性不能獨自提供出複合的任何確定的統一性，所以，如果理念的那種統一性甚至應當用做複合物的這樣一種形式之因果性的一種自然法則的先天規定根據，那麼，自然的目的就必須涉及包含在它的產品中的一切東西。因爲一旦我們使這類結果在整體上與一個超出自然的盲目機械作用的超感性規定根據聯繫起來，我們就必須也完全按照這個原則來評判這類結果；而在這裡沒有任何理由來把這樣一個事物的形式，還部分地假定爲依賴於盲目的機械作用的，因爲那樣一來，就會由於不同性質的原則的混雜而根本沒有任何可靠的評判原則存留下來。

固然，例如：在動物的軀體中，有些部分作爲凝結物（如皮膚、骨頭、頭髮）是可以按照純然機械的法則來理解的。然而，搞到適合於此的質料、更改這質料、將它塑形並沉積在它應有的位置上的那個原因，卻必須始終以目的論的方式來評判，以至於在這個軀體中的一切都必須被視爲有機的，而一切也都在與事物本身的某種關係中又是器官。

第六十七節　把一般而言的自然在目的論上評判爲目的的系統的原則

我們上面關於自然事物的外在合目的性曾經說過：它並不提供充分的理由，讓人把它同時作爲自然的目的用做這些自然事物的存在的解釋根據，並把它們的偶然合目的的結果在理念中按照終極因的原則用做它們的存在的根據。於是，人們不能由於河流促進陸地內部各民族之間的來往，由於山脈蘊涵著這些河流的源泉並爲了在無雨季節維持這些河流而蘊涵著積雪，同樣由於陸地的斜坡讓這些積水流走並使陸地變得乾燥，就立刻把它們視爲自然目的，因爲雖然地球表面的這種形態對於產生和維持動物界和植物界是非常必要的，但它就自身而言，畢竟不具有任何東西讓人們發現自己不得不爲其可能性而假定一種根據目的的因果性。同樣這也適用於人用於自己的生計所需和賞心悅目的植物；適用於人如此多方面地部分用於自己的食物、部分用於爲自己服役，而且大多數情況下根本不可缺少的動物，如駱駝、牛、馬、狗等。這些事物中沒有一種讓人們有理由將之獨自視爲目的，關於它們，外部關係只能被以假說的方式評判爲合目的的。

由於一個事物的內在形式而把它評判爲自然目的，這與把該事物的實存視爲自然目的是完全不同的事情。對於後一種斷言來說，我們不僅需要關於一個可能的目的的概念，而且需要對於自然的終極目的（scopus〔目的〕）的知識，而這又需要自然與某種超感性的東西的一種關係，這種關係遠遠超出了我們的一切目的論的自然知識；因爲自然本身實存的目的必須超出自然之外去尋找。僅僅一根草莖的內部形式就能夠充分證明它那對於我們人類的評判能力來說，唯有按照目的的規則才可能的起源。但是，如果人們撇開這一點，而僅僅著眼於別的自然存在者對它的利用，因而放棄對內部組織的考察而只著眼於外部的合目的的關係，就像草莖對於牲畜來說，牲畜對於人來說都是作爲手段而爲後者的生存所必需那樣，而且人們看不出究竟爲什麼人類的生存就是必要的（如果人們例如想到新荷蘭人和火地島人，這一點就可能不是那麼容易回答了），那麼，人們就達不到任何絕對的目的，而是所有這些合目的的關係都建立在一個總是必須繼續推出去的條件之上，這條件作爲無條件的（一個作爲終極目的的事物的存在），完全處在自然目的論的世界考察之外。但這樣一來，一個這樣的事物也就不是自然目的；因爲它（或者它的整個類）不能被視爲自然產品。

因此，這就只有物質了，只要物質是有機的，這樣的物質必然帶有關於它是一個自然目的的概念，因爲它的這種特殊形式同時是自然的產品。但是，這個概念必然導致全部自然是一個按照目的的規則的系統的理念，於是自然按照理性的諸原則的所有機械作用都（至少爲了在這上面拿自然顯象作嘗試）必須服從這個理念。理性的原則作爲只是主觀的，亦即作爲準則而隸屬這個理念：世界上的一切都爲了某種東西是好的；沒有任何東西在世界上是白費的；而且人們憑藉自然在它的有機產品上提供的例子，有理由，甚至有職責從自然及其法則那裡僅僅期待在整體上合目的的東西。

不言而喻，這不是一條對於規定性的判斷力的原則，而只是一條對於反思性的判斷力的原則，它是範導性的而不是建構性的，而且我們由此只是獲得了一條導線，在與一個已經被給予的規定根據的關係中，按照一個新的有法則的秩序來觀察自然事物，並按照另一條原則，亦即終極因的原則來擴展自然知識，而不損害它們因果性的機械作用的原則。此外，由此絕對沒有澄清，任何一個我們按照這一原則來評判的某物是否有意地是自然目的：草是否爲了牛或者羊而存在，而牛或者羊以及其他自然事物是否爲了人而存在。好的做法是，即便是讓我們討厭和在特殊的關係中違背目的的東西，也從這一方面來考察。於是，例如：人們可以說：在人們的衣服裡、頭髮裡或者床上折磨著他們的寄生蟲，按照一種睿智的自然安排乃是對清潔的一種推動，而清潔獨自就已經是保持健康的一個重要的手段。或者，使美洲的荒野對野蠻人來說如此難以忍受的蚊蟲和其他叮人的昆蟲，對於這些成長著的人類來說等於是能動性的激勵，以便排引沼地，使密不透風的森林透光，並由此以及透過擴展耕地同時使自己的居住地更有益於健康。甚至在人的內部組織中在人看來違背自然的東西，如果以這種方式來對待，也提供了一種有趣的，有時也有教益的對事物的一種目的論秩序的展

380

望，沒有這樣一個原則，僅僅純然物理學的考察是不會把我們引向這種展望的。就像一些人把寄居在人或者動物身上的條蟲，判斷成彷彿爲補償其生命器官的某種缺陷而被給予人或者動物的那樣，我要問的是：夢（沒有夢就根本沒有睡眠，儘管人們很少回憶起它們）是否會是自然的一種合目的的安排；也就是說，因爲它們在一切肉體的運動力量都放鬆時，有助於憑藉想像力及其大肆活動（這種活動在這種狀態中大多一直上升到激情）而最內在地推動生命器官；就像在越是吃得太飽而需要這種運動時，想像力在夜間睡眠時通常也越是活潑地遊戲；因而，沒有這種內在運動的力量和我們抱怨於夢的令人疲倦的不安寧（實際上夢也許倒是恢復的手段），睡眠本身在健康狀態中就會根本是生命的一種完全泯滅。

一旦透過有機存在者提供給我們的自然目的對自然所作的目的論評判，使我們有理由得出一個巨大的自然目的系統的理念，就連自然的美，亦即自然與我們的認識能力在把握和評判它的顯象時的自由遊戲的協調一致，也能夠以這種方式被視爲自然在其整體中的客觀合目的性，視爲人在其中是一個環節的系統。我們可以把這看做自然爲了我們而具有的一種好意③，

③在審美部分裡曾說過：由於我們在自然的形式上感到一種完全自由的（無興趣的）愉悅，我們用好意來看待美的自然。因爲在這個純然的鑑賞判斷中，根本沒有考慮這種自然美是爲了審美目的而實存的，是爲了喚起我們的一種愉快，還是與我們毫無關係而作爲目的。但在一個目的論判斷中，我們也注意到了這種關係；而且在這裡，我們可以把這視為自然的好意，即自然要透過列舉如此多的美的形態來促進我們的文化。

即它除了有用的東西之外還如此豐盛地廣施美和魅力，因此我們熱愛自然，就像由於它廣袤無邊而以敬重來觀賞它，並在這種觀賞中感到我們自己也高尙起來一樣，這恰恰就好像自然本來就完全是在這種意圖中搭建，並裝飾自己壯麗的舞臺似的。

我們在這一節中想要說的無非是，一旦我們在自然身上揭示出了產生唯有按照終極因概念才能被我們所設想的產品的能力，我們就可以繼續前進，把那樣一些產品仍然評判爲屬於一個目的系統的，即使它們（或者它們的雖然合目的的關係）恰恰使得超出盲目產生作用的原因的機械作用而爲它們的可能性找出另一個原則成爲不必要的，因爲前面那個理念已經就它們的根據而言引導我們超出了感官世界；這樣一來，超感性原則的統一性必須被視爲不僅對自然存在者的某些物種有效，而且以同一種方式對作爲系統的整體有效。

第六十八節　目的論原則作爲自然科學的內在原則

一門科學的原則對這門科學來說要麼是內部的，並被稱爲本土的（principia domestica〔本土的原則〕），要麼它們是基於只能在這門科學外面找到位置的概念的，是外來的原則（peregrina〔異鄉的〕）。包含著後面這些原則的科學以外來命題（前提）作爲自己的學說的基礎；也就是說，它們從另外一門科學借來一個概念，連同借來一個作安排的根據。

任何一門科學都獨自是一個系統；而且在這門科學裡面按照原則來建構並作技術上的處

理，這是不夠的，人們必須把它當作一個獨自存在的建築，在它裡面也按照建築術來從事工作，不是像對待一個附屬建築那樣把它當作另一座建築的一個部分來對待，而是把它當作一個獨自的整體來對待，儘管人們事後可以建立從這座建築到那座建築的一種過渡或者交互的過渡。

因此，如果人們爲了自然科學而在它的關聯中引進來上帝的概念，以便使自然中的合目的性得到解釋，然後又利用這種合目的性，以便證明有一個上帝存在，那麼，在這兩門科學的任何一門中，都沒有內在的持久性；而一種矇騙人的循環論證將使每一門都不可靠，因爲它們讓自己的界限相互攪混了。

一個自然目的這個表述已經足以預防這種混亂，以免把自然科學以及它爲了對自己的對象作目的論的評判而提供的理由與對上帝的沉思，因而與一種神學的推導相混淆；而且人們切不可把這看做無關緊要的，即人們是否把那個表述與自然秩序中一個屬神的目的的表述混爲一談，或者乾脆把後一種表述冒充爲更得當、更適合於一個虔誠的靈魂的，因爲畢竟最終不得不達到從一個睿智的世界創造者推導出自然中的那些合目的的形式的地步；相反，人們必須小心謹慎地把自己限制在這個只表達出我們所知道的這麼多的表述上，亦即一個自然目的這個表述上。因爲在我們還追問自然本身的原因之前，我們就在自然及其產生的進程中發現了這樣一些產品，它們按照已知的經驗法則在自然中被產生出來，自然科學必須按照這些經驗法則來評判自己的對象，因而也必須按照自然本身中的目的規則去尋找它們的因果性。因此，自然科學切不可跳越自己的界限，要把根本不可能有任何經驗與其概念相適合，而且人們唯有在自然科學完成之後才有資格斗膽說出的東西，當作本土的原則納入到自身裡面。

可以先天地予以演證，因而在其可能性上無須任何經驗的加入就可以從普遍的原則看出的那些自然性狀，儘管帶有一種技術的合目的性，仍然由於它們是絕對必然的，而根本不能被歸爲自然的目的論，後者是一種隸屬於物理學的解決物理學問題的方法。因此，算術的、幾何學的類比，同樣還有普遍的機械法則，不論在它們身上把各不相同的、外表看來完全互不依賴的規則結合在一個原則中，這在我們看來要有多麼令人詫異和值得驚讚，也不包含要當物理學中的目的論解釋根據的要求；而且即使它們值得在一般自然事物的合目的性的普遍理論中被一起納入考察，這種理論卻畢竟會隸屬於別的地方，亦即隸屬於形而上學，而不會構成自然科學的任何內在原則，就像憑藉有機存在者身上的自然目的的經驗性法則，不僅允許而且也不可避免地要把目的論的評判方式用做自然學說在其一個特殊類別的對象方面的原則一樣。

於是，物理學爲了嚴守自己的界限，就完全撇開了自然目的是有意如此還是無意如此這個問題；因爲那會是干涉一件異己的事務（亦即形而上學的事務）。存在著一些唯有按照我們僅僅在作爲原則的目的理念之下才能設想的自然法則才可解釋的，並且唯有以這種方式才在其內在形式上哪怕只是內在地可認識的對象，這就夠了。因此，爲了不使自己有絲毫僭妄的嫌疑，就好像人們想把某種根本不屬於物理學的東西，亦即一種超自然的原因混雜在我們的認識根據中間似的；人們在目的論中就雖然談到自然，好像在它裡面的合目的性是有意的似的，但畢竟同時是這樣談論的，即人們是把這種意圖賦予了自然，亦即賦予了物質；由此人們（由於對此不可能發生任何誤解，因爲就自身而言就已經不會有人把意圖在該詞本來的含義上賦予一個無生命的材料）想指出的是，這個詞在這裡指的只是一條反思性判斷力的原則，而不是一條規定性判斷力的原則，因而不應當引入因果性的任何特殊根據，而只是給理性的應用再附加上一種不同於按照機械法則的研究方式，以便補充後者本身在經驗性地探究自然的一切特殊法則方面的不足。因此，人們在目的論中，就其被引向物理學而言，完全有理由談論自然的智慧、節約、遠慮、仁慈，並不因此就使自然成爲一個有理智的存在者（因爲這就會是荒唐的）；但也並不敢打算把另一個有理智的存在者作爲一個建築師置於自然之上，因爲這就會是狂妄的④，而只是要由此按照與我們在理性的技術應用中的因果性的

④ 狂妄的這個德語詞是一個很好的、含義豐富的詞。人們作出一個判斷時忘記估計其（知性的）力量的尺度，該判斷有時可能聽起來很謙卑，而畢竟提出了很高的要求，畢竟是很狂妄的。大多數人們藉口用來頌揚神的智慧的判斷都是這一類的，因爲人們在創造和保持的工作中把意圖賦予了神的智慧，而這些意圖眞正說來應當是給玄想家自己的智慧帶來榮耀。

類比來描繪一種自然的因果性，以便牢記必須據以探究某些自然產品的規則。

但是，爲什麼目的論通常畢竟並不構成理論自然科學的任何特別部分，而是被作爲預科或者過渡而引向神學呢？這種情況之所以發生，乃是爲了使按照自然的機械作用對自然的研究堅守我們能夠使其如此經受我們的觀察或者實驗，以至於我們能夠像自然那樣至少根據法則的相似性自己產生出來的東西；因爲人們完全看出的，只是人們能夠按照概念自己製作和實現的東西。但是，作爲自然的內在目的的有機化，無限地超過了透過藝術來作一種類似展示的一切能力，至於外部的被視爲合目的的自然安排（例如：風、雨等諸如此類的東西），物理學也許考察它們的機械作用；但它們與目的的關係，就這關係應當是一個必然屬於原因的條件而言，物理學根本不能予以展示，因爲連結的這種必然性所涉及的完全是我們的概念的結合，而不是事物的性狀。

384

第二卷

目的論判斷力的辯證論

第六十九節　什麼是判斷力的二論背反

規定性的判斷力獨自並不具有確立關於客體的概念的原則；它不是什麼自律；因爲它僅僅在作爲原則而被給予的法則或者概念之下進行歸攝。正因爲如此，它也不蒙受它自己的二論背反的危險和它的諸原則的衝突。這樣，包含著在諸範疇之下進行歸攝的那些條件的先驗判斷力，就獨自來說並不是立法的；而是僅僅列舉了感性直觀的那些條件，在這些條件下，一個被給予的概念作爲知性的法則能夠被賦予實在性（應用）：在這一點上，規定性的判斷力永遠不可能與自身陷入不一致（至少在原則上）。

然而，反思性的判斷力卻應當在一個尚未被給予的，因而事實上只是對於對象作反思的一條原則的法則下進行歸攝，對於這些對象，我們在客觀上完全缺乏一個法則，或者缺乏一個足以充當出現的種種情況的原則的客體概念。既然沒有原則就不允許認識能力的任何運用，所以反思性的判斷力在這樣一些情況下就必須充當它自己的原則；這原則由於並不是客觀的，也不能奠定客體的任何對這種意圖來說充足的認識根據，所以只應當用做認識能力的合目的的應用的主觀原則，亦即對某一類對象進行反思的主觀原則。因此，與這樣一些情況相關，反思性的判斷力有自己的準則，確切地說是爲了認識經驗中的自然法則所必要的準則，以便憑藉這些準則來達到概念，哪怕這些概念應當是理性概念；如果反思性的判斷力僅僅爲了按照自然的經驗性法則來認識自然就絕對需要這些概念的話。——在反思性的判斷力的這些必要的準則之間，就有可能發生一種衝突，因而發生一種二論背反，在它之上就建立起一種辯證論，當兩個相互衝突的準則中的每一個都在認識能力的本性中有自己的根據時，這種辯證論就可以被稱爲一種自然的辯證論和一種不可避免的幻相，人們必須在批判中解開和消解這種幻相，以免它騙人。

第七十節　這種二論背反的表現

只要理性與作爲外部感官對象之總和的自然打交道，它就能夠以法則爲基礎，這些法則是知性部分地甚至先天頒布給自然的，部分地透過在經驗中出現的經驗性規定能夠擴展至無限的。爲了運用前一類法則，亦即一般物質自然的普遍法則，判斷力不需要任何特殊的反思原則；這時它是規定性的，因爲由知性給予了它一個客觀的原則。但涉及我們只能透過經驗得知的那些特殊法則，在它們中間就可能有一種如此巨大的多樣性和異質性，以至於判斷力必須把自己本身用做原則，以便哪怕是在自然的顯象中尋覓和探查某種法則，因爲它需要這樣一種法則來做導線，哪怕它應當希望的只是根據自然的一種普遍的合法則性而相互關聯的經驗知識。鑑於這些特殊法則的偶然的統一性，就可能發生這樣的事情：判斷力在其反思中從兩個準則出發，其中一個準則是只有知性才先天地爲它提供的；但另一個準則卻是由特殊的經驗引發的，這些經驗使理性活動起來，以便按照一個特殊的原則來對有形體的自然及其

387

法則作出評判。這裡接下來發生的事情是，這兩種準則看起來不能相互並存，因而就凸顯出一種辯證法，它使判斷力在自己的反思的原則中感到迷惑。

反思的第一個準則就是命題：物質性事物及其形式的一切產生，都必須被評判爲按照純然機械的法則就可能的。

第二個準則就是反命題：物質性自然的一些產品不能被評判爲按照純然機械的法則是可能的（它們的評判要求一個完全不同的因果性法則，亦即終極因的法則）。

如果人們現在把對於研究的這些範導性原理，轉化成客體本身之可能性的建構性原理，那麼，它們所說的就會是這樣的：

命題：物質性事物的一切產生，都是按照純然機械的法則是可能的。

反命題：物質性事物的一些產生，按照純然機械的法則是不可能的。

在後面這種性質中，作爲規定性的判斷力的客觀原則，這兩個命題就會相互矛盾，因而兩個命題中的一個就會必然是錯的；但在這種情況下，這雖然是一個二論背反，但卻不是判斷力的二論背反，而是在理性的立法中的一種衝突。但是，理性既不能證明這兩個原理中的這一個，也不能證明其另一個；因爲我們對於事物根據自然的純然經驗性的法則的可能性，不可能擁有任何先天的規定性原則。

與此相反，就反思性判斷力的最先陳述的準則而言，它事實上根本不包含任何矛盾。因爲如果我說：對於物質性自然中作爲其產品的一切事件，因而還有一切形式，在它們的可能性上我都必須按照純然機械的法則來評判，那麼，我由此並沒有說：它們唯有按照這些法則（排除了任何其他方式的因果性）才是可能的；相反，這只是要表明：我在任何時候都應當按照自然的純然機械作用來反思它們，因而盡我所能地研究這種機械作用，因爲不以這種機械作用作爲研究的基礎，就根本不可能有任何眞正的自然知識。於是，這就並不妨礙第二條準則在偶然的起因上，亦即在一些自然形式上（並根據這些形式的起因甚至在整個自然上）按照一條與按照自然的機械作用所作的解釋完全不同的原則，亦即終極因的原則去探索，並對它們作出反思。因爲按照第一條準則所作的反思並沒有因此而被取消，反倒是要求盡人們所能去遵循它；由此也沒有說，按照自然的機械作用，那些形式就會是不可能的。所主張的只是，人的理性遵循這條準則並以這種方式將永遠不能找到構成自然目的的特殊之處的那種東西的絲毫根據，但也許能夠找到關於自然法則的別的知識；這裡懸而未決擱置不論的是，在自然本身不爲我們所知的內在根據中，在同一些事物身上的物理機械結合和目的結合是否能夠在一個原則中聯繫起來；只不過我們的理性並不能把它們在這樣一個原則中結合起來，因而判斷力，作爲（從一個主觀根據出發的）反思性判斷力，而不是作爲（按照事物自身的可能性的一條客觀原則的）規定性的判斷力，就不得不爲自然中的某些形式而把另一條不同於自然機械作用的原則，設想爲它們的可能性的根據。

第七十一節　解決上述二論背反的準備

我們絕不可能證明有機自然產品透過自然的純然機械作用來產生的不可能性，因爲對於那些只是被經驗性地認識到，因而對我們來說是偶然的特殊自然法則，我們不可能按照其最初的內在根據看出其無限的多樣性，這樣也就絕對不能達到自然之可能性的內在的、普遍充分的原則（這是處在超感性的東西之中的）。因此，自然的生產能力即便對於我們評判爲按照目的的理念而形成和結合起來的東西，也正如同對於我們相信只需要自然的一種機械作用的東西一樣，都是充足的；或者，事實上對於作爲眞正的自然目的的事物（如同我們必須必然地評判它們那樣）來說，是否會有一種完全不同的原始的、根本不可能包含在質料性自然或者它的理知基底之中的因果性，亦即一種建築術的知性作爲基礎？對此我們那在因果性概念方面就該概念應當先天地詳加說明而言十分狹隘地受限制的理性卻不能作出任何答覆。——但是，考慮到我們的認識能力，自然的純然機械作用對於有機存在者的產生來說也不能充當任何解釋根據，這同樣是無可置疑地確定的。因此，對於反思性的判斷力來說，這是一條完全正確的原理：必須爲事物如此明顯的按照終極因的連結設想出一種與機械作用不同的因果性，亦即一種按照目的來行動的（有理智的）世界因；哪怕這原理對於規定性的判斷力來說會是倉促的和無法證明的。在前一種場合，這原理只是判斷力的準則，此時那種因果性的概念是一個純然的理念，人們絕對沒有打算承認它有實在性，而只是把它用做反思的導線，而反思在這裡對一切機械的解釋根據來說都始終保持是開放的，並不從感官世界消失；在後一種場合，這原理就會是理性所頒布的、判斷力必須決定性地服從的一個客觀的原則，但此時理性就超出感官世界而迷失在，也許是被誤導進越界的東西之中了。

因此，在眞正說來物理學的（機械的）解釋方式的準則和目的論的（技術的）解釋方式的準則之間，有一種二論背反的一切表面現象都是基於：人們把反思性判斷力的原理與規定性判斷力的原理相混淆了，把前一種判斷力（它只是主觀地對我們在特殊的經驗法則上的理性應用有效）的自律與必須遵循由知性所給予的（普遍的或者特殊的）法則的後一種判斷力的他律相混淆了。

第七十二節　關於自然的合目的性的各種各樣的體系

關於自然的某些事物（有機存在者）及其可能性必須按照終極因的概念來作出判斷，這條原理的正確性還沒有人懷疑過，甚至只要人們爲了透過觀察來認識它們的性狀而要求一個導線，卻並不斗膽去研究它們的最初起源。因此，問題只能是：這原理是僅僅主觀上有效的，亦即僅僅是我們的判斷力的準則，還是自然的一個客觀原則，按照這個原則，在自然（按照純然的運動法則）的機械作用之外，還有另一種因果性應歸於自然，亦即終極因的因果性，那些運動法則（運動力量）只是作爲中間原因而隸屬於終極因的。

現在，人們完全可以讓對於思辨來說的這個問題或者課題懸而不決：因爲如果我們滿足於在純然自然知識的界限之內的思辨，那麼，我們有了那些準則，就足以在人的力量所及的範圍裡去研究自然，並探究它那些最隱匿的祕密了。因此，這也許是我們的理性的某種預感，或者是一種彷彿由自然給予我們的暗示，即我們憑藉那個終極因的概念也許能夠甚至伸展到自然之外，並把自然本身與原因序列中的那個最高點聯繫起來，如果我們放下或者至少在一段時間裡擱置對自然的研究（儘管我們在這種研究中還沒有走很遠），而先來嘗試查明自然科學中的那個外來者，亦即自然目的的概念會導向何處的話。

在這裡，當然那個無可爭議的準則會必然轉化成爲將開闢一個廣闊的爭執領域的課題：是自然中的目的連結證明了自然的一種特殊的因果性；還是這種連結就自身而言並且按照客觀的原則來看，毋寧說與自然的機械作用是一回事，或者是基於同一個根據的，只是由於這個根據對於我們的研究來說在有些自然產品中常常隱蔽得太深了，所以我們就借助一種主觀的原則，亦即藝術的原則，也就是說根據理念的因果性的原則來作嘗試，爲的是按照類比把這種因果性加給自然；這樣的應急措施使我們也在許多場合成功，雖然在一些場合看起來是失敗的，但在所有的場合都不讓我們有理由把一種特殊的、與根據自然本身的純然機械法則的因果性不同的作用方式引入自然科學。我們由於在自然的產品中發現的這種與目的類似的東西而把自然的行事方式（因果性）稱爲技術，我們要把技術劃分爲有意的技術（technica intentionalis〔有意向的技術〕）和無意的技術（technica naturalis〔自然的技術〕）。前者應當意味著：自然的生產能力必須按照終極因被視爲一種特殊的因果性；後者應當意味著：這種因果性與自然的機械作用在根本上是一回事，而與我們的藝術概念及其規則的這種偶然巧合，作爲評判這種因果性的純然主觀條件，被錯誤地解釋成了自然生產的一種特殊方式。

如果我們現在談論就終極因而言的種種自然解釋體系，那麼，人們必須清楚地注意的就是：它們全都是獨斷論的；也就是說，它們全都在爭論事物的可能性的客觀原則，不論這是由於有意地產生作用的原因，還是由於全然無意地產生作用的原因，卻絕不去爭論只是對這樣一些合目的的產品作判斷的主觀準則；在後一種情況下各不相同的原則倒還能夠結合起來，而在前一種情況下相互矛盾對立的原則卻可能相互取消而不能並存。

就自然的技術，亦即它的根據目的的規則的生產力量而言的這些體系是雙重的：自然目的的理念論的體系，或者自然目的的實在論的體系。前者主張：自然的一切合目的性都是無意的；後者主張：自然的一些合目的性（在有機存在者中的合目的性）是有意的；從這裡面也就有可能引出那被作爲假說建立起來的結論，即自然的技術，哪怕是與自然整體相關就自然的一切別的產品而言，也都是有意的，亦即都是目的。

一、合目的性（我在這裡總是指的客觀的合目的性）的理念論要麼是自然產品的合目的的形式中自然規定的偶發性的理念論，要麼是這種自然規定的宿命性的理念論。前一種原則涉及質料與其形式的物理學根據的關係，亦即運動法則；後一種原則涉及其與這些法則以及整個自然的**超物理學**根據的關係。這種被加給伊比鳩魯和德謨克利特（Demokritus）的**偶發性**體系從字面上看是如此明顯地荒謬，以至於我們不必在這裡浪費時間了；與此相反，**宿命性**的體系（人們把斯賓諾莎（Spinoza）當作它的首創者，儘管從一切跡象來看它要更古老得多）基於某種超感性的東西，因而我們的洞識達不到它，所以就不那麼容易反駁了，這是因爲，它關於原始存在者的概念是根本無法理解的。但這一點卻是清楚的：世界中的目的結合在這個體系中必然被假定爲無意的（因爲這種結合衍生自一個原始存在者，但並不是衍生自它的理智，因而不是衍生自它的任何意圖，而是衍生自它的本性的必然性以及來源於此的世界統一性），因而合目的性的宿命論同時就是合目的性的理念論。

二、自然的合目的性的**實在論**也要麼是物理學的，要麼是超物理學的。前者把自然中的目的建立在一種按照意圖來行動的能力的類似物之上，建立在**物質的生命**（在物質中的，或者是由於一種賦予生命的內在原則、世界靈魂而來的）之上，而叫做物活論。後者把這些目的從宇宙的原始根據中，即從一個帶著意圖來創造的（原初具有生命的）有理智的存在者中引出來，而是**有神論**。①

① 由此可見：在純粹理性的大多數思辨事物中，就獨斷論的主張而言，各哲學學派通常都嘗試過對於某個問題來說有可能的一切解答。這樣，對於自然的合目的性來說，人們爲了這一點所嘗試過的，時而要麼是無生命

第七十三節　上述體系沒有一個做到了它預先確定的事情

所有那些體系想做什麼呢？它們要解釋我們關於自然的目的論判斷，並以此這樣來著手工作，即一方來否定這些判斷的眞理性，因而把它們解釋成爲一種自然的理念論（表現爲藝術）；另一方承認它們是眞實的，並許諾要闡明一個根據終極因理念的自然的可能性。

一、維護自然中的終極因理念論的那些體系，一方面雖然允許在終極因的原則上有一種根據運動法則的因果性（透過這種因果性，自然事物合目的地實存著）；但是，它們否認這種因果性上有意向性；也就是說，否認它對於自然事物的這種合目的的產生乃是有意地被規定的；換句話說，否認一個目的是原因。這就是伊比鳩魯的解釋方式，按照這種解釋方式，自然的技術與純然的機械作用的區別就被完全否定了，而且不僅對於生產出來的產品與我們關於目的的概念的協調一致，因而對於技術，而且甚至對於根據運動法則對這種生產的原因的規定，因而對於它們的機械作用，都是把盲目的偶然假定爲解釋根據，因而沒有解釋

的物質，要麼是一個無生命的上帝，時而是有生命的物質，或者又是一個有生命的上帝。對於我們來說沒有別的辦法，除非是在迫不得已時撇開所有這些客觀的主張，僅僅在與我們的認識能力的關係中來批判地衡量我們的判斷，以便爲認識能力的原則獲得一個準則的有效性，這種有效性不是獨斷論的，但對於可靠的理性應用來說卻是足夠的。

任何東西，就連我們的目的論判斷中的幻相也沒有解釋，所以這種判斷中的所謂理念論絕對沒有被闡明。

另一方面，斯賓諾莎想要由此解除我們對自然目的之可能性的根據的一切探求，並剝奪這個理念的一切實在性，即他根本不讓自然目的被視爲什麼產品，而是讓它們被視爲依存於一個原始存在者的偶性，而對於這個作爲那些自然事物之基底的存在者，他就那些自然事物而言並不賦予它因果性，而只是賦予它自存性，而且（由於這個存在者連同一切作爲依存於它的偶性的自然事物那種無條件的必然性）雖然爲自然形式保證了一切合目的性所要求的根據統一性，但同時奪走了自然形式的偶然性，而沒有這種偶然性，就不可能設想任何目的統一性，並且與這種偶然性一起，他還取消了一切有意的東西，就像也取消了自然事物的原始根據的一切知性一樣。

但是，斯賓諾莎主義並沒有做到它要做的事情。它想指出自然事物的目的連結（它並不否認這種連結）的一個解釋根據，並且僅僅舉出了這些自然事物全都依存的那個主體的統一性。但是，即便人們承認這個主體有這樣一種爲了世間存在者而實存的方式，但那種本體論的統一性畢竟由此還並不馬上就是目的統一性，而且絕對沒有使得目的統一性可以理解。也就是說，後者是一種完全特殊方式的統一性，它根本不是從事物（世間存在者）在一個主體（原始存在者）中的連結得出的，而是絕對自身帶有與一個有理智的原因的關係，而且即使人們把所有這些事物都在一個單純的主體中結合起來，它也畢竟絕不展示一種目的關係，只要人們在它們中間沒有想到，第一，作爲一個原因的實體的內部結果；第二，作爲憑藉其理智的原因的同一個實體的內部結果。沒有這些形式的條件，一切統一性都是純然的自然必然性，而且如果它仍然被賦予我們表現爲彼此外在的事物，它就是盲目的必然性。有種東西，這個學派稱爲事物（在與其特有的本質的關係中）的先驗完善性，按照這種先驗完善性，一切事物就自身而言都具有爲了是這一事物而非另一事物所需要的一切，但如果人們想把這種東西稱爲自然的合目的性，那就是一種用語詞替代概念的兒童遊戲了。因爲如果一切事物都必須被設想爲目的，因而是一個事物和是一個目的是一回事，那麼，就根本不存在任何值得被特別表現爲目的的東西了。

由此可以清楚地看出：斯賓諾莎由於把我們關於自然中合目的的東西的概念回溯到我們自己在一個無所不包的（但同時又是單純的）存在者之中的意識，並僅僅在這個存在者的統一性中尋求那種形式，就必然有這樣的意圖，即不主張自然的合目的性的實在論，而是主張其理念論，但就連這個意圖他也未能實現，因爲單是基底的統一性的表象，就連一種哪怕只是無意的合目的的性的理念也不能產生出來。

二、那些不僅主張自然目的的實在論，而且還以爲對它作出了解釋的人們，相信能夠看出一種特殊類型的因果性，亦即有意地產生作用的原因，至少能夠在其可能性上看出它；若不然，它們就不會著手想要解釋那種因果性了。因爲爲了有權甚至提出最大膽的假說，至少人們假定爲根據的東西的可能性必須是確定的，而且人們必須能夠保證這個根據的概念有客觀實在性。

但是，一種有生命的物質（其概念包含著一個矛盾，因爲無生命，即inertia〔無活力〕構成物質的本質特徵）的可能性是就連被設想也不可以的；一種被賦予生命的物質和整個自然作爲一個動物的可能性，只是就它在自然微觀上的有機化方面在經驗中向我們顯示出來（爲了提出自然宏觀方面的合目的性的一個假說）而言，才能夠以可憐的方式得到應用，但絕不是先天地根據其可能性就能看出來的。因此，如果人們想從物質的生命推導出自然在有機存在者身上的合目的性，又無非是在有機存在者裡面認識這種生命，因而沒有這類經驗就不可能形成關於這種合目的性的可能性的概念，那就不得不犯循環解釋的錯誤了。因此，物活論沒有做到它所許諾的事情。

最後，有神論同樣不能獨斷地論證自然目的的可能性是目的論的一把鑰匙；儘管它比起目的論的一切解釋根據而具有這樣的優點，即它透過自己賦予原始存在者的一種理智而最出色地把自然的合目的性從理念論那裡解救出來，並爲這種合目的性的產生引進了一種有意的因果性。

因爲在這裡，爲了有權把目的的統一性的根據以確定的方式置於超出自然之上，首先就必須對於規定性的判斷力來說充分地證明，僅僅透過物質的機械作用，物質中的目的統一性是不可能的。但是，我們能夠得出的卻無非是，根據我們的認識能力的性狀和局限（因爲我們看不出這種機械作用的最初的、內在的根據本身），我們切不可以任何方式在物質中尋找確定的目的關係的原則；相反，對於物質的產品作爲自然目的的產生，除了透過作爲世界原因的一個最高理智來評判之外，沒有爲我們留下任何別的評判方式。但是，這只是對於反思性的判斷力的一個根據，而不是對於規定性的判斷力的一個根據，絕對不能給人權利來作出客觀的斷言。

第七十四節 不能獨斷地處理自然技術概念的原因是自然目的的不可解釋性

如果我們把一個概念視爲包含在另一個構成一條理性原則的客體概念之下的，並按照這條原則來規定它，那麼，我們對這個概念（儘管它應當是經驗性地有條件的）的處理就是獨斷的。但是，如果我們只是在與我們的認識能力的關係中，因而在與思維它的主觀條件的關係中考察它，而不著手對它的客體有所裁定，那麼，我們對它的處理就僅僅是批判的。因此，對一個概念的獨斷的處理，就是對於規定性的判斷力來說合法則的處理，而批判的處理則是僅僅對於反思性的判斷力來說合法則的處理。

於是，關於一個作爲自然目的的事物的概念就是一個把自然歸攝在一種唯有透過理性才可設想的因果性之下的概念，這種歸攝爲的是按照這條原則對在經驗中關於客體被給予的東西作出判斷。但是，爲了獨斷地把這個概念用於規定性的判斷力，我們就必須首先確信這個概念的客觀實在性，因爲若不然，我們就不能把任何自然事物歸攝在它下面。但是，一個作爲自然目的的事物的概念雖然是一個經驗性地有條件的概念；也就是說，是一個唯有在某些於經驗中被給予的條件之下才可能的概念，但畢竟不是從經驗中抽象出來的概念，而只是按照評判該對象時的一條理性原則才可能的概念。因此，它作爲這樣一個原則，根本不能在其客觀實在性上被看出並獨斷地建立起來；而且我們並不知道，它只是一個玄想的、客觀上空洞的概念（conceptus ratiocinans〔進行推論的概念〕），還是一個理性的概念，一個建立知識的、由理性得到證實的概念（conceptus ratiocinatus〔推論出來的概念〕）。因此，不能爲規定性的判斷力而獨斷地處理它；也就是說，不僅不能澄清自然事物作爲自然目的來看爲其產生是否需要一個完全特殊類型的因果性（根據意圖的因果性）；而且就連對此追問也不能，因爲自然目的的概念在其客觀實在性上是根本不能透過理性來證明的（也就是說，它並非對於規定性的判斷力來說建構性的，而只是對於反思性的判斷力來說範導性的）。

但是，說這個概念不是這樣的，由下面這一點來看就清楚了，即由於它作爲關於一個自然產品的概念，在同一個作爲目的的事物上既包含著自然必然性，但同時卻又包含著客體的形式的一種（僅僅與自然法則相關的）偶然性；所以，如果其中不應當有什麼矛盾的話，它就必須既包含著自然中事物的可能性的一個根據，但卻也包含這個自然本身及其與某種不是經驗性地可認識的自然（是超感性的），因而對於我們來說根本不可認識的東西的關係之可能性的根據，以便當人們要澄清它的可能性時，被按照一種不同於自然機械作用類型的因果性來評判。因此，既然一個作爲自然目的的事物的概念對於規定性的判斷力來說是越界的，如果人們透過理性來考察這個客體（儘管這個概念對於反思性的判斷力來說就經驗的對象而言可能是內在的），因而不能使它對於規定性的判斷來說獲得客觀實在性的話，所以，由此就可以理解，何以無論人們爲獨斷地處理自然目的的概念和作爲一個透過終極因而相互關聯的整體的自然的概念構想出什麼樣的體系，所有這些體系都既不能客觀上肯定地，也不能客觀上否定地對某種東西作出裁定；因爲如果事物被歸攝在一個只是或然的概念之下，則這個概念的綜合性謂詞（例如：在這裡就是：我們爲了事物的產生而設想的那個自然目的是有意的還是無意的）關於客體所提供的就必定是這樣一些（或然的）判斷，無論它們是肯定的還是否定的，因爲人們並不知道是在對某物還是在對無作出判斷。一種憑藉目的的因果性（藝術）的概念當然有客觀的實在性，一種根據自然的機械作用的因果性的概念同樣如此。但是，自然的一種根據目的的規則的因果性的概念，而更有甚者一個根本不能在經驗中被給予我們的存在者，亦即這樣一個作爲自然的原始根據的存在者的概念，雖然能夠無矛盾地設想，但畢竟不適宜於獨斷的規定，因爲既然它不能被從經驗中得出來，也不是經驗的可能性所需要的，它的客觀實在性就不能透過任何東西來保障。而即便它能夠有保障，我又怎麼能夠把被確定地指明是神的藝術之作品的事物還歸爲自然產品呢？本來就是自然的這種無能，即按照其法則不能產生這類東西，才使得援引一個與它不同的原因成爲必要的。

第七十五節　自然的客觀合目的性的概念是對於反思性判斷力來說的一條批判的理性原則

我是說：自然的某些事物的產生，或者還有整個自然的產生，都唯有透過一個按照意圖被規定去行動的原因才是可能的；還是我按照我的認識能力的特有性狀，對於那些事物的可能性及其產生不能作別的判斷，只能設想出這個按照意圖起作用的原因，因而設想出一個按照與知性的因果性的類比而是生產性的存在者；這畢竟是某種完全不同的事情。在前一種場合，我想關於客體澄清某種東西，並有責任闡明一個假定的概念的客觀實在性；在第二種場合，理性只是與我的認識能力的特性以及它們的範圍和它們的限制的根本條件相適應來規定它們的應用。因此，前一條原則是規定性判斷力的一條客觀的原理，後一條原則卻只不過是反思性判斷力的一條主觀的原理，因而是反思性判斷力的一條由理性託付給它的準則。

也就是說，哪怕我們只是要透過連續不斷的觀察而在自然的有機產品中來研究自然，我們也必不可少地需要給自然配上一個意圖的概念；因此，這個概念對於我們的理性的經驗應用來說，已經是一條絕對必要的準則了。顯然，一旦這樣一條研究自然的導線被接受並被認爲得到證實了，我們就必然會把判斷力的上述準則也在自然整體上至少嘗試一番，因爲按照這個準則還會有一些自然法則能被發現，它們根據我們對自然機械作用的內部有所洞識的局限，本來會對我們依然是隱藏著的。但是，就後一種應用而言，判斷力的那個準則雖然是有用的，卻不是必不可少的，因爲自然在整體上並沒有作爲有機的（在這個詞上面援引的最嚴格的含義上）而被給予我們。與此相反，就自然的那些必須只被評判爲有意地這樣形成而不是那樣形成的產品而言，哪怕只是爲了獲得它們的內部性狀的一種經驗知識，判斷力的那個準則也是根本上必要的，因爲甚至認爲它們是有機事物的那個思想，若不是一種憑藉意圖的產生的思想與之結合，也是不可能的。

現在，一個事物，我們把它的實存或者形式在一個目的的條件下表現爲可能的，其概念就與它的一種偶然性的概念（按照自然法則）不可分割地結合起來了。因此，就連那些我們認爲唯有作爲目的才可能的自然事物，也對世界整體的偶然性構成了最重要的證明，並且是唯一既適用於平常的知性，也適用於哲學家的證明根據，即世界整體依賴並源自一個在世界之外實存的、確切地說（爲了那種合目的的形式起見）有理智的存在者的證明根據，因此，目的論除了在神學中之外，不能完成對它的那些探討的解釋。

但現在，即便是最完備的目的論，最終又證明了什麼呢？例如：它所證明的，是有這樣一個有理智的存在者存在嗎？不是；無非是按照我們的認識能力的性狀，因而在經驗與理性的那些最高原則的結合中，我們關於這樣一個世界的可能性絕對不能形成任何概念，除非是我們設想這個世界的一個有意地產生作用的至上原因。因此，我們不能在客觀上闡明「有一個有理智的原始存在者」這個命題；而是只能在主觀上爲我們的判斷力在其對自然中的目的作反思時的應用而闡明它，這些目的不能按照任何別的原則，而只能按照一個最高原因的一種有意的因果性的原則來設想。

如果我們想獨斷地、從目的論的根據出發來闡明這個至上的命題，那麼，我們就會受困於那些我們無法擺脫的困難。因爲此時這些推論就必須以如下命題爲基礎：世界上的有機存在者唯有透過一個有意地產生作用的原因才是可能的。但是，由於我們唯有在目的的理念之下才能在其因果結合中去追究這些事物，並按照其合法則性去認識它們，我們也就會有權對於任何能思維和能認識的存在者來說恰恰把這一點預設爲必然的，因而與客體而不是僅僅與我們的主體相聯繫的條件：這是我們在這裡不可避免地要主張的。但是，我們以這樣一種主張是應付不過去的。因爲既然我們眞正說來並未把自然中的目的視為有意的，而只是在對自然產品的反思中把這個概念設想爲判斷力在這方面的導線，所以，它們就不是由客體給予我們的。甚至對於我們來說，先天地就不可能在其客觀實在性上爲這樣一個概念辯護，說它是能夠假定的。因此，這絕對還是一個只是基於主觀條件的，亦即基於與我們的認識能力相適合的反思性判斷力的命題，如果人們把它當作客觀獨斷地有效的來表述，它就會是：存在著一個上帝；但現在，對於我們人來說，所允許的只是如下有限的語式：對於那個甚至必然給 400 我們對許多自然事物的內在可能性的認識奠定基礎的合目的性，我們根本不能以別的方式來思維和使人理解，我們只能把這些自然事物以及一般而言把世界想像爲一個有理智的原因（一個上帝）的作品。

現在，如果這個建立在我們的判斷力的一個不可回避地必然的準則之上的命題，對於我們的理性在任何人類的意圖中的一切思辨的和實踐的應用來說都是完全令人滿意的，那麼，我想知道的是，當我們不能證明它也對更高的存在者有效，亦即不能從純粹客觀的根據出發證明它的時候，我們在這方面將失去什麼。因爲完全確定的是，對於有機存在者及其內在可能性來說，按照自然的純然機械的原則，我們就連充分認識也不能，更不用說解釋它們了；確切地說，這一點是如此確定，以至於人們可以大膽地說：哪怕只是作出這樣一種估計或者希望，也許有朝一日還會出現一個牛頓，他按照不是任何意圖所安排的自然法則來使哪怕只是一根草莖的產生可以理解，這對於人類來說也是荒謬的；相反，人們必須絕對否認人有這種洞識。但要說這樣一來，即便在自然中，如果我們在對它那些已爲我們所知的普遍法則的詳細說明中能夠一直深入到它的原則，則有機存在者之可能性的一個充分的根據，無須給它們的產生配上一個意圖（因而在它們的純然機械作用中），也根本不可能隱匿起來，這就又會是我們作出的過於狂妄的判斷了；因爲我們要從何處知道這一點呢？在這事情取決於純粹理性的判斷的地方，蓋然性就完全被取消了。——因此，關於是否有一個按照意圖來行動的存在者作爲世界原因（因而作爲創造者）給我們有理由稱爲自然目的的東西作根據這個命題，我們根本不能客觀地作出判斷，既不能肯定也不能否定；只有一點是肯定的，即如果我們畢竟至少應當按照我們自己的本性（按照我們的理性的條件和局限）允許我們看出的東西來作判斷的話，我們絕對只能以一個有理智的存在者來作爲那些自然目的的可能性的基礎，唯有這一點才符合我們的反思性判斷力的準則，因而符合一種主觀的，但卻緊密地與人類相聯繫的根據。

第七十六節　附釋

這個十分值得在先驗哲學中不厭其煩地詳加闡釋的考察，在這裡只能附帶地出現加以說明（不是要證明這裡所陳述的東西）。

理性是一種原則的能力，而且在它的最終的要求中是指向無條件者的；與此相反，知性則永遠只是在某種必須被給予的條件下為理性服務。但是，若沒有知性的那些必須被賦予客觀實在性的概念，理性就根本不能客觀地（綜合地）作判斷，而且作為理論理性，獨自絕對不包含任何建構性的原則，而只包含範導性的原則。人們很快便注意到：在知性不能跟上的地方，理性就成為越界的，並在雖然有根據的理念（作為範導性的原則），而不是在客觀有效的概念中賣弄自己；但是，不能與理性同步的知性卻畢竟為對於客體的有效性所需要，理性的那些理念的有效性則只限於主體，但畢竟是普遍地對於這個類的所有主體而言的；也就是說，它限於這樣的條件，即按照我們的（人類的）認識能力的本性，或者甚至一般而言按照我們關於一個一般的有限理性存在者的能力能夠形成的概念，只能並且必須這樣想，但並不斷言這樣一種判斷的根據在客體中。我們要舉出一些例子，它們雖然非常重要，但要把它們作為已得到證明的命題強加給讀者也很困難，但它們能夠給讀者提供深思的材料，並用於說明我們在這裡特有的工作是什麼。

對於人類知性來說，區分事物的可能性和現實性是不可回避地必然的。其根據就在主體及其認識能力的本性中。因爲假如爲了這些能力的實施並不要求兩種完全異質的成分，即爲了概念而要求知性，爲了客體而要求與概念相對應的直觀，那麼，就不會有任何這樣的（在可能的東西和現實的東西之間的）區分了。因爲假如我們的知性是能直觀的，那麼，它除了現實的東西之外就會沒有任何對象了。概念（它們僅僅指向一個對象的可能性）和感性直觀（它們給予我們某種東西，但由此畢竟沒有使它作爲對象被認識）就會都被取消。但現在，我們對純然可能的東西與現實的東西所作的一切區分都是基於，前者只是意味著對一個事物相對於我們的概念以及一般而言相對於思維能力的表象的設定，後者則意味著對（外在於這個概念的）物自身的設定。因此，可能事物與現實事物的區分是這樣一種僅僅主觀上對人類知性有效的區分，因爲即使某種東西不存在，我們總還是能夠在思想中擁有它，或者即使我們對它還沒有任何概念，我們也能夠把它表現爲被給予我們了。因此，說事物無須是現實的就能夠是可能的，因而從純然的可能性根本不能推論到現實性，這些命題完全正確地適用於人類的理性，但由此卻並不證明這種區別就在事物本身裡面。因爲後者並不能夠從那裡面推論出來，因而那些命題雖然就我們的認識能力作爲感性上有條件的而也關注感官的客體而言，當然也適用於客體，但並不適用於一般的事物，這一點，由理性不斷地要求把某個東西（原始根據）假定爲無條件地必然實存的，就可以明白了，在這個東西身上，可能性和現實性就根本不再應當有區別，而且對於這種理念，我們的知性絕對沒有任何概念；也就是說，不能找到任何方式去想像這樣一個事物以及它的實存方式。因爲如果它思維這個東西（它可以任意思維這個東西），那麼，這個東西就只是被表現爲可能的。如果它意識到這個東西是在直觀中被給予的，那麼，這個東西就是現實的，而不是在這裡思維某個具有可能性的東西。因此，一個絕對必然的存在者的概念雖然是一個不可缺少的理性理念，但卻是一個對於人類知性來說達不到的或然概念。但是，這個概念畢竟適用於我們的認識能力按照其特有性狀的應用，因而不是用於客體，從而不是適用於任何能認識的存在者，因爲我並不是在任何能認識的存在者那裡，都能夠預設思維和直觀是其認識能力之實施的兩個不同條件，從而是事物之可能性和現實性的兩個不同條件。在某種知性那裡不會出現這種區別，對於它來說就會是：我所認識的一切客體都存在（實存）；而一些畢竟並不實存的事物的可能性，亦即如果它們實存的話則它們的偶然性，因而還有必須與此區分開來的必然性，就會不可能出現在這樣一個存在者的表象中。但是，使我們的知性對在這裡以自己的概念與理性並駕齊驅感到如此困難的東西，只不過是：對於它作爲人類的知性來說，這是越界的（亦即對於知性認識的主觀條件來說是不可能的），但理性卻把這作爲屬於客體的而當作原則。——於是在這裡永遠有效的就是這條準則，即在對客體的知識超出了知性的能力的地方，我們就按照我們的（亦即人類的）本性實施其能力的主觀的、必然與這本性相聯繫的條件來思維一切客體；而且即使以這種方式作出的判斷（正如即便是就越界的概念而言也只能如此一樣）不可能是按照客體的性狀來規定客體的建構性原則，這也畢竟還是一些範導性的、在實施中內在的和可靠的、適合於人類意圖的原則。

正如理性在對自然的理論考察中必須假定自然的原始根據的一種無條件的必然性這個理念一樣，它在實踐的考察中也預設了它自己的（就本性而言）無條件的因果性，亦即自由，因爲它意識到了它自己的道德命令。但現在，由於在這裡行動作爲義務的客觀必然性，是與這行動作爲事件當其根據在自然中而不在自由（即理性的因果性）中時就會具有的那種必然性相對立的，而且道德上絕對必然的行動在物理上被視爲完全偶然的（也就是說，那應當必然發生的事情卻常常不發生），所以很清楚，下面這種情況只是源自我們的實踐能力的主觀性狀，即道德法則必須被表現爲命令（而符合這些法則的行動則被表現爲義務），而且理性不是透過一個是，而是透過應當是來表述這種必然性的；這種情況如果理性無須感性（作爲理性運用於自然對象的主觀條件）而被按照其因果性，因而被作爲一個與道德法則普遍協調一致的理知世界裡的原因來考察的話，是不會發生的，在這裡，在應當和做之間，在由於我們才成爲可能的東西的實踐法則和由於我們才成爲現實的東西的理論法則之間，就不會有任何區別了。但現在，儘管一個在它裡面一切東西都僅僅因爲它們（作爲某種善的東西）是可能的就會成爲現實的理知世界，甚至作爲它的形式條件的自由，對我們來說都是一個越界的概念，不適合於成爲一條建構性的原則去規定一個客體及其客觀實在性，但自由按照我們的（部分是感性的）本性和能力，對於我們和一切有理性的、與感性世界相結合的存在者來說，只要我們能夠根據我們的理性的性狀去設想它，畢竟是被用做一條普遍的範導性原則，這條原則不是客觀地規定作爲因果性形式的自由的性狀，而是確切地說按照那個理念使這些行動的規則對每個人都成爲命令，其有效性並不亞於假如作出那種規定的話。

同樣，就我們現有的情況來說，人們也可以承認：假如我們的知性不具有這樣的性質，即它必須從普遍的東西進展到特殊的東西，因而判斷力就特殊的東西而言若不具有它能夠把特殊的東西歸攝於其下的普遍法則的話，就不能作出任何確定的判斷，那麼，在自然的機械作用和自然的技術亦即目的連結之間，我們也不會發現任何區別。但現在，既然特殊的東西作爲特殊的東西，就普遍的東西而言包含著某種偶然的東西，但理性卻畢竟仍然在自然的特殊法則的結合中也要求統一性，從而要求有法則性（偶然的東西的這種有法則性就叫做合目的的性），而且就特殊的法則在自身中所包含的偶然的東西而言，先天地透過規定客體的概念而把特殊的法則從普遍的法則中推導出來是不可能的，所以，自然在其產品中的合目的的性的概念就將是一個對於人在自然方面的判斷力來說必要的概念，但並不是一個關涉客體本身之規定的概念，因而是對於判斷力來說理性的一條主觀原則，它作爲範導性的（並非建構性的），對於我們人類的判斷力來說同樣是必然有效的，就好像它是一條客觀的原則那樣。

第七十七節　人類知性的那種使一個自然目的的概念對我們成爲可能的特點

我們在附釋中詳細說明了我們的（甚至是高級的）認識能力的特點，我們很容易被誘惑而把這些特點作爲客觀的謂詞轉用於事物本身；但是，它們所涉及的是理念，沒有任何對象能夠在經驗中與這些理念相適合而被給予，這樣一來，這些理念就只能在追究經驗時被用做範導性的原則。雖然對於一個自然目的的概念來說，情況與涉及這樣一個謂詞的可能性的原因時一樣，這原因只能在理念中；但是，符合這原因的結果（產品本身）卻畢竟是在自然中被給予的，而作爲一個按照目的來行動的存在者的自然，其因果性的概念看起來就使自然目的的理念成了它的一條建構性的原則，而在這裡，這理念就具有了與所有其他理念都不同的某種東西。

但這種區別之處就在於：上述理念並不是對於知性來說的，而是對判斷力來說的一條理性原則，因而只是知性一般而言在可能的經驗對象上的運用；確切地說是在這樣的地方，在此判斷力不能是規定性的，而只能是反思性的，因而對象雖然是在經驗中被給予的，但就連按照理念對它確定地（更不用說完全適合地）作出判斷也根本不能，而是只能對它作出反思。

因此，這就涉及我們的（人類的）知性就判斷力而言在判斷力對自然事物的反思中的一個特點。但如果是這樣的話，這裡就必須有不同於人類知性的另一種可能知性的理念作爲基礎（正如我們在《純粹理性批判》中曾必須考慮另一種可能的直觀，如果我們的直觀應當被視爲一種特殊的直觀，亦即對象對於它來說只是被視爲顯象的一種直觀的話），以便人們能夠說：某些自然產品必須按照我們的知性的特殊性狀，就其可能性來說被我們視為有意的和作爲目的的生產出來的，卻並不因此就要求現實地有一個特殊的原因來以一個目的的表象爲它們的規定根據，因而並不否認說，沒有不同於人類知性的另一種（更高的知性），甚至在自然的機械作用中，亦即在一種並不僅僅爲其假定一個知性作爲原因的因果結合中，也能夠發現自然的這樣一些產品的可能性的根據。

因此，這裡的關鍵就在於我們的知性與判斷力的關係；也就是說，我們在其中尋找我們知性的性狀的某種偶然性，以便看出我們的知性與其他可能的知性有別的這種特點。

這種偶然性可以完全自然地在判斷力應當將其置於知性概念的普遍的東西之下的特殊的東西中找到；因爲透過我們的（人類的）知性的普遍的東西，特殊的東西並未得到規定；不同的，但畢竟在一個共同的特徵中相一致的事物能夠以怎樣多種多樣的方式顯示給我們的知覺，這是偶然的。我們的知性是一種概念的能力，亦即一種推論的知性，對於它來說，能夠在自然中被給予它並且被置於它的概念之下的特殊的東西，會是什麼樣的以及如何不一樣，這當然必定是偶然的。但是，由於畢竟還有直觀也屬於認識，而且直觀的完全自發性的能力會是一種與感性有區別的、完全獨立於感性的認識能力，因而是最一般意義上的知性，所以，人們也可以設想一種直覺的知性（否定地說，就是只作爲非推論的知性），這種

406

知性不是（透過概念）從普遍的東西進展到特殊的東西，並這樣進展到個別的東西，而且對它來說不會遇到自然在其產品中按照特殊的法則與知性協調一致的那種偶然性，這種偶然性使得我們的知性如此難以把這些產品的雜多納入到知識的統一性中去；這是一件我們的知性唯有透過自然特徵與我們的概念能力的非常偶然的協調一致才能完成的工作，但一種能直觀的知性就不需要這樣做。

因此，我們的知性對於判斷力來說有獨特之處，即在認識中特殊的東西並未透過普遍的東西而爲知性所規定，因而特殊的東西不能單從普遍的東西中衍生出來；但自然的多樣性中的這種特殊的東西仍然應當（透過概念和法則）與普遍的東西協調一致，以便能夠被歸攝在後者下面，這種協調一致在這樣的情況下就必定是非常偶然的，而且對於判斷力來說是沒有確定的原則的。

儘管如此，爲了能夠至少設想自然事物與判斷力的這樣一種協調一致（我們把它想像爲偶然的，因而只是透過一個指向這一點的目的才是可能的），我們就必須同時設想另一種知性，與這種知性相關，確切地說尤其是與被附加給它的目的相關，我們就能夠把自然法則與我們的判斷力的那種協調一致想像爲必然的，這種協調一致對於我們的知性來說唯有透過目的的結合手段才是可以設想的。

因爲我們的知性有這樣的屬性，即它在自己對例如一個產品的原因的認識中必須從分析的普遍的東西（從概念）進展到特殊的東西（被給予的經驗性直觀）；因此在這時，它就這種特殊的東西的多樣性而言不規定任何東西，而是必須等待把經驗性直觀（如果對象是一個自然產品的話）歸攝在概念之下的判斷力來作這種規定。但現在，我們也可以設想一種知性，它由於不像我們的知性那樣是推論的，而是直覺的，所以就從綜合的普遍的東西（一個整體作爲這樣一個整體的直觀）進展到特殊的東西；也就是說，從整體進展到各個部分；因此，它和它對整體的表象並不在自身包含各個部分爲使整體的一種爲我們的知性所需要的一個確定的形式成爲可能的那種結合的偶然性，而我們的知性則必須從作爲被普遍思考的根據的那些部分前進到作爲後果的各種能被歸攝於其下的可能形式。與此相反，按照我們的知性的性狀，自然的一個實在整體只能被視爲各個部分相互競爭的運動力量的結果。因此，如果我們不想把整體的可能性想像爲依賴於各個部分的，就像按照我們的推論的知性那樣，而是按照直覺的（原本的）知性的尺度把各個部分的（根據其性狀和條件的）可能性想像爲依賴於整體的，那麼，這按照我們知性的同一個特點就不能這樣來做，即讓整體包含著各個部分的連結之可能性的根據（這在推論的認識方式中會是一種矛盾），而是只能讓一個整體的表象包含著該整體的形式以及屬於該形式的各個部分之連結的可能性的根據。但既然整體在這種情況下會是一個結果，即產品，它的表象被視爲它的可能性的原因，但一個原因，其規定根據只不過是其結果的表象，它的產品就叫做目的，所以就由此得出：這產品只是出自我們知性的特殊性狀的一個後果，如果我們按照不同於物質的自然法則的因果性的另一種因果性，亦即僅僅按照目的和終極因的因果性而把自然的產品想像爲可能的話；這條原則並不關涉這樣一些事物本身（甚至作爲現象來看）按照這種產生方式的可能性，而是僅僅關涉我們知性可能對它們作的評判。這裡我們同時看出，爲什麼我們在自然知識中早就不滿足於透過按照目的的因果性來解釋自然產品了，因爲我們在這種解釋中所要求的是對這種自然生產僅僅與我們的評判能力相適合，亦即與反思性的判斷力相適合來作出評判，而不是爲了規定性的判斷力而與事物本身相適合來作出評判。在這裡也根本沒有必要去證明這樣一種intellectus archetypus〔作爲原型的理智〕是可能的，而是只須證明，我們在把我們推論的、需要形象的知性（intellectus ectypus〔作爲摹本的理智〕）和這樣一種性狀作對照時，就被導向那個也不包含任何矛盾的理念（一個intellectus archetypus〔作爲原型的理智〕）。

如果我們把一個物質整體按照其形式視爲各個部分及其力量，以及自己把自己結合起來的能力的一個產品（再考慮到與這種物質相互供應的其他物質），那麼，我們就是在想像這整體的一種機械的產生方式。但以這樣的方式，得不出關於一個作爲目的的整體的任何概念，這目的的內在可能性絕對以關於一個整體的理念爲前提條件，各個部分的性狀和作用方式都依賴於這理念本身，就像我們關於一個有機體畢竟必須設想的那樣。但正如剛剛指出的那樣，由此所得出的卻並非這樣一個有機體的機械產生是不可能的；因爲這會等於是說，想像雜多連結中的這樣一種統一性對於任何知性都是不可能的（亦即自相矛盾的），如果這統一性的理念不同時是這統一性的產生原因，亦即如果沒有有意的生產的話。但事實上，假如我們有權把物質性的存在者視爲物自身的話，仍然會得出這一點。因爲在這種情況下，構成各自然形態的可能性之根據的統一性，就會僅僅是空間的統一性，但空間並不是產生的什麼實在根據，而只不過是產生的形式條件罷了；儘管空間與我們所尋找的實在根據在這一點上有些類似，即在其中沒有任何部分能夠不與整體相關而得到規定（因此整體的表象是各個部分的可能性的基礎）。但是，既然畢竟至少有可能把物質世界視爲純然的顯象，並且把作爲物自身的某種東西（它不是顯象）設想爲基底，但給這基底配上一種相應的理智直觀（儘管不是我們的直觀），所以，對於我們一同屬於的自然來說就出現了一種雖然不能爲我們所認識的、超感性的實在根據，因而我們在自然中就會把它裡面作爲感官對象而必然的東西按照機械法則來考察，但把它裡面作爲理性對象的、各種特殊法則和據此而有的各種形式的那種我們就自然而言必定評判爲偶然的協調一致（甚至作爲系統的自然整體）同時按照目的論的法則來考察，並且按照兩種原則來評判它們，而並不用目的論的解釋方式排斥機械的解釋方式，就好像它們相互矛盾似的。

由此也可以看出人們通常雖然能夠很容易猜到，但很難確定地主張和證明的東西，即雖然合目的的自然產品的機械衍生原則與一個目的論的原則相並列，但它絕不可能使後者成爲多餘的；也就是說，人們雖然可以在一個我們必須評判爲自然目的的事物（一個有機存在者）上嘗試機械產生的一切已知的和還有待發現的法則，也可以希望借此有良好的進展，但卻永遠不能免除爲了這樣一個產品的可能性而去援引一個與此完全不同的產生根據，亦即憑藉目的的因果性的根據；而且絕對沒有任何人類理性（也沒有任何與我們的理性在質上相似，但在程度上卻遠遠超過的有限理性）能夠希望哪怕是從純然機械原因來理解一株小草的產生。因爲如果原因和結果爲了這樣一個對象的可能性的目的論連結對於判斷力來說是完全不可缺少的，哪怕只是爲了依照經驗的導線來研究這種可能性；如果對於作爲顯象的外部對象而言根本不可能找到一個與目的的相關的充足理由，相反這個也在自然之中的充足理由卻必須只在自然的超感性基底中去尋找，但我們對這個基底的一切可能的洞識都被切斷了，那麼，我們就絕對不可能爲目的的結合獲得取自自然本身的解釋根據，而且按照人類認識能力的性狀，在一個作爲世界原因的原始知性中去爲此尋找至上的根據，就是必然的。

第七十八節　物質的普遍機械作用原則與自然技術中的目的論原則的結合

理性無限重視的就是不放棄自然在其產生中的機械作用，並且在對自然的解釋中不忽略這種作用，因爲離開這種作用，就不可能達到對事物本性的任何洞識。即使有人向我們承認：有一個最高的建築師直接創造了自然的各種形式，如同它們向來存在的那樣，或者預定了那些在自然的進程中按照同一個範本不斷地自己形成的形式，但畢竟由此絲毫也沒有促進我們對自然的知識，因爲我們根本不可能了解那個存在者的行動方式，以及他那些應當包含著自然存在者的可能性之原則的理念，也不可能由他那裡自上而下地（先天地）解釋自

410

然。但是，如果我們由於相信在經驗對象的形式中發現了合目的性，爲了解釋這種合目的性，而想從這些形式自下而上地（後天地）援引一個按照目的的產生作用的原因，那麼，我們就會是在完全同義反覆地作解釋，用語詞來欺騙理性，更不用說當我們以這種解釋方式迷失在自然知識不能追隨我們前往的那種越界的東西之中時，理性就被誘入詩意的狂熱，而防止狂熱本來正是理性最主要的使命。

另一方面，理性的一個同樣必要的準則就是不要忽略在自然產品上的目的原則，因爲這個原則雖然並不使我們更加理解自然產品的產生方式，但畢竟是探究自然的特殊法則的一個啓發性原則；即便假定人們不願意對這條原則作任何應用，以據此解釋自然本身，因爲儘管這些自然產品如此明顯地呈現出有意的目的統一性，人們也如此長久地還總是把它們稱爲自然目的；也就是說，不超出自然之外去尋找它們的可能性的根據。但是，由於畢竟最終必定出現它們的可能性的問題，所以，爲這種可能性設想一種不在自然之中的特殊方式的因果性，這也是同樣必要的，正如自然原因的機械作用也有自己的因果性那樣，因爲要接受與物質按照機械作用能夠具有的形式不同的許多個形式，就必須再加上一個原因（因此這個原因不能是物質）的自發性，沒有這種自發性就不可能指出那些形式的任何根據。雖然理性在走出這一步之前必須謹慎從事，切不可試圖把自然的每一種技術，亦即自然的一種對於我們純然的把握在自身顯示出形狀的合目的性的生產能力，解釋爲目的論的，而是始終視爲僅僅機械地可能的；然而，想在這方面完全排除目的論原則，並且當合目的性在對自然形式的可能性透過其原因所作的理性研究看來，完全不可否認地顯示爲與另一種因果性的關係的時候，卻總是遵循純然的機械作用，這同樣必定使理性耽於幻想，徘徊在關於自然能力的那些根本不能被思維的幻影中間，正如一種根本不考慮自然機械作用的純然目的論解釋方式使得理性陷入狂熱一樣。

在自然的同一個事物上，這兩個原則不可能作爲一個由另一個來解釋（來演繹）的原理而相互連結；也就是說，不可能爲了規定性的判斷力而作爲自然洞識的獨斷的和建構性的原則而相互結合。例如：當我假定一條蛆蟲應當被視爲物質的純然機械作用（當物質要素由於腐爛而被釋放出來時，物質獨自就完成的新形成）的產品時，我就不能把同一個物質當作一種按照目的來行動的因果性而從中推導出該產品。反過來，當我把同一個產品假定爲自然目的的時，我就不能指望它有一種機械的產生方式，並把這種產生方式假定爲就其可能性而言評判該產品的建構性原則，就這樣把兩個原則結合起來。因爲一種解釋方式是排斥另一種解釋方式的；即便是假定這樣一個產品的可能性的兩個根據客觀上都基於一個唯一的根據，但我們卻沒有考慮到它。應當使這兩種解釋方式在按照它們評判自然時的可結合性成爲可能的那個原則，必須被置於那處在這兩種解釋方式之外（因而也處在可能的經驗性的自然表象之外），但卻包含著這種自然表象的根據的東西中，亦即被置於超感性的東西中，而且這兩種解釋方式的任何一種都與之相關。現在，既然我們對這超感性的東西只能有一個根據的不確定概念，這個根據使得按照經驗性法則評判自然成爲可能，但除此之外我們不能用任何謂詞來更切近地規定它，所以就得出，這兩個原則的結合不能基於爲了規定性的判斷力而按照被給予的法則對一個產品的可能性作解釋（說明）的一個根據，而只能基於爲了反思性的判斷力而對這種可能性作討論（揭示）的一個根據。——因爲解釋就叫做從一個原則作推導，因而這個原則人們必須能夠清晰地認識到並且能夠清晰地陳述出來。現在，雖然在同一個自然產品上，自然的機械作用原則和自然根據目的的因果性原則必須在一個唯一的高等原則中相互關聯，並共同地從中產生出來，因爲若不然，它們在自然考察中就不可能相互並存。但是，如果這客觀的共同的，因而也使得依賴於它的自然研究準則有理由共聯一體的原則具有這樣的性質，即它雖然能夠被指明，但卻永遠不能被確定地認識，不能爲了在出現情況時加以應用而被清晰地陳述出來，那麼，從這樣一個原則中就不可能引出對按照那兩個異質原則而可能的一個自然產品的可能性的任何解釋，亦即清晰且確定的推導。但現在，一方面是機械的推導，另一方面是目的論的推導，其共同的原則是我們必須配給作爲現象的自然的那個超感性的東西。但關於這個超感性的東西，我們在理論意圖中卻不能形成最起碼的被肯定地規定了的概念。因此，何以按照這個作爲原則的超感性的東西，自然（按照其特殊的法則）對於我們就構成了一個系統，這系統既按照物理學法則的產生原則又按照終極因的產生原則而被認做是可能的，這是絕對不能解釋的；而只是在出現我們若不依據目的論原理就不能在其可能性上按照機械作用的原則（這原則在任何時候都有權對一個自然存在者提出要求）加以思考的自然對象這樣的事情發生時，預設人們只可以根據這兩個原則信心十足地探究自然法則（根據自然產品的可能性是按照這個還是那個原則可以被我們的知性所認識），而不介意在這些產品的評判原則之間凸顯出來的表面衝突，因爲至少這種可能性得到了保證，即兩者即便在客觀上也是有可能在一個原則中協調一致的。

因此，儘管就同一個產品及其可能性而言，無論是自然的機械作用還是自然的目的論的（有意的）技術，都能夠服從按照特殊法則的自然的一個共同的高等原則，但由於這個原則是超驗的，根據我們的知性的局限性，在甚至這個產品的內在可能性唯有透過一種根據目的的因果性才可以理解（正如有機物質就具有這種性質）的情況下，我們就不能把這兩個原則在對同一種自然的產生作解釋時結合起來，因此，對於上述目的論原理來說依然是：按照人類知性的性狀，對於有機存在者的可能性來說，只能假定一個有意地產生作用的原因，而純然的自然機械作用對於解釋這些自然產品的可能性來說則可能是根本不夠的；但由此卻並不是就這樣一些事物本身的可能性而言要透過這個原理來作出裁定。

因爲既然這個原理只是反思性判斷力的一個準則，而不是規定性判斷力的準則，因而只是對於我們來說主觀地有效，不是對於這類事物的可能性來說客觀地有效（那樣的話兩種不同的產生方式倒是能夠在同一個根據中相互關聯了）；此外，既然不給這種以目的論的方式設想的產生方式加上任何關於一個可與此同時發現的自然機械作用的概念，這類產生就根本不能作爲自然產品來評判，所以，上述兩個準則同時就帶有把這兩種原則在評判作爲自然目的的事物時結合起來的必然性，但卻不是爲了用一個準則完全或者在某些方面取代另一個準則。因爲那被（至少是被我們）設想爲只有按照意圖才有可能的東西，是不能被任何機械作用取代的；而那按照機械作用被認做必然的東西，也不能被任何需要一個目的來作規定根據的偶然性來取代，而只能是使一個準則（機械作用）隸屬於另一個準則（有意的技術），按照自然的合目的性的先驗原則，是完全可以這樣做的。

因爲在目的被設想爲某些事物的可能性的根據的地方，人們也都必須假定手段，它們的作用法則自身不需要任何以一個目的爲前提條件的東西，因而是機械的，但畢竟可以是有意的作用的一個從屬的原因。因此，甚至在自然的有機產品中，但更多的是當我們受自然的無限集合所推動，把自然原因按照特殊法則的結合中那個有意的東西現在也（至少是透過可以允許的假說）假定爲反思性判斷力對自然整體（世界）的普遍原則時，也可以設想在自然的種種產生中機械法則與目的論法則的一種重大的，甚至是普遍的結合，而不把對這些產生的各種評判原則相混淆，使一個原則取代另一個原則，因爲在一種目的論的評判中，物質甚至在它所接受的形式只被評判爲按照意圖才可能的情況下，也畢竟按照其本性能夠根據機械法則也隸屬於那個所設想的目的來充當手段；儘管由於這種可結合性的根據乃是在於那種既不是前者也不是後者（既不是機械作用，也不是目的結合），而是自然的超感性基底的東西之中，對這基底我們沒有任何了解，對於我們（人類的）理性來說這樣一些客體的可能性的兩種表象方式也無法融合；相反，我們只能把它們評判爲按照終極因的連結而建立在一個至上知性之上的，因此目的論的解釋方式由此並沒有被奪去任何東西。

但現在，由於自然的機械作用作爲手段對於每個終極意圖來說作出了多大貢獻，這一點是完全不確定的，對於我們的理性來說也是永遠不確定的；而且由於一般自然的可能性的上述理知原則，完全可以假定自然到處都是按照這兩類普遍協調一致的法則（物理學法則和終極因法則）而可能的，即使我們根本不能看出這種情況何以發生的方式，所以，我們也不知道對於我們來說可能的機械解釋方式會走多遠，而是只知道這麼多：僅就我們在這方面始終能夠達到的而言，這種解釋方式對於我們一度承認爲自然目的的事物來說畢竟每次都是不夠的，因而我們按照我們知性的性狀使那些根據全都隸屬於一個目的論的原則之下。

於是，在這上面就建立起這種權限，並且由於按照機械作用的原則所作的自然研究對於我們理性的理論應用所具有的重要性，也建立起這種職責：把自然的一切產品和事件，甚至最合目的的，都加以機械的解釋，只要這種解釋始終爲我們所能進行（我們在這種研究方式內部不可能指出它的局限），但此時卻永遠也不可忽視，對於我們唯有在目的的概念之下才能夠哪怕只是提交給理性去研究的那些自然產物和事件，我們就必須根據我們理性的根本性狀，不顧那些機械的原因，最終使它們隸屬於根據目的的因果性。

附錄

目的論判斷力的方法論

第七十九節　是否必須把目的論當作屬於自然學說來討論

每一門科學都必須在一切科學的百科全書中有自己的確定地位。如果它是一門哲學的科學，那麼，就必須給它指出它在這百科全書的理論部分或者實踐部分中的位置，而如果它在理論部分中有自己的席位，那就要麼必須給它指出它在自然學說中的位置，如果它考慮的是能夠作爲經驗對象的東西的話（因而是在物體學說、靈魂學說和一般的世界科學中的位置），要麼就必須給它指出它在上帝學說（關於作爲一切經驗對象之總和的世界之原始根據的學說）中的位置。

現在問題是：應當給予目的論以哪個位置？它是屬於（就本義而言的）自然科學呢？還是屬於神學？兩者必居其一；這是由於根本沒有任何科學屬於從一方到另一方的過渡，因爲這種過渡只不過意味著體系的接合或者組織，而不是體系中的任何席位。

它儘管可以在神學中得到極重要的應用，但卻並不作爲神學的一個部分而屬於神學，這是不言自明的。因爲它把自然的各種產生及其原因作爲自己的對象；而且即使它指向最終的原因，即指向一個被預定在自然之外和之上的根據（屬神的創造者），但它在考察自然時這樣做，卻畢竟不是爲了規定性的判斷力，而只是爲了反思性的判斷力（爲了透過這樣一個理念與人類知性相適合地作爲範導性原則，來引導對世界上的事物的評判）。

但看起來，它同樣也不屬於自然科學，自然科學爲了指出自然結果的客觀根據，所需要

417

的是規定性的判斷力，而不是純然反思性的判斷力。事實上，就連對於自然理論或者對自然現象透過其產生作用的原因所作的機械解釋來說，靠人們按照目的的相互關係來考察這些現象，也是一無所獲。就自然的產品按照目的論的概念構成一個系統而言開列這些產品上的自然目的，這眞正說來只屬於按照一個特殊的導線來撰寫的自然描述，這裡理性雖然完成了一件輝煌的、有教益的、實踐上在諸多意圖中合目的的工作，但關於這些形式的產生和內在可能性卻根本沒有給出任何解釋，而這畢竟是理論自然科學眞正說來要關心的。

因此，作爲科學的目的論根本不屬於任何學說，而是僅僅屬於批判，確切地說屬於一種特殊的認識能力，亦即判斷力的批判。但是，就它包含著先天原則而言，它能夠而且必須指出如何按照終極因的原則來對自然作出判斷的方法；這樣，它的方法論就對理論自然科學的處理方式至少有消極的影響，而且也對理論自然科學在形而上學中可能作爲神學的預科與神學具有的那種關係有消極的影響。

第八十節　在把一個事物解釋爲自然目的的時，機械作用的原則必須隸屬於目的論原則

意在一切自然產品的一種純然機械的解釋方式的權限，就自身而言是完全不受限制的；但是，僅僅以此就夠用的那種能力，按照我們知性的性狀，如果知性與作爲自然目的的事物

打交道的話，卻不僅是受限制的，而且也是有清晰界限的，也就是說如此清晰，以至於按照判斷力的一個原則，僅僅透過前面這種處理方式，對於解釋後面這些事物來說就根本不可能有任何建樹，因而我們在任何時候都必須使對這樣一些產品的評判隸屬於一個目的論的原則。

因此，合理的，甚至可嘉的是，爲了對自然產品作出解釋而盡可能追查自然的機械作用，除非也許會發生這樣的事，即甚至要放棄這種嘗試，不是因爲就自身而言就不可能沿著這條道路與自然的合目的性會合，而是僅僅因爲它對於我們作爲人來說是不可能的；因爲爲此就會要求有不同於感性直觀的另一種直觀和對自然的理知基底的一種確定的知識，由此出發甚至有可能對顯象按照特殊法則的機械作用指出根據，而這是完全超出我們的一切能力的。

因此，自然研究者爲了在工作中不白費力氣，就必須在評判那些其概念無疑是作爲自然目的而建立起來的事物（有機存在者）時，總是把某種原始的有機化當作基礎，這種有機化利用那種機械作用，爲的是產生其他有機形式，或者是把機械作用自己的形式發展成新的形態（但這些形態畢竟永遠是從那個目的中，並與那個目的相符合地產生的）。

值得稱讚的是，憑藉一種比較解剖學來探查有機自然這一偉大創造，以便看一看：這裡是否有某種與一個系統類似、確切地說在產生原則上類似的東西存在；我們沒有必要停留在純然的評判原則上（這種原則對於洞識有機自然的產生不提出任何解釋），垂頭喪氣地放棄對在這個領域中的自然洞識的一切要求。如此之多的動物種類在某種共同的圖形中相互一致，這圖形不僅在它們的骨架中，而且在其他部分的安排中都看起來是基礎，在這方面值得驚讚的簡單構架透過縮短一種安排而延長另一安排，捲起這些部分而展開那些部分，就能夠產生出物種的如此巨大的多樣性，這就使一縷雖然微弱的希望之光照進心田，即這裡也許可以憑藉自然的機械作用原則而有所建樹，沒有這個原則就根本不可能有任何自然科學。就種種形式無論有多少差異都顯得是按照一個共同的原型生產出來的而言，它們的這種類似性就加強了它們在從一個共同的原始母親生產出來這方面有一種現實的親緣關係的猜測，這種猜測憑藉的是一個動物種類到另一個動物種類的逐級接近，即從目的原則看起來得到最多證實的那個動物種類亦即人開始，直到珊瑚蟲，從珊瑚蟲甚至直到苔蘚和地衣，最終到我們可見的最低的自然等級，到粗糙的物質；在有機存在者裡面對我們來說如此不可理解，以至於我們相信爲此不得不設想另一個原則的那全部自然技術，看起來都按照機械法則（與粗糙的物質在結晶體的產生中據以產生作用的法則一樣）源自這種粗糙的物質及其各種力。

於是在這裡，就任由自然的考古學家去讓那個龐大的造物家族從自然最古老的變革遺留下來的痕跡中，按照自然的一切他知道或者猜測到的機械作用產生出來（因爲如果上述普遍關聯的親緣關係應當有一個根據的話，人們就必須這樣想像這些造物）。他可以讓剛剛走出其混沌狀態的地球（彷彿是一頭巨大的動物）的母腹最初生出具有較少合目的的形式的造物，讓這些造物又生出另外一些與其繁衍場所和相互關係更相適合地完善自己的造物；直到這個子宮本身凝固起來、僵化起來，並把自己的生育局限在那些確定的、今後不再退化的物種上，而多樣性就保持爲它在那個能產的形成力運作的終點所沉積的那樣。——他最終仍然必須把一種合目的地加給所有這些造物的有機化賦予這位普遍的母親，否則的話動物界和植物界的這些產品的目的形式在其可能性上就是根本不可設想的。①但這樣一來，他只不過是把解釋根據進一步推延，並不能自以爲已經使那兩個界的產生不依賴於終極因的條件了。

甚至，就有機種類的某些個體偶然經受的那種變化而言，如果人們發現，它們的如此被改變了的性質成爲可遺傳的，並被接納入生殖力中，那麼，這變化就只能確切地被評判爲一

① 人們可以把這樣一種假說稱爲理性的一個大膽的冒險；即便在最敏銳的自然研究者中間，可能也很少有人不是偶爾地想到過這一點。因爲它的荒謬並不是像generatio aequivoca〔雙重生殖〕那樣，人們把後者理解爲一個有機存在者透過粗糙的無機物質的機械作用而產生出來。有機存在者的產生始終還會是在最寬泛的詞義上的generatio univoca〔單一生殖〕，只要某種有機的東西從另一種有機的東西，儘管在這一類存在者中與它有物種區別的東西中產生出來；例如：如果某些水生動物逐漸地演變成沼澤動物，並從沼澤動物經過若干代生殖之後演變成陸地動物的話。在純然理性的判斷中，這並不先天地矛盾。然而，經驗並沒有顯示這方面的任何實例，毋寧說按照經驗，我們所了解的一切生育都是generatio homonyma〔同名生殖〕，它不僅是與從無機材料中的生殖相對立的generatio univoca〔單一生殖〕，而且還產生出一個在有機化本身中與生產者同質的產品，而generatio heteronyma〔異名生殖〕就我們對自然的經驗知識所及，還從未遇到過。

470

種在物種中原初就有的、對於該種類的自我保存來說合目的的稟賦的偶爾展現；因爲同類的生殖鑑於一個有機存在者的普遍內在合目的性而如此緊密地與這樣一個條件結合在一起，即不把任何不也在這樣一個目的系統中屬於未展現的原初稟賦之一的東西接納入生殖力。因爲如果離開了這個原則，那麼，人們就不能可靠地知道，如今在一個物種那裡能找到的形式的更多的部分是否同樣會有偶然的、無目的的起源；而目的論的原則，即在一個有機存在者中不把任何在其繁衍中保存下來的東西評判爲不合目的的，也就必然會由此而在運用中變得非常不可信賴，而只是對於那始祖（但我們卻不再了解那始祖）才有效了。

針對那些認爲有必要爲所有這樣的自然目的假定一個目的論的評判原則，即假定一個建築師的知性的人們，**休謨**（Hume）作出了反駁：人們可以有同樣的權利問，究竟這樣一個知性是如何可能的；也就是說，構成一個同時具有執行力量的知性的那些各種各樣的能力和屬性，是如何能夠合目的地聚集在一個存在者裡面的。然而這個反駁是無效的。因爲環繞著一個在自身中包含著目的，並唯有透過這些目的才可理解的事物的最初產生這個問題的全部困難，乃是基於對把這個產品中**相互外在**的雜多結合起來的那個根據的統一性的探討；因爲如果這個根據被設定在一個作爲簡單實體的創造性原因的知性中，則那個問題就其是目的論的而言，就得到了充分的回答，但如果原因僅僅在作爲許多相互外在的實體的一個集合體的物質中去尋找，則對於這物質的形成的內在合目的的形式來說就完全缺乏原則的統一性；而物質在那些被我們的知性僅僅作爲目的才能理解的產生之中的**專制**，就是一個沒有意義的語詞。

由此就導致，那些爲物質的客觀合目的的形式尋找其可能性的一個至上根據的人，恰好不承認這根據有一個知性，卻喜歡使世界整體成爲一個唯一的、無所不包的實體（泛神論），或者（這只是對前者的一個更確定的解釋）成爲依存於一個唯一的單純實體的許多規定的一個總和（斯賓諾莎主義），僅僅是爲了弄清楚一切合目的性的那個條件，即根據的統一性；這裡他們雖然憑藉一個單純實體的純然本體論的概念，而滿足了這個課題的一個條件，亦即目的關係中的統一性，但對於另一個條件，亦即該實體與其作爲目的的後果的關係，他們卻毫不提及，而對於該問題的那個本體論根據本來是應當透過這種關係得到更切近的規定的，因而他們也就絕對沒有回答這整個問題。甚至如果我們不把事物的那個原始根據想像成單純實體，對於這個簡單實體來說不把它爲了那些基於它的自然形式的特殊性狀，亦即爲了目的統一性而具有的屬性想像成一個理智實體的屬性，但又不把這個理智實體與那些自然形式的關係（由於我們在所有我們只可能設想爲目的的東西上發現的偶然性）想像成一種因果性的關係，那麼，該問題也依然絕對沒有得到回答。

第八十一節　在解釋一個作為自然產品的自然目的時，機械作用對目的論原則的參與

正如根據上一節，自然的機械作用單獨地不可能足以用來設想一個有機存在者的可能性，而是（至少按照我們認識能力的性狀）必須在起源上隸屬於一個有意地產生作用的原因，同樣，一個有機存在者的純然目的論的根據，如果不是該存在者的機械作用參與它的話，也不足以把該存在者視爲和評判爲自然產品，機械作用彷彿是一個有意地產生作用的原因的工具，自然在其機械法則中仍然隸屬於這原因的目的。兩種完全不同的因果性，即處在其普遍合法則性之中的自然與一個把自然限制在自然本身根本不包含其根據的一種特殊形式之上的理念，我們的理性並不理解它們的這樣一種結合的可能性；這種可能性處於自然的超感性的基底之中，對此，除了它是我們只了解其顯象的存在者自身之外，我們不能肯定地規定任何東西。但那條原則，即「凡是我們假定爲屬於這個自然（現象）的，並假定爲自然產品的東西，也都必須與自然相連結而按照機械法則來思考」，卻依然有效，因爲沒有這種因果性，作爲自然目的的有機存在者就不會是自然產品。

如果這些存在者的目的論原則被接受（就像不可能是別的情況一樣），那麼，人們就可以要麼把偶因論，要麼把預定論作爲它們的內在合目的的形式之原因的基礎。按照前者，至上

422

的世界原因就會根據自己的理念藉由每次交媾的機會，而直接地給在交媾中混合起來的物質提供有機的形態；按照後者，它就會只把稟賦置入它的這種智慧的最初產品中，憑藉這稟賦，一個有機存在者就產生出自己的同類，而物質就持久地保存下來，同樣，個體由於自己同時致力於其破壞的本性而來的死亡就不斷得到補償。如果人們接受有機存在者的產生的偶因論的話，那麼，在這裡一切自然連同對這樣一類產品的可能性作判斷的理性應用都將完全喪失；因此，人們可以預設，將沒有任何對哲學有某種興趣的人接受這種體系。

預定論又可以以兩種方式行事。也就是說，它把每一個由其同類所生育的有機存在者要麼視為前者的**離析物**，要麼視為前者的**產品**。作為純然離析物的生殖的體系就叫做個體預成論的體系，或者也叫做**釋出論**；作為產品的生殖的體系被稱為**新生論**的體系。後者也可以被稱為**種類預成論**的體系，因為生育者的生產能力畢竟是根據它們的種族所分有的那些內在合目的的稟賦預先形成的，因而物種形式是virtualiter〔以潛能的方式〕預先形成的。據此，人們也可以把對立的個體預成理論更確切地稱為**復原論**（或者嵌入論）。

釋出論的捍衛者們把每個個體都排除在自然的形成力之外，以便讓它直接出自創造者之手，因而他們畢竟不想冒險讓個體按照偶因論的假說來發生，以至於交媾只不過是一道手續罷了，一個至上的有理智的世界原因藉由這道手續來決定每次都親手去形成一個胚胎，留給母親去做的只是釋出和養育這個胚胎而已。他們宣稱贊同預成論；就好像以超自然的方式是讓這類形式在世界的開端產生出來，還是讓它們在世界的進程中產生出來並不是一回事似的，而不是寧可透過隨機的創造來節省一大批超自然的部署，之所以需要這些部署，乃是爲了在世界的開端就形成的胚胎經過漫長的時間，直到它發展出來都不遭受自然的破壞力量而完好無損地保存下來，這同樣也會使得多得無法計數的應當在某個時候發展出來的這樣一些預先形成的存在者，連同與它們一樣多的創造活動，都成爲不必要的和無目的的。然而，他們畢竟至少還想在這裡爲自然留點事情做，以免澈底陷入可以不要任何自然解釋的完全的超自然學。他們雖然還是堅持自己的超自然學，甚至當他們在畸形怪胎（人們畢竟不可能把畸形怪胎視爲自然的目的）上發現一種值得驚讚的合目的性時亦是如此，哪怕這種合目的性的目標只應當是，一個解剖學家有朝一日會對這作爲無目的的合目的性的東西感到反感和黯然的驚奇。但是，他們也絕對不可能使雜種的產生適應預成的體系，而是對於他們此前只承認具有用做胚胎最初營養的機械屬性的雄性造物精子，畢竟不得不還承認它具有一種合目的地形成的力量，不過就出自同一種類兩個造物的一種產生的整個產品而言，他們畢竟不想把這種力量賦予兩者中的任何一個。

與此相反，即使人們不了解新生論的辯護者就他用來證明自己理論的經驗根據而言對前者所擁有的巨大優勢，理性也畢竟已經預先以出色的好意對它的解釋方式抱有好感，因爲這種解釋方式就人們在起源上唯有按照目的的因果性才能夠想像爲可能的事物而言，畢竟至少在涉及繁殖時，把自然視爲自我產生的，而不僅僅是展開的，這樣就畢竟是盡可能少花費超自然的東西，而把從最初開端以來的一切相隨的東西都留給了自然（但關於這個最初開端卻沒有規定什麼東西，它是物理學隨便用什麼樣的原因鏈條來嘗試，也總要在這上面一事無成的）。

就這種新生論的理論而言，無論是在證明這個理論還是在部分地透過限制它的一種過於狂妄的應用而建立其運用的眞正原則方面，沒有任何人比樞密官布魯門巴赫（Blumenbach）[2]先生有更多的成就了。關於有機物質，他提升了這些形態的一切物理學解釋方式。因爲他有理由宣稱，說粗糙的物質在起源上是按照機械法則自己形成的，說生命能夠從無生命的東西的本性中產生出來，物質能夠自行使自己適應一種自己保存自己的合目的性的形式，這是違背理性的；但是，他同時在一種原始有機化的這種我們無法探究的原則之下給機械作用留下了一個無法規定的，同時畢竟也不會認錯的份額，爲此，一個有機存在者中物質的能力（與普遍寓於物質之中的純然機械的形成力有別的能力）被他稱爲一種（彷彿是從屬於對前一種形成力的更高引導和指令的）形成本能。

---

② 布魯門巴赫（Johann Friedrich Blumenbach，一七五二—一八四〇），作爲解剖學家和比較動物學家在格廷根大學任職幾近六十年（一七七六—一八三五）。參見其著作《論形構衝動和生殖活動》，格廷根，一七八一年；一七八九年以簡化了的標題《論形構衝動》在同地出版。——科學院版編者注

第八十二節　有機存在者的外在關係中的目的論體系

我把外在的合目的性理解爲這樣一種合目的性，在那裡自然的一個事物作爲達成目的的手段而有利於另一個事物。現在，那些不具有任何內在的合目的性，或者不爲其可能性而以內在的合目的性爲前提條件的事物，例如：土、氣、水等，仍然可以外在地，亦即在與其他存在者的關係中，是很合目的的；但是，這些其他存在者必須在任何時候都是有機存在者，亦即是自然目的，因爲若不然，那些事物就也不能被評判爲手段了。這樣，水、氣和土就不能被視爲堆積起山脈來的手段，因爲山脈就自身而言根本不包含任何要求其可能性在目的上有一個根據的東西，因此山脈的原因永遠不能與目的相關在一個（用於目的的）手段的謂詞下來表現。

外在的合目的性是與內在的合目的性的概念完全不同的一個概念，內在的合目的性是與一個對象的可能性結合在一起的，而不論這個對象的現實性本身是不是目的。關於一個有機存在者人們還可以問：它是爲了什麼而存在的？但對於那些人們在其身上只認識到自然的機械作用的結果的事物，就不能輕易這樣問了。因爲在前一些事物中，我們已經爲它們的內在可能性設想了一種根據目的的因果性，即一個能創造的理智，並且把這種主動能力與它的規定根據即意圖聯繫起來。只有唯一的一種外在的合目的性，是與有機化的內在合目的性有關聯的，而且不可以問這個被如此有機化的存在者正好是爲了什麼目的而必須實存，但卻仍然在一個手段的外在關係中充當目的。這就是兩性爲了繁衍自己的種類而在相互關係中的有機化；因爲在這裡人們總還是像在一個個個體那裡一樣問道：這樣一對配偶爲什麼必然實存呢？回答是：這一對在這裡首次構成了一個進行有機化的整體，雖然不是在一個唯一的身體中被有機化的整體。

現在如果人們問一個事物爲了什麼而存在，那麼，回答要麼是：它的存在和它的產生根本不與一個按照意圖產生作用的原因有關係，而這樣一來人們就總是從自然的機械作用來理解它的一種起源；要麼就是：它（作爲一個偶然的自然存在者）的存在有一個有意的根據，而且這個思想是人們很難與一個有機事物的概念分開的，因爲既然我們一度必須爲它的內在可能性配上一個終極因的因果性和一個作爲這種因果性的基礎的理念，所以，我們也就只能把這個產品的實存當作目的來思考。因爲被表象的結果，如果它的表象同時是它的產生的有理智的作用因的規定根據，它就叫做目的。因此在這種場合，人們就要麼說：這樣一個自然存在者的實存的目的就在它自身之中；也就是說，它不僅是目的，而且還是終極目的；要麼就說：它實存的目的在它之外的其他存在者裡面；也就是說，它不是作爲終極目的，而是必然同時作爲手段而合目的地實存。

但是，如果我們綜觀整個自然，那麼，我們在這個作爲自然的整個自然中就找不到任何能夠要求作爲創造的終極目的之優先權的存在者；人們甚至能夠先天地證明：那種也許對於自然來說還有可能是一個最終目的的事物，按照我們可能給它配備的一切想得出來的規定和屬性，畢竟作爲自然事物永遠不能是一個終極目的。

如果看一看植物界，那麼，人們一開始就可能由於它藉由差不多散布到任何地面上的那種無法測度的能產性，而產生這樣的思想，即把它視爲只是自然的機械作用的產品，自然在礦物界的形成中就表現出這種機械作用。但對植物界裡面那種無法描繪的睿智的有機化的進一步認識，就使我們不固執於這種思想，而是引發出這樣的問題：這些造物是爲了什麼而存在呢？如果人們回答說：爲了以它們爲生的動物界，以便動物界能夠以如此多種多樣的種類散布到地球上，那麼就又出現這個問題：究竟這些食草動物是爲了什麼而存在呢？回答也許會是：爲了那些只能以具有生命的對象爲生的食肉動物。最終的問題是：這些食肉動物連同前面的幾種自然界爲了什麼而是善的呢？是爲了人作多種多樣的利用，是人的知性教給它對所有那些造物作這樣的利用的；而人就是創造在這塵世上的最終目的，因爲人是塵世唯一能夠給自己形成一個關於目的的概念，並能夠透過自己的理性把合目的地形成的諸般事物的集合體，變成一個目的的系統的存在者。

人們也可以與林耐（Linnäus）爵士一起走上表面看來相反的道路，並且說：食草動物是爲了抑制植物界的瘋長而存在的，這種瘋長會使許多植物物種窒息；食肉動物是爲了給那些食草動物的貪吃設立界限而存在的；最後，人是爲了透過追捕和減少食肉動物而在自然的生產力量和毀滅力量之間造成某種平衡而存在的。這樣，人儘管也可能在某種關係中被讚賞爲目的，但畢竟在另外的關係中又會只具有一個手段的地位。

如果人們使地球造物的種類的多樣性及其作爲合目的地建構的存在者的相互外在關係中的一種客觀的合目的性成爲原則，那麼，符合理性的是，在這種關係中又根據終極因設想一種有機化和所有自然界的一個系統。然而在這裡，經驗看起來是與理性準則公然相矛盾的，尤其是涉及自然的一個最終目的時，這個最終目的畢竟是這樣一個體系的可能性所需要的，而且我們也只能把它設定在人身上，因爲就人作爲許多動物種類的一種而言，自然倒是無論就毀滅性力量來說還是就生產性力量來說都沒有給人絲毫的例外，而是使一切都服從於自然的沒有一個目的的機械作用。

爲了地球上的自然存在者的一個合目的的整體，而必須在一種安排中有意地建立起來的第一個東西，也許就是這些自然存在者的居住地，即土地和適宜的環境，它們要在其上和其中繁衍自己的後代。然而，對一切有機生產的這個基礎之性狀的一種更確切的認識所指示的，卻不是別的原因，而是完全無意地產生作用的原因，甚至與其說是有利於生產、秩序和目的的原因，倒不如說是毀滅性的原因。陸地和海洋不僅包含著它們和一切在它之上和之中的造物所遭受的古代猛烈的摧毀的遺跡；而且它們的整個結構、陸地的地層和海洋的邊界，都完全具有一個在混沌狀態中勞作的自然那些狂暴的、萬能的力量之產品的外觀。無論現在陸地的形態、結構和斜坡看起來被安排得對於接受來自空中的雨水、對於多種多樣性質（對於各種各樣的產品來說）的地層之間的水脈和江河的流淌來說多麼合乎目的，畢竟對它們的進一步研究證明，它們只是有的作爲火山爆發的結果、有的作爲洪水暴發的結果，或者還作爲海嘯的結果而造成的；不僅是就這種形狀的最初產生而言，而且尤其是就這形狀後來的重塑連同那些最初的有機生產的衰亡而言，都是如此。③如果所有這些造物的居住地，即（陸地的）生殖層和（海洋的）生殖區所指示的不是別的，而是其產生的一種完全無意的機械作用，那麼，我們又如何並且有什麼權利來要求和主張後面這些產品有一個另外的起源呢？儘管就像對那些自然毀滅的殘留物所作的最仔細的審視（根據坎培爾的判斷）看起來所證明的那樣，人並沒有被一同包括進這些變革中去，但人畢竟如此依賴於其餘的地球造物，以至於如果承認自然有一種普遍支配其他造物的機械作用，人就必然被視爲一同包括在其中的；儘管人的知性已經能夠（至少在大多數情況下）在這些毀滅中拯救人了。

但是，這個論證似乎所證明的東西要多於當初提出它所考慮的那個意圖所包含的；也就是說，它不僅證明人不可能是自然的什麼最終目的，以及地球上的有機自然事物的集合體不

---

③如果一度被接受的**自然史**這個名稱應當爲自然的描述而保留下來的話，那麼，人們就可以把它字面上所表明的東西，亦即地球那人們不可以指望有任何確定性，卻畢竟有很好的理由去大膽猜測的過去的古老狀態的一種展現，稱爲**自然的考古學**，以與藝術相對立。屬於前者的會是化石，就像屬於後者的會是雕刻過的石頭等一樣。因爲既然人們雖然於情理之中緩慢地，卻畢竟現實地（以一種地球理論的名義）不斷從事著這樣一種自然史，所以這個名稱恰恰不會被給予一種純然想像出來的研究，而是被給予自然本身在邀請和要求我們去從事的這樣一種自然研究。

可能是一個目的系統；而且還證明，甚至以往被視爲自然目的的那些自然產品，除了自然的機械作用之外，也沒有任何別的起源。

然而，在上述對有機自然存在者的機械產生方式和目的論產生方式各原則的二論背反的解決中，我們已經看到：既然這些原則就按照這些自然存在者的特殊法則（但是，我們卻沒有打開它們的系統關聯的鑰匙）而形成的自然而言，只是一些反思性判斷力的原則，亦即它們並不去規定這些自然存在者的起源自身，而是僅僅說，我們按照我們知性和我們理性的性狀只能根據終極因來在這類存在者中設想它們的起源，在嘗試對它們作機械的解釋方面的最大可能的努力，甚至冒險不僅是允許的，而且我們也被理性召喚著去這樣做，儘管我們知道，出自我們知性的特殊性質和局限的種種主觀理由（而絕不是由於這種產生的機械作用與按照目的的起源自身相互矛盾），我們這樣做是永遠不夠的；而且最終，在（不論是我們之外的，還是我們之內的）自然的超感性原則中也許根本就不可能有表現自然之可能性的這兩種方式的一致，因爲按照終極因的表象方式只是我們的理性應用的一個主觀條件，如果它不只是想要懂得對作爲顯象的對象作評判，而且要求把這些顯象本身連同它們的原則都與那超感性的基底相聯繫，以便有可能發現它們的統一性的某些法則的話，而這統一性唯有透過目的（對此理性也擁有這樣一些超感性的目的）才能使自己表現出來。

第八十三節　作爲一個目的論系統的自然的最終目的

我們在前面指出過，我們有充分的理由把人不僅像一切有機存在者那樣作爲自然目的，而且在這個塵世上也作爲所有其餘的自然事物與之相關而構成一個目的的系統的那個自然最終目的，按照理性的原理來評判，雖然這不是爲了規定性的判斷力，卻畢竟是爲了反思性的判斷力。如果那種作爲目的應當透過人與自然的連結而得到促進的東西必須在人自己身上來發現，那麼，這種目的就必須要麼具有這樣的性質，即人本身能夠透過自然的仁慈而得到滿足；要麼這就是對自然能夠（外在地和內在地）被人利用來達到的各種各樣目的的適應性和技巧。前一種自然目的將會是幸福，後一種自然目的將會是人的文化。

幸福的概念並不是人也許從他的本能抽出來，並這樣取自他裡面的動物性的一個概念；而只是一種狀態的理念，他要使這狀態在純然經驗性的條件下與這理念相符合（而這是不可能的）。他自己給自己構想出這個理念，確切地說，是以如此各不相同的方式透過他那與想像力和感官糾纏著的知性來構想；他甚至如此經常地改變這個概念，以至於自然即便完全服從他的任性，也畢竟絕對不能爲了與這個動搖不定的概念，並這樣與每個人任意地爲自己設置的目的協調一致，而呈現出任何確定的、普遍的和固定的法則。但是，即使我們要麼想把這個概念貶低成我們的種類在其中完全與自己協調一致的那種眞正的自然需要，要麼在另一方面還想如此提高達成想像出來的目的的技巧，但人所理解的幸福以及事實上是他自己的最終自然目的（不是自由的目的）的東西，畢竟是他永遠達不到的；因爲他的本性不具有就占有和享受而言在某個地方停下來並被滿足的性質。另一方面，自然遠遠不是把他當作自己特殊的寵兒來對待，善待他超過一切動物，毋寧說自然正如對待任何其他動物一樣，並沒有使他在其破壞作用方面，在瘟疫、饑餓、水患、嚴寒，其他大大小小動物的侵襲以及諸如此類的東西方面受到保護；但更有甚者，人身上的**自然稟賦**的那種荒謬的東西還把人置於自己設想出來的磨難中，並把他自己種類的其他人透過統治的壓迫、戰爭的野蠻等置於這樣的絕境，而他自己也在盡自己的能力致力於毀滅自己的種類，甚至即便在我們外部有最仁慈的自然，如果自然的目的是針對我們這個物種的幸福而提出的話，這個目的也是不會在塵世的一個自然系統中被達到的，因爲我們內部的自然並不易於被這樣的外部自然所感動。因此，人永遠只是自然目的鏈條上的一個環節：他雖然就某些目的而言是原則，似乎是自然在自己的規劃中透過他自己使自己成爲原則而把他規定爲這原則的；但他畢竟也是在其他環節的機械作用中維持合目的性的手段。作爲塵世唯一具有知性，因而具有任意地自己給自己設定目的的能力的存在者，他雖然是自然名義上的主人，而且如果人們把自然視爲一個目的論系統的話，他按照自己的使命也是自然的最終目的；但這永遠只是在這樣的條件下，即他理解這一點，並具有給自然和他自己提供出這樣一個目的的關係來的意志，這目的的關係能夠不依賴於自然而自給自足，因而是終極目的，但這終極目的是根本不必在自然中尋找的。

但是，爲了發現我們在人身上的什麼地方至少能夠設定自然的那個最終目的，我們就必須找出自然為了使他有準備去做他為了成為終極目的就必須去做的事情而能夠提供的東西，並把這東西與所有其可能性基於人們只可以期待於自然的條件的那些目的分別開來。塵世的幸福就具有後一種性質，它被理解為人的一切透過人之外和人之內的自然而可能的目的的總和；這是人在塵世的所有目的的質料，這種質料，如果他使之成為他的整個目的，就使他沒有能力為他自己的實存設定一個終極目的並與之協調一致。因此，人在自然中的所有目的的也就只剩下了形式的、主觀的條件，亦即一般而言自己為自己設定目的，並且（在人規定目的時不依賴於自然）一般而言與他的自由目的相適合地把自然當作手段來使用的適應性的條件，這是自然就外在於它的終極目的而言所能夠做到的，因而這就能夠被視為自然的最終目的。一個有理性的存在者一般而言對隨便什麼目的的適應性（因而是在他的自由中的適應性）的產生就是文化。因此，唯有文化才能夠是人們有理由就人類而言歸之於自然的最終目的（而不是他自己的塵世幸福，或者根本不只是在外在於他的無理性自然中建立秩序和一致性的最重要的工具）。

但是，並非任何文化都足以成為自然的這個最終目的。技巧這種文化當然是對一般而言促進目的的適應性的最重要的主觀條件；但是，它畢竟不足以在規定和選擇自己的目的方面促進意志，而這種規定和選擇卻是對目的的一種適應性的全部範圍所要求的。適應性的這後一個條件，人們可以把它稱為教化（訓練），它是否定性的，在於把意志從欲望的專制中解放出來，欲望的這種專制使我們依附於某些自然事物，沒有能力自己作選擇，因為我們讓衝動充當了我們的枷鎖，自然賦予我們這些衝動只是充當導線，爲的是不忽視或者甚至傷害我們裡面的動物性的規定，然而我們畢竟有足夠的自由，根據理性的目的所要求來繃緊或者放鬆、延長或者縮短這些導線。

技巧在人類中不借助於人們中間的不平等也許就不能得到發展，在這裡，大多數人彷彿是機械地、爲此不需要特殊的藝術而在爲另一些從事著文化那些不大急需的部門，即科學和藝術的人的舒適和閒暇操辦生活必需品，並被後一些人保持在受壓迫、辛苦勞累和少有享受的狀態中，但較高階層的文化畢竟有一些逐漸地擴散到這個階層。但是，隨著文化的進步（這進步的頂點就叫做奢侈，如果對必需之物的癖好已經開始對必需之物造成損害的話），磨難也在兩個方面同樣劇烈地增長著，一方面是由於外來的暴行，另一方面是由於內心的不滿足；但是，這種引人注目的苦難畢竟是與自然稟賦在人類中的發展結合在一起的，而自然的目的本身，雖然不是我們的目的，卻畢竟在這裡得到了實現。自然唯有在其下才能實現自己這個終極意圖的那個形式條件，就是人們相互之間的關係中的法制狀態，在其中，對彼此之間交互衝突的自由的損害，是由一個叫做**公民社會**的整體中的合法的暴力來對付的；因爲只有在這種狀態中，自然稟賦的最大發展才可能發生。但是，爲了這種法制狀態，即便人類聰明得足以發現它，並且睿智得足以自願服從它的強制，也畢竟還需要一個世界公民的整體，亦即所有那些處在相互產生傷害作用的危險之中的國家的一個系統。沒有這個系統，由於榮譽欲、統治欲和占有欲尤其在手中握有暴力的人那裡，甚至給這樣一個系統

433

的可能性所設置的障礙，戰爭（在其中有時一些國家分裂並解體爲一些更小的國家，有時一個國家使另一些更小的國家與自己合併，並力求構成一個更大的整體）就是不可避免的，戰爭儘管是人們的一種無意的（由放縱的熱情所激起的）嘗試，卻畢竟是至上智慧的深深地隱藏起來的，也許是有意的嘗試，即借助於各個國家的自由，即便不是建立起合法性，並由此建立起各個國家的一個有道德基礎的系統的統一性，也仍然爲之作了準備，並且儘管有戰爭加給人類的種種極其可怕的劫難，以及在和平時期從不間斷的備戰壓迫著人們的也許更大的劫難，戰爭仍然更多的是一種動機（在對一種人民幸福的安寧狀態的希望越來越遠去的時候），要把一切有利於文化的才能發展到最高程度。

至於偏好，自然稟賦在我們作爲一個動物種類的使命方面對它們來說是完全合目的的，但它們卻使得人類的發展變得非常困難，就對它們的訓練而言，畢竟在文化的這第二個要求上也表現出自然對一種培訓的合目的的努力，這種培訓使得我們能夠接受比自然本身所能提供的更高的目的。鑑賞的文雅化直至其理想化，甚至在作爲虛榮的一種食糧的科學之中的奢侈，透過一大批由此產生的無法滿足的偏好，把種種災禍傾倒到我們頭上，這些災禍的優勢是無可爭議的；與此相反，自然的目的也是一目了然的，即從更多地屬於我們裡面的動物性，並與我們更高使命的培訓極端對立的那些偏好（享受的偏好）的粗野和狂暴那裡贏得越來越多的東西，爲人類的發展騰出地盤。美的藝術和科學借助於一種可以被普遍傳達的愉快，借助於對於社交來說的磨練和文雅化，雖然不能使人在道德上變得更好，但還是使人文明起來，它們從感官癖好的專制那裡贏得了很多東西，並由此使人對唯有理性才在其中執掌權力的那種統治作好了準備，此時，或由自然、或由人們互不相容的自私帶給我們的那些災禍，同時也就召喚、提升和鍛鍊著靈魂的力量，使之不屈服於這些災禍，並使我們這樣感覺到潛存在我們心中的一種對更高目的的適應性。④

第八十四節　一個世界之存在亦即創造本身的終極目的

終極目的是這樣一種目的，它不需要任何別的東西作爲它的可能性的條件。

如果對於自然的合目的性來說自然的純然機械作用被假定爲解釋根據，那麼，人們就

④ 如果一種價值僅僅按照人們享受什麼（按照一切偏好之總和的自然目的，即幸福）來估量，則生活對於我們具有一種什麼樣的價值，就容易作出裁定了。這種價值將降至零下；因爲誰會願意在同樣的條件下，或者即便按照一個新的、自己構想的（畢竟是按照自然進程的），但也僅僅是建立在享受之上的計畫，再次涉足生活呢？根據那種按照自然與我們共有的目的而過的生活自身所包含的東西以及在於人們做什麼（不只是享受什麼）的東西來生活，哪怕我們永遠只是達成不確定的終極目的的手段，這樣的生活具有什麼樣的價值，這在上面已經指出過了。因此，剩下來的也許只是我們透過我們不僅做什麼，而且也如此不依賴於自然而合目的地做什麼而賦予我們的生活價值，以至於甚至自然的實存也唯有在這個條件下才是目的。

不能夠問：世界上的事物是爲了什麼而存在的；因爲這樣一來，按照這樣一種理念論的體系，所說的只是事物的物理學的可能性（把這種可能性設想爲目的，對我們來說只會是無客體的玄想），人們也盡可能根據偶然或者盲目的必然性來解釋事物的形式，在這兩種情況下那個問題都會是空洞的。但是，如果我們假定世界上的目的結合是實在的，並爲它而假定一種特殊的因果性，亦即一個**有意地產生作用**的原因，那麼，我們就不能停留在這個問題上：世界的事物（有機存在者）爲什麼具有這種或者那種形式、爲什麼被自然置於對其他事物的這種或者那種關係中；相反，一旦設想一個必須被視爲像在事物身上現實地發現的這樣一些形式的原因的知性，那就必須在這個知性中追問客觀的根據，這個根據能夠規定這個生產性的知性去得出這種性質的結果，它才是這類事物之所以存在的終極目的。

我在上面說過：終極目的不是自然足以造就並且按照其理念產生出來的目的，因爲終極目的是無條件的。這是由於在自然（作爲一個感性存在者）中沒有任何東西，其處於自然本身中的規定根據不會永遠又是有條件的；而且這一點不僅適用於我們之外的自然（物質性的自然），而且也適用於我們之內的自然（能思維的自然），這可以理解爲，我在我裡面只考察那是自然的東西。但一個事物，必然地由於其客觀性狀而應當作爲一個有理智的原因的終極目的而實存，就必須具有這樣的性質，即它在目的的秩序中不依賴於任何其他方面的條件，而只依賴於自己的理念。

現在，我們在世界上只有唯一的一種存在者，它們的因果性是目的論的，亦即是指向目的的，而畢竟同時具有這樣的性狀，即它們應當據以爲自己規定目的的那個法則，被它們自己表現爲無條件的和不依賴於自然條件的，但就自身而言卻是必然的。這種類型的存在者就是人，但卻是作爲本體來看的人；唯有這樣的自然存在者，我們在它身上從它自己的性狀方面，能夠認識到一種超感性的能力（自由），甚至認識到那種因果性的法則，連同這種因果性的那個能夠把自己預設爲最高目的的客體（世界上的至善）。

現在，關於作爲一個道德存在者的人（同樣，關於世界上的任何有理性的存在者），就不能再去問：他是爲了什麼（**quem in finem**〔爲何目的〕）而實存的。他的存在在自身中就具有最高的目的，他能夠盡自己所能使整個自然都服從這個最高目的，至少他可以堅持不違背這個最高目的而屈從於自然的任何影響。——如果這個世界的事物作爲在其實存上有所依賴的存在者，而需要一個按照目的來行動的至上原因的話，那麼，人就是創造的終極目的；因爲若是沒有這個終極目的，相互隸屬的目的的鏈條就不會被完備地建立起來；而唯有在人裡面，但也是在這個僅僅作爲道德性的主體的人裡面，才能發現目的方面的無條件立法，因此，唯有這種立法才使人有能力成爲終極目的，整個自然都是在目的論上隸屬於這個終極目的的。⑤

436

⑤ 世界上的有理性存在者的幸福有可能是自然的一個目的，而這樣一來，幸福就也會是自然的最終目的了。至

第八十五節　論自然神學

自然神學是理性從自然的種種目的（它們只能經驗性地被認識）推論到自然的至上原因及其屬性的嘗試。一種**道德神學**（倫理神學）則是從自然中的理性存在者的道德目的（它能

少人們不能先天地看出，自然爲什麼不應當如此安排，因爲透過它的機械作用，至少就我們所看出的而言，這是完全可能的。但是，道德性和一種隸屬於它的按照目的的因果性卻絕對不是透過自然原因而可能的；因爲規定它們成爲行動的原則是超感性的，因而是目的秩序中唯一可能就自然而言完全無條件的東西，從而唯有它們的主體才有資格成爲整個自然都隸屬於其下的創造的**終極目的**。——與此相反，如同上一節根據經驗的見證已指出的那樣，就具有勝過其他造物的優點的人而言，**幸福**就連**自然目的**也不是，說它應當是**創造的終極目的**就大錯特錯了。人盡可以使幸福成爲自己最終的主觀目的。但是，如果我追問創造的終極目的：人本來是爲了什麼而必須實存的呢？那麼，這說的就是一個客觀的至上目的，就像最高理性爲自己的創造會要求這樣一個至上目的一樣。如果人們現在對此回答說：爲的是那個至上的原因能夠對之行善的那些存在者實存，那麼，人們就與人的理性本身使人的最內在的幸福願望去服從的那個條件（亦即與人自己的內在道德立法的協調一致）相矛盾了。這就證明：幸福只能是有條件的目的，因而人唯有作爲道德存在者才能是創造的終極目的；但是，就人的狀態而言，幸福唯有作爲按照那種協調一致的後果，才與那個作爲人的存在目的的終極目的相結合的。

夠先天地被認識）推論到那個原因及其屬性的嘗試。

前者自然而然地先行於後者。因爲如果我們想以目的論的方式從世界上的事物推論到一個世界原因，那麼，首先就必須有自然的種種目的被給予，然後我們就可以爲這些目的尋找一個終極目的，並爲這個終極目的尋找這個至上原因的因果性原則。

437 對自然的許多研究都能夠而且必須按照目的論的原則進行，人們沒有理由去追問我們在種種不同的自然產物那裡遇到的按照目的的產生作用的可能性的根據。但是，如果人們想對此也有一個概念，則我們爲此絕不擁有任何進一步的洞識，而是只有反思性的判斷力的準則；也就是說，即使只有唯一的一個有機的自然產物被給予我們，按照我們認識能力的性狀，我們對此也不能設想別的任何根據，只能是自然本身（或者是整個自然，或者哪怕是自然的這個部分）的一個原因的根據，這個原因透過知性而包含著該產物的因果性；透過這條判斷原則，我們在解釋自然事物及其起源方面雖然絲毫沒有走得更遠，但它畢竟爲我們超出自然之外展現出一些遠景，以便也許能夠更精確地規定一個原始存在者通常如此毫無成效的概念。

現在我要說：自然神學無論被推進多遠，畢竟不能關於創造的一個終極目的爲我們顯示任何東西；因爲它甚至達不到關於這一終極目的的問題。因此，它雖然能夠把一個有理智的世界原因的概念，當作關於我們能夠按照目的來說明的事物的可能性的一個主觀上對我們認識能力的性狀來說唯一適用的概念，來爲之進行辯護，但卻無論在理論方面還是在實踐方面都不能進一步規定這一概念；而且它的嘗試也達不到它奠立一種神學的意圖；相反，它始終只不過是一種自然目的論而已：因爲在它裡面的目的關係總是被並且必然被僅僅視爲在自然中有條件的；因而甚至根本不能探詢自然本身實存的目的（爲此必須在自然之外尋找根據），儘管如此，那個高高在上的有理智的世界原因的確定概念、因而一種神學的可能性，仍然是取決於這個目的的確定理念的。

世界上的事物爲了什麼而相互有用，一個事物中的雜多爲了什麼而對這個事物是好的，人們何以有理由假定，世界上沒有任何東西是白費的，而是在某些事物（作爲目的）應當實存的條件下，一切都爲了**自然中**的某種東西而是好的，因此，對於判斷力來說，理性在這方面關於它不可避免地作出目的論判斷的客體的可能性，就其能力而言所擁有的原則，無非是使自然的機械性從屬於一個有理智的世界創造者的建築術；凡此種種，都是目的論的世界考察十分傑出地、極爲令人讚賞地提供的。但是，由於規定一個理智的世界原因（作爲最高的藝術家）的那個概念所用的素材，從而還有原則，都是純然經驗性的，所以，它們就使得除了經驗就其結果向我們顯示的之外，不能進一步推論出任何屬性；而經驗既然絕不能夠把整個自然當作體系來把握，所以就必然經常遇到一些（就外表來看）與那個概念抵觸並且相互抵觸的證明根據，但即便是我們有能力經驗性地就其僅僅涉及自然而言綜觀整個體系，經驗也永遠不能把我們提升到自然之上，達到自然的實存本身的目的，並由此達到那個高高在上的理智的確定概念。

如果人們縮小一種自然神學所要解決的任務，那麼，其解決就顯得容易了。也就是說，如果人們把關於一個神祇的概念運用於任何一個由我們設想的有理智的存在者，而不論這樣的存在者是有一個還是有很多，它具有許多並且十分偉大的屬性，但卻恰好不具有建立一個與最大可能的目的相一致的自然所要求的一切屬性；或者如果人們認爲在一個理論中透過任意的附加來彌補證明根據所提供的東西的匱乏是毫無價値的，並且在人們只有理由假定許多完善性（而對於我們來說，什麼是許多呢？）的地方，卻自認爲有權預設一切可能的完善性；那麼，自然目的論就提出了一些重大的要求，即要求有奠立一種神學的榮譽。但是，如果要求指明究竟是什麼敦促我們，此外給我們以權利作出那種補充的，那麼，我們在理性的理論應用的原則中尋找爲我們辯護的根據就是白費力氣了；理性的理論應用絕對要求，爲解釋經驗的一個客體而賦予它的屬性不得多於爲了它們的可能性而能夠發現的經驗性材料。在更精確的審視中我們將看到，眞正說來，是關於最高存在者的一個基於完全不同的理性應用（實踐的理性應用）的理念，在我們裡面先天地作爲基礎，是它敦促我們補充一種自然神學關於自然中種種目的的原始根據的有缺陷的表象，直到使之成爲神的概念；而且我們不要錯誤地想像，已經確立了這一理念，並憑藉它而透過自然世界知識理論上的理性應用就已經確立了一種神學，更談不上已經證明了它的實在性。

如果古人設想自己的諸般神靈部分地在其能力上、部分地在其意圖和意向上都極爲不同，但卻都還以人的方式受到限制，即便是他們的元首也不例外，則人們也不能深責古人。因爲在他們觀察自然中的種種事物的安排和進程時，他們雖然發現了充足的理由來假定某種超出機械性的東西作爲自然的原因，並且在這個世界的機械裝置背後猜測到某些高高在上的原因的意圖，他們只能把這些原因設想爲超人的。但是，由於他們發現善與惡、合乎目的的東西與違背目的的東西在這個世界上，至少對我們的見識來說是極爲混雜的，並且不能冒昧地爲了一個盡善盡美的創造者的武斷理念，而假定一些儘管如此仍暗中作爲基礎的、智慧的和慈善的目的，而他們卻看不出這些目的的證明，所以，他們關於至上的世界原因的判斷就很難不是這般結果；也就是說，只要他們始終一貫地按照理性純然的理論應用的準則行事的話。另一些作爲物理學家同時又要做神學家的人，想在憑藉關於一個存在者的理念來關注理性所要求的自然事物之原則的絕對統一性這一點上，來爲理性找到滿足，在這個作爲唯一實體的存在者裡面包含著那些事物全都只是依存的規定，這個實體雖然並不透過理智而是世界的原因，但它作爲主體，畢竟可以在它裡面發現種種塵世存在者的一切理智；因而是這樣一個存在者，雖然它並不按照目的而產生某種東西，但在它裡面畢竟一切事物都由於它們僅僅是其規定的那個主體的統一性，即便是沒有目的和意圖也必須必然合目的地相互關聯。於是，他們就引入了終極原因的理念論：因爲他們把一大批合目的地結合起來的實體的如此難以找出的統一性，從對一個實體的因果依賴性轉化成了在一個實體中的依存性；就後果而言，這樣的體系從依存的塵世存在者方面來看做泛神論，從（後來）作爲原始存在者的唯一自存的主體方面來看做斯賓諾莎主義，就不僅沒有解決自然的合目的性的最初根據的問題，而且還毋寧說是把這一問題宣布爲無價値，因爲後一個概念被剝奪了一切實在性，就完全成了對關於事物的一種普遍的本體論概念的純然誤解。

因此，按照理性應用的純然理論的原則（自然神學僅僅基於這些原則），永遠不能發現足以使我們對自然作出目的論判斷的神祇概念。因爲我們要麼就宣布一切目的論都是判斷力在判斷事物的因果結合時的純然錯覺，並且逃避到自然的一種純然機械性的唯一原則，而自然由於實體的統一性（從這種統一性來看，自然無非是這個實體的種種規定的雜多而已），只是對我們顯得包含著種種目的的一種普遍關係而已；要麼，如果我們不用這種終極原因的理念論，想依然忠實於這一特殊類型的因果性的實在論的原理，那麼，無論我們給種種自然目的配上多個有理智的原始存在者，還是只配上一個，一旦我們爲確立關於這個存在者的概念，而僅僅擁有從世界上的現實目的結合獲得的經驗原則，則我們一方面就違背自然就目的的統一性而言在許多實例中顯示出的不一致性而一籌莫展，另一方面只要我們由純然的經驗來授權得出一個唯一的理智原因的概念，就永遠不能爲某種無論以什麼方式（在理論上或者實踐上）而可用的神學足夠確定地得出這一概念。

自然目的論雖然敦促我們去尋找一種神學，但卻不能產生出一種神學，不論我們在多大程度上透過經驗追蹤自然，並且透過理性理念（它們對於物理學的任務來說必須是理論的）來支持在自然中所發現的目的的結合。如果自然關於終極意圖並不告訴，也永遠不能告訴我們任何東西，那麼，人們就有理由抱怨說，我們把一個偉大的、一個對我們來說無法測度的理智當作所有這些安排的基礎，讓它按照意圖來布置這個世界，又有什麼用呢？沒有終極意圖，我們畢竟就不能形成所有這些自然目的的一個共同的關聯點，不能形成一個充足的目的論原則，來一方面全都在一個體系中認識這些目的，另一方面關於作爲這樣一個自然的原因的至上理智，形成一個能夠充當我們對這個自然進行目的論反思的判斷力的準繩的概念。在這種情況下，我雖然對於種種分散的目的來說有一個藝術理智，但對於畢竟必然包含著前者的規定根據的一個終極目的卻沒有一個智慧。但是，唯有純粹理性才能先天地提供一個終極目的（因爲世界上的一切目的都是經驗性地有條件的，所能夠包含的無非是作爲偶然的意圖對此或者對彼好的東西，而不是絕對好的東西），唯有這個終極目的才會教導我應當設想自然的至上原因的什麼屬性、什麼程度和什麼關係，以便把自然判斷爲一個目的論的體系；缺少了這個終極目的，我如何以及有什麼權利可以在此隨意地把我能夠建立在我綿薄的世界知識之上的關於那個原始的理智、關於這個原始存在者實現其理念的力量、關於它這樣做的意志的十分受限制的概念加以擴展，直至補充爲一個全智的、無限的存在者的理念呢？這如果應當是在理論上發生的，那就會在我自己裡面預設一種全知，以便在其完整的聯繫中洞察自然的種種目的，並且在這之上還能夠設想其他一切可能的計畫，與之相比目前的計畫必須有理由被判斷爲最好的計畫。因爲沒有對結果的這種圓滿的知識，關於至上的原因，我就不能推論出任何確定的概念（這個概念唯有在關於一個在一切方面都無限的理智的概念中，也就是在一個神的概念中才能發現），並爲神學奠定一個基礎。

441

因此，無論自然目的論有怎樣的可能擴展，按照上面所援引的原理，我們還是能夠說：按照我們的認識能力的性狀和原則，我們不能以別的方式就其種種已爲我們所知的合目的的安排而言來設想自然，只能把它設想爲一個它所從屬的理智的產物。但是，這個理智憑藉自然的整體及其產生是否還會有一個終極意圖（這個終極意圖在這種情況下就不會在感官世界的自然裡面），這是理論的自然研究永遠不能爲我們揭示的；相反，無論對自然有多少知識，那個至上的原因是否在任何地方都按照一個終極目的，而並非毋寧說透過一個由其本性的純然必然性所決定要產生某些形式的理智（根據與我們在動物那裡稱爲藝術本能的東西的類比）而是自然的原始根據，這依然是懸而未決的：沒有必要因此就哪怕只把智慧賦予這一原因，更不用說把最高的、與其產物的完善性所需要的其他一切屬性相結合的智慧賦予它了。

因此，自然神學是一種被誤解的自然目的論，唯有作爲神學的準備（預科）才是可用的，而且唯有透過附加另一個它能夠依靠的原則才對這一意圖來說是充足的，但卻不是就自身而言、如其名稱所要顯示的那樣是充足的。

第八十六節　論倫理神學

有一個判斷，即便最平常的知性在反思世界上的事物的存在以及世界本身的實在時也不能擺脫它，那就是：一切形形色色的造物，無論它們有多麼偉大的藝術安排，有多麼多種多樣的合目的地彼此相關的聯繫，甚至包括它們的許多我們不正確地稱之爲世界的體系的那個整體，如果在它們裡面沒有人（一般的理性存在者），它們的存在就會沒有任何目的；也就是說，如果沒有人，整個創造就會是一片純然的荒野，就會是白費的，沒有終極目的。但是，世界上其餘一切東西的存在都唯有與其相關才獲得自己的價值的東西，卻也不是人的認識能力（理論理性），就好像是爲了要有某人存在來能夠觀察世界似的。因爲如果對世界的這種觀察向他展現的無非是沒有終極目的的事物，那麼，從世界被認識這一事實也不能產生出世界存在的價值；而且人們必須已經預設它的一個終極目的，與這個終極目的相關，對世界的考察本身就具有一種價值。我們與之相關而設想創造的終極目的的已被給予的東西，也不是快樂及其總和的情感；也就是說，我們據以估量那種絕對價值的，不是安康，不是享受（無論是肉體的還是精神的），一言以蔽之，不是幸福。因爲：人如果存在，就使幸福成爲自己的終極意圖，這卻沒有提供任何概念，來說明他究竟爲何存在，他本身具有什麼價值，以使他的實存對他來說成爲愜意的。因此，他必須已經被預設爲創造的終極目的，以便有一個理性根據，來說明自然爲什麼在被按照目的的原則視爲一個絕對的整體時，必然與他的幸福相一致。——因此，這種東西僅僅是欲求能力，但不是那種（透過感性衝動）使他依賴於自然的欲求能力，不是就其而言他的存在的價值所依據的是他接受和享受的東西的欲求能力，而是唯有他自己才能給予自己的價值，而且這種價值就在於他做什麼，他如何以及按照什麼原則不是作爲自然的環節，而是以他的欲求能力的自由而行動；也就是說，一種善良意志是他的存在能夠具有一種絕對的價値所唯一憑藉的東西，而且唯有與這種東西相關，世界的存在才具有一個終極目的。

只要人們把判斷引導到這一問題上，並且推動對這一問題的研究，那麼，甚至健康人類理性的最平常的判斷也是與此完全一致的；也就是說：人唯有作爲道德的存在者才能是創造的一個終極目的。人們將說，這個人具有如此之多的才能，以至於他甚至由此而頗有作爲，並因而對公共事務施加一種有益的影響，所以無論是在與他自己的幸福狀況的關係上，還是在與他人的好處的關係上都有很大的價値，但如果他不具有善良的意志，這又有什麼用呢？如果人們根據他的內心來看他，他就是一個値得鄙視的客體；而如果創造不應當在任何地方都沒有終極目的，那麼，作爲人來說也屬於創造的他，就畢竟作爲壞人，在一個服從道德法則的世界中必然按照這些道德法則而喪失其主觀的目的（幸福），而這主觀的目的是他的實存能夠與終極目的的共存的唯一條件。

如果我們現今在世界上發現一些目的的安排，並且像理性不可避免地要求的那樣，使種種只是有條件的目的從屬於一個無條件的至上的目的，即從屬於一個終極目的，那麼，人們首先就很容易看出，在這種情況下，這裡所談的不是就自然的實存而言自然的（自然內部的）一個目的，而是自然的實存連同其所有安排的目的，從而是創造的終極目的，而且在這一終極目的中，眞正說來談論的也是一個終極目的（也就是說，一個最高的理智產生種種麈世存在者的規定根據）唯有在其下才能成立的至上條件。

現在，既然我們只承認作爲道德存在者的人才是創造的目的，所以，我們首先就有了一個根據，至少是主要的條件，來把世界視爲一個按照目的相互聯繫的整體，視爲種種終極原因的體系；但尤其是，對於種種自然目的與一個理智的世界原因的那種按照我們理性的性狀對於我們來說必然的關係，我們有了一個原則，來設想作爲目的王國中的至上根據的這個第一原因的本性和種種屬性，並這樣來規定它的概念，這是自然目的論所不能做到的，自然目的論關於這個至上根據只能導致一些不確定的，正因爲此而不僅對理論應用不適用，而且對實踐應用也不適用的概念。

從原始存在者的因果性這條被如此規定的原則出發，我們將必須把這個存在者不僅設想成理智，設想成爲自然立法的，而且也設想成一個道德的目的王國中的立法元首。與唯有在他的統治下才可能的至善相關；也就是說，與服從道德法則的理性存在者的實存相關，我們將把這個原始存在者設想成全知的，爲的是甚至意向的最內在的東西（這種東西構成了理性的塵世存在者的行動的眞正道德價値）對它也不隱藏；把它設想成全能的，爲的是它能夠使整個自然都適合這個最高的目的；把它設想爲全善的，同時又公正的，因爲這兩個屬性（智慧把它們結合起來）對於作爲服從道德法則的至善的世界來說，構成了它的一個至上原因的因果性的條件；此外在它那裡還必須設想所有其餘的先驗屬性，例如：永恆性、全在性等（因爲善與公正是道德屬性），它們全都是與這樣一個終極目的相關被預設的。——以這

444

樣的方式，道德目的論就彌補了自然目的論的缺陷，才建立起一種神學；因爲後者如果不偷偷地從前者有所借貸，而是應當始終如一地行事，它獨自能夠建立的就無非是一種不能有確定概念的鬼神學。

但是，世界由於其中的某些存在者道德上的目的規定而與一個作爲神祇的至上原因相關的原則，做到這一點卻並不僅僅是由於它補充了自然神學的證明根據，從而必然地以後者爲基礎；相反，它爲此獨自就是充足的，並且推動人們去注意自然的種種目的和研究隱蔽在其形式背後的不可思議地偉大的藝術，爲的是根據自然目的給純粹實踐理性所造就的理念提供附帶的證實。因爲服從道德法則的塵世存在者的概念，是一個先天原則，人必須按照這個原則對自己作出必然的判斷。此外，如果到處都存在著一個有意地產生作用的、針對一個目的的世界原因，那麼，那種道德關係就必然像按照自然規律的關係一樣，是一種創造的可能性的條件（也就是說，如果那個有理智的原因也有一個終極目的的話）：理性甚至先天地把這視爲一條對它來說，爲對事物的實存作出目的論的判斷所必需的原理。現在關鍵在於：我們是否有一種對於理性（無論是思辨理性，還是實踐理性）來說充足的理由，來賦予按照目的行動的至上原因一個終極目的。因爲在這種情況下，按照我們理性的主觀性狀，甚至無論我們如何設想其他存在者的理性，這個終極目的都不可能是別的，而只能是服從道德法則的人，這對我們來說是可以先天地視爲確定的；因爲與此相反，自然秩序中的自然目的是根本不能先天地認識的，尤其是，不可能以任何方式發現自然沒有這樣的目的就不能實存。

445

附釋

假定一個人正處在心靈與道德感相符合的時刻！當他周圍是一片美麗的自然，他正在安閒自在、心曠神怡地享受自己的存在的時候，他在內心裡感到一種需要，要爲此而感謝某人。或者他在另一個時刻處在同樣的心情中，他發現自己有義務的迫切感，他只能並且想透過自願的犧牲來滿足這些義務；這樣他就在內心裡感到一種需要，要以此同時執行了某種命令，而且順從了一位上主。或者他輕率地違背了自己的義務，但由此他並不對人負有責任；這樣，嚴厲的自責就將在他心中說話，就好像這是一位審判者的聲音，他要對這位審判者爲此作出辯解。一言以蔽之：他需要一個道德的理智，以便爲了他實存的目的而有一個存在者，這個存在者按照這個目的是他和世界的原因。要在這些情感背後矯揉造作地找出動機來，是徒勞無功的；因爲這些情感都直接地與最純粹的道德意向相聯繫，感恩、順從和謙恭（屈服於應得的責罰）都是義務的特殊心情，而且傾心於擴展自己的道德意向的心靈在這裡只是自願地設想一個不在世界上的對象，以便可能的話也面對這樣一個對象證明自己的義務。因此，這至少是可能的，並且在道德思維方式中也有其基礎，即想像一個存在者的實存這種純粹道德需要，在這種需要之下我們的道德性或者獲得更大的強度，或者也獲得（至少按照我們的表象）更大的範圍，亦即爲其施展獲得一個新的對象；也就是說，從純粹的道德上的、沒有一切外來影響的（在此當然只是主觀的）根據出發，絲毫不考慮理論的證明，更不考慮自私的利益，只考慮對一種獨自立法的純粹實踐理性的稱頌，來假定世界之外的一個道德上立法的存在者。而且儘管這樣一種心情鮮有出現，或者也持續不久，而是倏忽即逝，沒有持久的效果，或者也沒有自己反思在這樣一種影像中被表象的對象，沒有努力把它置於清晰的概念之下就消失了，但是，不使我們裡面作爲主觀原則的道德稟賦在觀察世界時滿足於其由於自然原因的合目的性，而是給它加上一個至上的、按照道德原則統治自然的原因，其根據卻是顯而易見的。——此外還有，我們感到受道德法則所敦促而去追求一個普遍的最高目的，但我們和整個自然卻都沒有能力達到這個目的；我們只是就自己在追求它而言才可以判斷自己是符合一個有理智的世界原因（如果有這樣一個世界原因的話）的終極目的的；而這樣，就有了實踐理性的一個純粹道德的根據來假定這個原因（因爲這樣做不會有矛盾），即使沒有更多的根據，也畢竟使我們不致冒把那種努力就其效果而言視爲完全無濟於事的而使之鬆弛的危險。

此處這一切只不過是要說明：雖然恐懼首先能夠產生諸神（鬼神），但理性卻憑藉其道德原則首先產生出上帝的概念（即便人們就自然的目的論而言通常是很無知的，或者由於難以透過充分證實了的原則來調解在這方面相互矛盾的現象，也是很沒有把握的）；而且他的存在的內在的、道德的目的規定補充了自然知識所丟失的東西，因爲這種規定要求爲一切事物的存在的終極目的——爲此目的，它的原則唯有作爲倫理的才能滿足理性——設想一個具有種種屬性、以此有能力使整個自然從屬於那個唯一的意圖（整個自然只是這個意圖的工具

447

罷了）的至上的原因（也就是說，作爲一個神祇）。

第八十七節　論上帝存在的道德證明

有一種自然的目的論，它提供一種對於我們的理論反思性的判斷力來說充足的證明根據，來假定一個有理智的世界原因的存在。但是，在我們自己裡面，更多地在一個賦有（其因果性的）自由的一般理性存在者的概念裡面，我們發現了一種道德的目的論，由於我們自己裡面的目的關係可以先天地連同其法則一起被規定，從而被視爲必然的，所以這種道德目的論爲此目的並不需要我們外面的一種有理智的原因，來解釋這種內在的合目的性：正如我們在圖形的幾何屬性中（對於各種各樣可能的藝術實施來說）發現了合目的的東西，但就這種東西而言不可以期待一個把這種東西賦予這些圖形的最高理智一樣。但是，這種道德目的論涉及我們，畢竟我們是塵世存在者，因而是與世界上的其他事物結合在一起的存在者，正是同一些道德法則，規定我們把自己的判斷對準這些其他事物，或者把它們作爲目的，或者把它們作爲對象，就這些對象而言我們自己是終極目的。這種道德目的論涉及我們自己的因果性與種種目的的關係，乃至與我們必須在世界上期冀的一種終極目的的關係，此外涉及世界與那個道德目的的相互關係和那個道德目的的實現的外部可能性（對此，沒有任何自然目的論能夠給我們提供指導），從這種道德目的論出發就產生出一個必然的問題：它是否迫使我們的理性判斷超出世界，爲自然與我們裡面的道德的那種關係尋找一個有理智的至上原則，以便也在與道德的內在立法及其可能的實現的關係中把自然表象成合目的的。因此，當然有一種道德目的論；而且這種道德目的論一方面必然與自由的立法學相聯繫，另一方面必然與自然的立法學相聯繫，就像公民的立法必然與人們應當在何處尋找行政權的問題相聯繫一樣，而且在一切理性應當於其中說明事物的某種合乎法則的，只是按照理念才可能的秩序之現實性的一種原則的東西裡面，都有這種聯繫。——我們要首先講述理性從那種道德目的論及其與自然目的論的關係向神學的推進，然後著手考察這種推論方式的可能性和確切性。

如果人們假定某些事物（或者哪怕只是事物的某些形式）的存在是偶然的，因而只是透過作爲原因的某種別的東西才是可能的，那麼，人們就可以或者在自然的秩序中，或者在目的性的秩序中（按照nexu dffectivo〔效果的聯繫〕或者nexu finali〔目的性的聯繫〕）爲這種因果性尋找至上的根據，因而爲有條件者尋找無條件的根據。也就是說，人們可以問：什麼是至上的產生性原因？或者，什麼是這種原因的至上目的（絕對無條件的目的），亦即它產生這些或者其所有產物的終極目的？這裡當然已經預設，這個原因能夠有一個目的的表象，因而是一個有理智的存在者，或者至少必須被我們設想爲按照這樣一個存在者的法則行動的。

現在，如果人們遵從後一種秩序，那麼，甚至最平常的人類理性也不得不直接贊同的原理就是：如果某個地方有理性必須先天地說明的終極目的成立，那麼，這個終極目的就不可能是別的，而只能是服從道德法則的人（即每一個理性的塵世存在者）。⑥因爲（每一個

---

⑥ 我有意說：服從道德法則。創造的終極目的不是按照道德法則的人；也就是說，不是一個符合這些法則而行事的人。因爲使用後一種表述，我們就會所說多於所知；也就是說，使人在任何時候都與道德法則相適合地行事，這處於世界創造者的權能之中；這就預設了自由和自然的概念（唯有關於後者，人們才能設想一個外在的創造者），這個概念必然包含著對自然的超感性基底及其與透過自由的因果性在塵世中使之可能的東西的同一性的洞識，而這種洞識卻遠遠地超出了我們的理性洞識。唯有關於服從道德法則的人，我們才能不逾越我們洞察力的限界而說：他的存在構成了世界的終極目的。這與在道德上對世界進程進行反思的人類理性的判斷也是完全一致的。我們相信，即便是在惡人那裡，只要我們看到，一個惡貫滿盈的罪犯在他死前也受到其罪行的應得懲罰，就發現了一種智慧的目的關係的跡象。按照我們關於自由的因果性的概念，善行或者惡行所依據的就是我們自己；但是，我們把統治世界的最高智慧就設定在：對於前者來說施加的是循循善誘，但對於兩者來說都施加了按照道德法則的後果。眞正說來，上帝的榮耀就在於這種後果，因此被神學家們並非不恰當地稱爲創造的終極目的。——還應說明的是：在我們使用創造這個語詞時，我們所理解的無非是這裡所說的東西，即一個世界的存在的原因，或者世界上種種事物（實體）的存在的原因；就像這個語詞的眞正概念所帶有的那樣（actuatio substantiae est creatio〔實體的實現就是創造〕）；因此，它並不已經自身帶有一個自由活動的，從而是有理智的原因的預設（這個原因的存在是我們首先要證明的）。

人都這樣判斷）：如果世界全然是由無生命的存在者所構成，或者雖然部分地由有生命的存 449
在者所構成，但卻是由無理性的存在者所構成，那麼，這樣一個世界的存在就會根本沒有任
何價值，因爲在它裡面沒有任何對一種價值有起碼概念的存在者實存。與此相反，即使有理
性的存在者，但他們的理性卻只能把事物存在的價值設定在自然與他們（他們的福祉）的
關係中，而不能原初地（在自由中）爲自己創造這樣一種價值，那麼，世界上雖然有（相對
的）目的，但卻沒有（絕對的）終極目的，因爲這樣的理性存在者的存在畢竟總是沒有目
的的。但是，道德法則卻具有獨特的性狀，即它們無須條件地，從而恰恰如一個終極目的的
概念所需要的那樣，爲理性把某種東西規定爲目的；因此，唯有這樣一種在目的關係中能夠
對自己本身來說是至上法則的理性的實存；換句話說，唯有服從道德法則的理性存在者的實 450
存，才能被設想爲一個世界的存在的終極目的。與此相反，如果不是這樣，那麼，就或者根
本沒有目的在原因中作爲世界存在的基礎，或者是沒有終極目的的目的作爲其基礎。

道德法則作爲應用我們的自由的形式上的理性條件，獨自就使我們負有義務，無須依賴某個目的來作爲質料上的條件；但是，它畢竟也爲我們乃至先天地規定了一個終極目的，它使我們有義務追求這一目的，而這一目的也就是透過自由而可能的塵世中的至善。

人（而且按照我們的一切概念，也是每一個理性的有限存在者）在上述法則之下能夠爲自己設定一個終極目的，其主觀條件就是幸福。因此，在塵世中可能的、應當盡我們所能當作終極目的來促進的自然至善，就是幸福：其客觀條件就是人與道德性亦即配享幸福的法則

的一致。

但是，按照我們的所有理性能力，我們都不可能把透過道德法則為我們提出的終極目的的這兩個要求表象為透過純然的自然原因連結起來的，適合上述終極目的的理念的。因此，如果我們不把除自然的因果性之外的另一種（手段的）因果性與我們的自由連結起來，這樣一個目的透過運用我們的力量的實踐必然性的概念，就與實現這一目的的自然可能性的理論概念不相一致。

因此，我們必須假定一個道德的世界原因（一個世界創造者），以便按照道德法則為我們預設一個終極目的；而後者在多大程度上是必要的，假定前者也就在多大程度上（亦即在同樣的等級上和出自同樣的理由）是必要的：也就是說，有一個上帝存在。⑦

⑦ 這種道德的論證不是要提供上帝存在的一種客觀有效的證明，不是要向信念不堅定的人證明有一個上帝存在，而是要向他證明，如果他想在道德上始終如一地思維，他就必須把這一命題的假定接受進他的實踐理性的準則中去。——這也不是要說：假定一切理性的塵世存在者都有符合其德性的幸福，乃是為了道德性而必要的；相反的，它是由於道德性而必要的。因此，它是一個主觀上為了道德的存在者而充足的論證。

※ ※ ※

人們輕而易舉地就能使邏輯精確性的形式適應這種證明，它並不是要說：假定上帝的存在與承認道德法則的有效性是同樣必要的；因此，不能確信前者的人，就可以判定自己擺脫了根據後者的責任。不！在這種情況下必須放棄的只是透過遵循後者來實現塵世中的終極目的（理性存在者的一種與遵循道德法則和諧一致的幸福，作爲最高的塵世福祉）的企圖。每一個理性的人都必須承認自己始終還是嚴格地受道德規範制約的；因爲道德的法則都是形式的，並且是無條件地發布命令的，並不考慮目的（作爲意願的質料）。但是，終極目的就像實踐理性爲塵世存在者所規定的那樣，其唯一的要求就是透過他們（作爲有限的存在者）的本性而置入他們裡面的一個不可抗拒的目的，理性只想知道這種目的從屬於作爲不可違反的條件的道德法則，或者按照道德法則成爲普遍的，並如此把促進與道德性相一致的幸福作爲終極目的。（就前者而言）力所能及地促進這一目的，是由道德法則命令我們的；而不管這種努力的結果會是什麼樣的。義務的履行在於認眞的意志的形式，而不在於達成的中間原因。

451

因此假定：一個人部分地爲一切備受稱頌的論證的薄弱所動，部分地爲自然和道德世界中呈現給他的某些不合規則的現象所動，而相信「不存在一個上帝」的命題；然而，如果他因此就要把義務的法則視爲純然想像出來的、無效的、無約束力的，並且決心無所畏懼地逾越它們，則他就會在他自己的眼中一文不值。這樣一個人，即使他後來能夠確信他起初懷疑的東西，也因那種思維方式而依然是一個一文不值的人；儘管他就結果而言如歷來所要求的那樣一絲不苟地履行義務，但卻是出自懼怕，或者是出自追求報酬的意圖。反過來，如果他作爲有信仰的人按照自己的意識眞誠地和無私地遵循義務，儘管如此卻常常爲了試驗而假定自己可能有朝一日確信不存在一個上帝，就立刻相信自己擺脫了一切道德責任，那麼，他心中的內在道德意向就必定只是壞的。

因此，我們可以假定一個誠實的人（例如：斯賓諾莎這樣的人），他堅持相信不存在一個上帝，而且（由於就道德性的客體而言結果都一樣）也不存在一種來生；他將怎樣透過他實際上尊崇的道德法則來判斷他自己內在的目的規定呢？他並不要求遵循道德法則給他自己帶來什麼好處，無論是在今世還是來世；毋寧說，他只想無私地促成善，對此那神聖的法則給他的一切力量指明了方向；但是，他的努力是有局限的；他雖然時而能夠指望本性提供一種偶然的支援，但卻永遠不能指望它提供與他覺得有義務並且受敦促去實現的目的的一種有規律的、按照恆常的規則（如他的準則內在地是並且必須是的那樣）來印證的一致。雖然他本人是正直的、和氣的、善意的，欺詐、暴行和嫉妒也將總是在他周圍橫行；而且他在自身之外還遇到的那些誠實的人，無論他們怎樣配享幸福，卻由於對此不管不顧的自然，而仍然與地球上的其他動物一樣，遭受著貧困、疾病和夭亡這一切不幸，而且就一直這樣下去，直到一個遼闊的墳墓把他們全都呑噬掉（在這裡，正直還是不正直都是一回事），而那些能夠自信是創造的終極目的的人們，被拋回到他們曾經從中超拔出來的物質無目的的混沌的深淵為止。——因此，這個善良的人當然一定會把他在遵循道德法則時所關注和應當關注的目的視為不可能的而放棄掉；或者他也想對他道德上的內在規定的召喚保持忠誠，不讓道德法則直接為了得到遵從而灌注給他的那種敬重，因唯一適合其高尚要求的理想終極目的的無效而受到削弱（這種事情的發生不可能不損害道德意向）：這樣，他就必須在實踐方面；也就是說，至少為了對在道德上給他規定的終極目的的可能性形成一個概念，而假定一個道德上的世界創造者的存在；也就是說，假定上帝的存在；他盡可能作出這種假定，因為這種假定至少自身是不自相矛盾的。

第八十八節　對道德證明的有效性的限制

作為實踐能力，也就是作為透過理念（純粹的理性概念）來規定我們的因果性的自由應用的能力，純粹理性不僅在道德法則中包含著我們行動的一種範導性原則，而且還由此同時在一個只有理性才能思維、應當透過我們的行動在世界上按照那個法則予以實現的客體的概念中，提供了一個主觀的建構性原則。因此，在按照道德法則運用自由時的一個終極目的的理念具有主觀的實踐的實在性。我們先天地被理性所規定，要盡一切力量來促進塵世的福祉，這種福祉就在於理性的塵世存在者的最大福利與他們的善的最高條件的結合；也就是說，在於普遍的幸福與合法則的道德性的結合。在這個終極目的中，一方亦即幸福的可能性是經驗性地有條件的；也就是說，取決於自然的性狀（它是否與這個目的一致），而且在理論上看是成問題的；而另一方，即道德性，就它而言我們是不受自然的合作約束的，所以它在可能性上是先天地肯定的和獨斷地確定的。因此，關於理性的塵世存在者的終極目的的概念，其客觀的理論實在性要求，不僅我們具有一個先天地設定的終極目的，而且創造亦即世界本身就其實存而言也有一個終極目的，這一點如果能夠被先天地證明，就會給終極目的的主觀實在性附加上客觀的實在性。因爲如果創造在某個地方有一個終極目的，那麼，我們就不能以別的方式來思維它，而只能說它必然與道德的終極目的（唯有道德的終極目的才使關於一個目的的概念成爲可能）一致。但這樣一來，雖然我們在塵世有種種目的，而且自然目的論在如此程度上展示出它們，以至於如果我們按照理性來做出判斷，我們終歸有理由假定爲自然研究的原則的是，在自然中根本沒有任何東西是沒有目的的；然而，我們在自然本身中尋找自然的終極目的，是徒勞無功的。因此，就像終極目的的理念只存在於理性之中一樣，這種終極目的就其客觀可能性而言，只能並且必須在理性存在者裡面尋找。但是，理性存在者的實踐理性不僅指出了這一終極目的，而且還就一個終極目的的唯有在其下才能被我們所思維的種種條件而言規定了這一概念。

於是問題就是：是否能夠爲了純粹理性的理論要求而充分地闡明關於創造的一個終極目的的概念的客觀實在性，儘管不能爲了規定性的判斷力而無可置疑地闡明，但卻能夠爲了理論上反思性的判斷力的種種準則而充分地闡明。這是人們在思辨哲學中所能夠要求的最起碼的東西，思辨哲學自告奮勇要憑藉一個唯一的目的的理念來把道德目的與自然目的結合起來；但是，即便是這件小事，也畢竟遠遠地超過了它所能夠提供的。

按照理論上反思性的判斷力的原則，我們會說：如果我們有理由爲自然的合目的的產物假定自然的一個至上原因，它就自然的現實性而言的因果性（創造）必須被設想成不同於自然的機械性所要求的；也就是說，設想成一個理智的因果性，那麼，我們根據這個原始存在者就有充分的理由不僅在自然中到處都設想種種目的，而且還設想一個終極目的，儘管這不足以闡明這樣一個存在者的存在，但畢竟至少（就像在自然目的論中所發生的那樣）使我們確信，我們不僅能夠按照目的，而且只能透過賦予這樣一個世界的實存一個終極目的，來使我們理解這樣一個世界的可能性。

然而，終極目的純然是我們的實踐理性的一個概念，不能爲了在理論上對自然作出判斷而從經驗材料推論出來，也不能與自然的知識發生關聯。這一概念不可能有別的應用，而只能按照道德法則用於實踐理性；而創造的終極目的就是世界的那種與我們唯有按照法則才能確定地說明的東西，亦即與我們的純粹實踐理性就其應當是實踐的而言的終極目的相一致的性狀。——於是，透過把這種終極目的交付給我們的道德法則，我們在實踐方面，也就是說爲了把我們的力量用於實現這種終極目的，就有了一種理由來假定這種終極目的的可能性亦即可實現性，因而也（由於沒有自然來支持這種可實現性的一種不歸我們掌握的條件，實現這種終極目的就會是不可能的）假定事物的一種與此一致的本性。因此，我們就有一種道德的理由來設想一個世界也有一種創造的終極目的。

現在，這還不是從道德目的論推論到一種神學；也就是說，不是推論到一個道德的世界創造者的存在，而是僅僅推論到創造的一個以這種方式被規定的終極目的。至於為了這種創造，亦即為了事物符合一個終極目的的實存，首先就必須假定一個有理智的存在者，但其次又不僅（就像為了我們不得不判斷為目的的自然事物的可能性那樣）假定一個有理智的存在者，而且假定一個同時是道德的存在者，來作為世界的創造者，從而假定一個上帝，這是第二個推論；它的性質在於：人們發現，它是純然為了根據實踐理性諸概念的判斷力而做出的，從而作為這樣一種推論乃是為了反思性的判斷力，而不是為了規定性的判斷力做出的。因為我們不能自以為可以看出，雖然在我們裡面道德上的實踐理性與技術上的實踐理性就其原則而言是有本質區別的，而在最高的世界原因那裡，如果它被假定為理智，也就必然是這種情況，而且對於終極目的來說比起純然對於自然的種種目的來說，需要一種特殊的和不同的因果性；因此，我們對於我們的終極目的來說就有一種道德的根據，不僅假定創造的一個終極目的（作為結果），而且假定一個道德的存在者來作為創造的原始根據。但是，我們卻可以說：按照我們的理性能力的性狀，沒有一位世界的創造者和同時是立法者的統治者，我們就根本不能使自己理解這樣一種與道德法則及其客體相關的、存在於這種終極目的中的合目的性的可能性。

因此，一個最高的道德上立法的創造者的現實性只是對於我們理性的實踐應用來說才得到了充分的闡明，並沒有就這位創造者的存在而言在理論上規定什麼東西。因爲我們的理性爲了它無論如何透過其自己的立法交付給我們的目的的可能性而需要有一個理念，透過這個理念，出自不能按照關於世界的純然自然概念來遵循這種立法的障礙（對於反思的判斷力來說就充分地）就被清除掉了；而這個理念也由此獲得了實踐的實在性，儘管它對於思辨知識來說根本沒有任何手段爲自己在理論方面搞到這樣一種實在性，來解釋自然和規定至上的原因。對於理論上反思性的判斷力來說，自然目的論從自然的目的出發充分地證明了一個有理智的世界原因；對於實踐上反思性的判斷力來說，道德目的論透過一個終極目的的概念也做到了這一點，它在實踐方面不得不把這個概念歸之於創造。上帝的理念的客觀實在性，作爲道德的世界創造者的客觀實在性，雖然不能僅僅透過自然目的來闡明，但儘管如此，如果自然目的的知識與道德目的的知識結合起來，那些自然目的就憑藉純粹理性盡其所能地遵循原則的統一性的準則而獲得了重大的意義，以透過那個理念在理論方面已經爲判斷力而具有的實在性來支持它的實踐實在性。

在這裡，爲了防止一種很容易出現的誤解，十分有必要說明：首先，我們只能按照類比來設想最高存在者的這些屬性。因爲如果經驗不能顯示任何類似的東西，我們要怎樣去研究它的本性呢？其次，我們透過這些屬性也只能設想這個存在者，而不能據此認識它，並且在理論上把這些屬性歸於它；因爲這僅僅適用於我們理性的思辨方面的規定性的判斷力，爲的是洞察至上的世界原因就自身而言是什麼。但在這裡問題僅僅在於，按照我們認識能力的性狀，我們關於這個存在者要形成什麼概念，以及我們是否要假定它的實存，只不過是爲了對於純粹實踐理性無須任何這樣的預設先天地要求我們盡全力去實現的一個目的來說，仍然使之獲得實踐的實在性；也就是說，僅僅爲了能夠設想一種預期的結果是可能的。無論如何，那個概念對於思辨理性來說可能是越界的；我們歸之於由此所設想的存在者的那些屬性，在被客觀地應用時，也可能就在自身中隱藏著一種神人同形同性論：應用它們的意圖不是要據此規定它那對我們來說無法達到的本性，而是要規定我們自己和我們的意志。就像我們按照我們關於結果所擁有的概念來稱謂一個原因（但只是就它與這個結果的關係而言），但並不因此就想透過關於諸如此類的原因僅僅爲我們所知，並且必須透過經驗被給予我們的屬性來內在地規定那個原因的內部性狀一樣；就像我們例如除其他屬性之外，還歸於靈魂一種vim locomotivam〔位移的力〕，因爲確實產生了身體運動，這些運動的原因就在靈魂的表象之中，但並不因此就要把像我們認識運動力量的唯一方式（也就是說，透過吸引、壓迫、撞擊，從而透過在任何時候都以一個有廣延的存在者爲前提條件的運動來認識）歸之於靈魂一樣；——我們也必須假定某物，它包含著一種必然的道德終極目的的可能性和實踐實在性亦即可實施性的根據；但是，按照期待從這個某物產生的結果的性狀，我們能夠把它設想成爲一個智慧的、按照道德法則統治世界的存在者，而且根據我們認識能力的性狀，我們必須把它設想爲事物的有別於自然的原因，爲的只是表達這個超越我們一切認識

457

能力的存在者與我們的實踐理性的客體的關係，並不因此就要在理論上把唯一爲我們所知的這種因果性，即一種理智和意志，歸於這個存在者，甚至哪怕是把在它那裡所設想的就對我們來說是終極目的的東西而言的因果性，作爲在這一存在者本身裡面的因果性，客觀地與就自然（及其一般的目的規定）而言的因果性區別開來，而是只能假定這種區別是對我們認識能力的性狀來說主觀上必然的，而且對反思性的判斷力有效，對客觀上規定性的判斷力卻無效。但是，如果問題在於實踐的東西，那麼，這樣一種（對於明智和智慧來說的）範導性原則，即把某種按照我們認識能力的性狀只能被我們以某種方式設想爲可能的東西當作目的，根據它來行動，就同時是建構性的；也就是說，在實踐上作出規定的；然而，這同一條原則，作爲判斷事物的客觀可能性的原則，卻絕不是理論上作出規定的（也就是說，唯一一種屬於我們的思維能力的可能性也屬於客體），而是一種對於反思性的判斷力來說的純然範導性的原則。

附釋

這種道德的證明並不是一種新發明的證明根據，而至多也不過是一種新得到討論的證明根據；因爲它早在人類理性能力最初萌芽的時候就已經存在於這種能力裡面，並且隨著其繼續培植而越來越發達。一旦人們開始反思公正與不公正，在人們還漠不關心地無視自然的合目的性，利用這種合目的性卻沒有想到有某種東西不同於自然的慣常進程的時候，就不可避免地必然出現這樣的判斷：一個人行爲眞誠還是虛僞、公道還是強橫，就結果而言絕不是一回事，哪怕他直到其生命終結也至少看起來沒有因其德性而獲得幸福，或者沒有因其罪行而受到懲罰。這就好像是人們在自身裡面聽到一種聲音說，事情必定不是這樣的；因此，也必定隱祕地有過關於他們感到有義務去追求的某種東西的一種表象，儘管只是一種模糊的表象，而這樣一種偏移根本不會與那種東西協調一致，或者說，如果他們一旦把世界的進程視爲事物的唯一秩序，他們就又不懂得把他們自己心靈的那種內在目的規定與那種東西結合起來。於是，他們就要用各種各樣還很粗糙的方法，去設想使這樣一種不合規則性（它對於人的心靈來說肯定比人們想加給對自然的判斷來作爲原則的那種盲目的偶然，更令人憤慨得多）能夠得到平衡的方式；這樣，除了一個按照道德法則來統治世界的至上原因之外，他們畢竟絕不能想像出把自然與他們的內在道德法則結合起來的可能性的另一種原則：因爲在他們裡面的一個作爲義務而提出的終極目的，和在他們之外的一個沒有任何終極目的、儘管如此那個目的又應當在其中成爲現實的自然，是相互矛盾的。關於那個世界原因的內在性狀，他們現在就可能醞釀出好多荒唐無稽的東西；統治世界方面的那種道德關係一直是同一種關係，對於最未得到發展的理性來說，只要它把自己視爲實踐的，那種關係就是普遍可理解的；相反的，思辨理性是遠遠不能與實踐理性同步的。——極有可能也是由這種道德旨趣最初激起對自然的美和目的的注意的，這種注意後來卓越地用於加強那個理念，但畢竟不能

459

論證它，更不能缺少那種道德旨趣，因爲甚至對自然的目的的研究也唯有與終極目的相關才能獲得這樣一種直接的旨趣，它如此大規模地表現在對自然的驚讚中，毫不考慮任何能夠從中得出的好處。

第八十九節　論道德論證的用途

在我們關於超感性事物的一切理念方面把理性限制在其實踐應用的條件之上，就上帝的理念而言，這具有顯而易見的用途：它防止**神學**上升迷失於**神智學**中（迷失於攪亂理性的越界概念中），或者沉淪爲**鬼神學**（對最高存在者的一種神人同形同性論的表象方式）；防止宗教陷入**招魂術**（一種狂熱的妄想，以爲能夠感覺到別的超感性的存在者並對之施加影響）或者陷入**偶像崇拜**（一種迷信的妄想，以爲能夠不透過道德意向而透過別的手段來取悅於最高存在者）。⑧

⑧ 實踐意義上的偶像崇拜始終還是這樣一種宗教，這種宗教設想最高存在者具有這樣一些屬性，根據這些屬性，除了道德性之外，還有別的東西能夠是特別適用的條件，即在人能夠做的事情上符合它的意志。因爲無論人們如何純粹地和擺脫感性形象地也在理論方面領會了那個概念，它在實踐的東西中也還是被表象爲一個**偶像**，亦即是按照它的意志的性狀被以神人同形同性論的方式來表象的。

因爲如果人們允許在超出感官世界的事物方面的玄想的虛驕和狂妄哪怕僅僅在理論上（並且擴展知識地）規定絲毫的東西，如果人們允許誇口說洞察到神的本性的存在和性狀，洞察到他的理智和意志、兩者的法則以及從他們流溢到世界上的種種屬性，那麼，我就想知道，人們想在什麼地方、在什麼位置上爲理性的僭妄設置界限；因爲在取得那些洞識的地方，正因爲此還可以指望更多的東西（只要如人們認爲的那樣努力反思就可以）。然而，爲這樣的要求設置界限，必須按照某一個原則來進行，這樣說的理由並不僅僅是因爲我們發現這些要求的一切嘗試迄今爲止都遭到了失敗；因爲這並不證明任何東西，來反駁一種更好的結果的可能性。但在這裡不可能有別的原則，除非是要麼假定：就超感性事物而言，絕對沒有任何東西能夠在理論上被規定（除非是僅僅否定性地被規定），要麼就假定我們的理性自身包含著一個尚未利用的知識寶庫，這些知識誰也不知道有多麼博大，乃是爲我們和我們的後代保存下來的、擴展著的知識。——但就宗教而言，也就是說，就與作爲立法者的上帝相關的道德而言，如果對上帝的理論知識必須先行的話，那麼，道德就不得不取決於神學，並且不僅引入一個至上存在者的外在任意的立法來取代理性內在必然的立法，而且在這種立法中，我們對上帝的本性的洞識所具有的一切缺陷也必然延伸到道德規範上來，並如此使宗教變成非道德的而顚倒之。

就對一種來生的希望而言，如果我們求教於我們按照道德法則的規範自己應當去實現的終極目的，作爲關於我們的規定的理性判斷的導線（因此，這種判斷唯有在實踐關係中才被

460

視爲必要的或者值得採用的），而是求教於我們的理論認識能力，那麼，出於這種意圖的靈魂說就如同上面的神學一樣，所給出的無非就是關於我們能思維的存在者的一個否定性的概念；也就是說，這個存在者的任何行動和內感官的任何顯象都不能作唯物論的解釋；因此，關於它們分離的本性和它們的人格性在死後的存續或者不存續，我們絕不可能透過我們全部的理論認識能力從思辨的根據出發作出任何擴展性的、規定性的判斷。因此，既然在這裡一切都依然被託付於以實踐上必要的考慮，對我們的存在的目的論判斷和對我們的存續的假定，把這種存續當作由理性絕對地交付給我們的終極目的所需要的條件，所以這裡也就同時表現出這樣的用途（雖然它乍看顯得是損失）：就像神學對我們來說不能成爲神智學一樣，理性心理學也絕不能成爲作爲擴展性科學的神靈學，一如它另一方面也得到保障不會沉淪爲唯物論一樣；相反的，理性心理學毋寧說只是內感官的人類學；也就是說，是我們在生命中的能思維的自我的知識，作爲理論知識也依然只是經驗性的；與此相反，就有關我們的永恆實存的問題而言，理性心理學根本不是理論的科學，而是基於道德目的論的唯一推論的，一如它的全部應用也僅僅由於作爲我們的實踐規定的道德目的論才是必要的一樣。

第九十節　論上帝存在的一種目的論證明中的視之爲眞的方式

對於任何證明來說，無論它是（就像透過觀察對象或者實驗進行證明時那樣）透過直接經驗性地描述應當予以證明的東西進行的，還是透過理性先天地從原則出發進行的，都首先要求的是：他不是使人臆信，而是使人確信，至少是有助於確信；也就是說，證明根據或者推論不僅僅是贊同的一種主觀的（審美的）規定根據（純然的幻相），而是客觀有效的，而且是知識的一種邏輯根據：因爲若不然，知性就將被迷惑，而不是被引領。在自然的神學中進行的證明就具有那種虛假證明的性質，在進行這一證明時雖然懷有良好的意圖，但卻故意隱瞞了它的弱點：如果人們按照目的的原則附會出一大批自然事物的一個起源的證據，而且利用的是人類理性的純然主觀的根據；也就是說，是人類理性自己的偏愛的根據，即只要能夠無矛盾地進行，就不是用許多原則，而是只用唯一的一條原則，而且只是在爲規定一個概念而在這條原則中遇到一些甚或許多要求的地方，才把其餘的原則考慮進去，以便透過任意的補充來完善事物的概念。因爲誠然，如果我們在自然中遇到如此之多的產物，它們對我們來說是一個有理智的原因的顯示，那麼，爲什麼我們不應當捨棄許多這樣的原因，而寧可只設想唯一的一個這樣的原因，而且就這個原因而言並不僅僅設想偉大的理智、權能等，而是寧可設想全智、全能，一言以蔽之，把它設想成爲一個包含著這樣一些屬性的對所有可能的事物來說都充足的根據呢？此外，爲什麼我們不應當不僅僅爲了自然規律和自然產物而賦予這個唯一的全能的原始存在者以理智，而且還把它當作一個道德的世界原因而賦予它最高的道德的實踐理性呢？因爲透過對概念的這種完善而說明了一個無論是對自然洞識來說，還是對道德智慧來說全都充足的原則，而且也沒有一個人能夠對這樣一個理念的可能性哪怕是提出在一定程度上有根據的反駁。在這裡，如果同時也發動了心靈的道德動機，並且增添上這些動機的一種生動的旨趣以及雄辯的力量（這些動機也很配得上這種力量），那麼，從中就產生出一種具有證明的客觀充足性的臆信和一種（在這種證明的應用的大多數場合）也有益的幻相，這種幻相完全擺脫了對證明的邏輯明晰性的一切檢驗，甚至對此心懷厭惡和反感，就好像它們都是以一種瀆神的懷疑爲基礎似的。——於是，只要人們眞正考慮到通俗的可用性，就不應當對此說出任何反對意見。然而，既然畢竟不能也不可以阻止把這個證明分解成論證所包含的兩個不同類的部分，也就是分解成屬於自然目的論的東西和屬於道德目的論的東西，因爲兩者的融合使人看不出證明的眞正關鍵在於何處，以及爲了在最苛刻的檢驗面前能夠堅持它的有效性（即使人們被迫在某一方面承認我們的理性洞識的孱弱），而必須對它在哪一部分作出修訂和如何修訂，所以哲學家的義務（即使他毫不考慮對他的眞誠性的要求）就是：揭露這個儘管如此有益，但卻可能產生這樣一種混淆的幻相，並且把純然屬於臆信的東西與導致確信的東西（臆信和確信兩者不僅在程度上，而且甚至在方式上也都是贊同的不同規定）分離開來，以便把這一證明中的心態以其完全的純正性坦率地展現出來，並且能夠坦然地使這一證明經受最嚴格的檢驗。

但是，一種具有確信性質的證明又可以有兩種方式，要麼是一種應當澄清對象就自身而言是什麼的證明，要麼是一種應當澄清對象按照我們對它作出判斷所必需的理性原則對於我們（一般而言的人）來說是什麼的證明（一種 χατ᾽ αληθεια〔就眞理而言〕的證明或者一種

463

χατ' ανθρωπου〔就人而言〕的證明，後一個詞是在對一般而言的人來說的普遍意義上採用的）。它在第一種場合是建立在對規定性的判斷力來說充足的原則之上的，在第二種場合則是建立在僅僅對反思性的判斷力來說充足的原則之上的。在後一種場合，它基於純然理論的原則，永遠也不能**有助於確信**；但是，如果它以一種實踐的理性原則爲基礎（這個原則因此而是普遍地和必然地有效的），那麼，它就可以要求有一種在純粹實踐方面充足的，也就是說道德的確信了。一個證明有助於確信，但如果它被作出只是處於通往確信的途中，它就還不是使人確信；也就是說，它只是在自身中包含著確信的客觀根據，這些根據儘管還不足以達到確定性，但卻具有這樣的性質，即它們並不純然作爲判斷的主觀根據用於使人臆信。

於是，一切理論的證明根據對於如下事項將是充分的：或者(1)對於透過邏輯上嚴格的**理性推理**作出的證明；或者，在不存在這種推理的地方，(2)對於按照類比進行的**推論**；或者，如果就連這種推論也不成立，則畢竟還有(3)對於**或然的意見**；或者最後，最起碼，(4)對於一個純然可能的解釋根據的假定，亦即**假說**。——現在我要說：一切有助於理論上的確信的一般證明根據，如果一個原始存在者，作爲一個上帝，其實存的命題應當在與這個概念的全部內容相適合的意義上；也就是說，在它作爲一個**道德的**世界創造者，因而透過它同時說明了創造的終極目的的意義上得到證明，就都不能造成這種類型的從其最高程度到其最低程度的視之爲眞。

1.至於**邏輯上正當的**、從普遍的東西前進到特殊的東西的證明，在批判中已經得到充分闡明的是：既然沒有一種對我們來說可能的直觀與一個必須超出自然之外來尋找的存在者的概念相應，所以該存在者的概念只要應當在理論上透過綜合的謂詞來規定，就對我們來說在任何時候都依然是或然的，絕不會出現它的任何知識（由此而對我們的理論知識的範圍有絲毫的擴展），而且一個超感性的存在者的特別概念也根本不能被歸攝在事物本性的普遍原則之下，以便從那些原則推論到這種存在者；因爲那些原則僅僅適用於作爲感官對象的自然。

2.對於兩個不同類的事物，人們正好可以在它們不同類這一點上對它們中的一個按照與另一個的**類比**⑨來進行**思維**；但是，由它們不同類的那一點出發，卻不能從一方按照類比推

464

---

⑨（在質的意義上的）**類比**就是根據與後果（原因與結果）之間的關係的同一性，只要類比是不顧諸事物或者包含著類似後果的根據的諸屬性本身的特殊差異（也就是說，在這種關係之外來看）而進行的。因此，對於動物的技藝活動，與人的技藝活動相比，我們借助人的類似結果爲我們所知的根據（即理性），把前者中的這些結果不爲我們所知的根據設想爲理性的類似物；並且想由此同時指明：動物的技藝能力的根據以本能來命名，與理性在事實上有著特殊的區別，但在結果上（把海狸的建築與人的建築進行比較）卻有著一種類似的關係。——但我因此卻不能由於人爲了自己的建築而使用了**理性**，就推論出海狸也必然具有諸如此類的理性，而且把這稱爲一種按照類比的**推論**。然而，從動物的類似的作用方式（我們不能直接知覺到它的根據）出發，與人（我們直接地意識到人）的作用方式進行比較，我們卻可以完全正確地推論出：動物也是按照表

465 論到另一方；也就是說，把特殊區別的這種標誌轉用到另一方。所以，我可以按照類比借助物體彼此之間交互吸引和排斥中的作用與反作用相等的規律，來思維一個共同體的各成員按照法律規則的共聯性；但是，不能把那種特殊的規定（物質的吸引和排斥）轉用到這種共聯性上，並把它們賦予公民們，以便構成一個叫做國家的體系。——同樣，我們盡可能就作爲自然目的的塵世事物而言，按照一種知性（作爲某些我們稱爲藝術品的產物的形式之根據）的類比來思維原始存在者的因果性（因爲這樣做只是爲了我們的認識能力的理論應用或者實踐應用，我們就世界上的自然事物而言按照某個原則而必須這樣應用這個概念）；但是，我們絕不能按照一種類比，從在塵世存在者中間必須把知性賦予一種被判斷爲人工的結

象行動的（不像笛卡爾想說的那樣是機器），且不說兩者的特殊差異，在種類上（作爲有生命的存在者）與人是一回事。如此進行推論的權限的原則，在於把動物就上述規定而言與人算做同一個種類，與把人就我們外在地按照其行動來相互比較而算做同一個種類，其根據是一回事。這是**par ratio**〔同一個理由〕。同樣，我也可以透過至上的世界原因在世界上的合目的的產物與人的藝術品進行比較，按照一個知性的類比來設想至上的世界原因的因果性，但卻不能按照類比推論到人裡面的這些屬性，因爲這裡恰恰缺乏這樣一種推論方式的可能性的原則；也就是說，把最高的存在者與人（就他們雙方的因果性而言）算做同一個種類的**paritas rationis**〔理由的同一性〕。塵世存在者的因果性總是感性上有條件的（諸如此類的有透過理智的因果性），不能轉用到一個除了一般事物的概念之外與它們並不共有一個類概念的存在者上面。

果的原因這一點出發，推論說甚至那與自然完全有別的存在者，就自然而言也擁有我們在人身上感知到的同一種因果性：因爲這恰好涉及不同類之處，它是在一種就其結果而言感性地有條件的原因和就其概念而言超感性的原始存在者之間被思維的，因而不能被轉用到這個概念上。——正是在我應當僅僅按照與一種知性（除了在感性地有條件的人身上之外，我們沒有在其他任何存在者身上發現這種能力）的類比來思維那屬神的因果性這一點上，蘊涵著不得把這種知性在其本來意義上賦予那個存在者的禁令。⑩

3.有所意見在先天判斷中根本不成立；相反，人們透過先天判斷要麼認識某物是完全確定的，要麼就根本不認識任何東西。但是，即使我們由以出發的那些被給予的證明根據（例如：這裡就是從世界上的種種目的出發）是經驗性的，人們也畢竟不能憑藉它們來超出感官世界而有任何意見，承認這樣的貿然判斷對於或然性有絲毫的權利。因爲或然性是一種在某個根據序列中可能的確定性的一個部分（這種確定性的種種根據在這裡與充足根據相比較，是作爲部分與整體相比較的），那個不充足的根據必須能夠被補充到這一序列根據中去。但是，由於這些根據作爲同一個判斷的確定性的規定根據必須是同類的，因爲若不

⑩ 人們由此並不覺得在這個存在者與世界的關係的表象中丟失了絲毫的東西，無論是就出自這個概念的理論後果，還是就其實踐後果而言。至於要研究它就自身而言是什麼，則是多管閒事，既無意義也白費力氣。

然，它們就不會一起構成一個大小（諸如此類的大小就是確定性），所以就不可能它們的一個部分處於可能經驗的界限之內，而另一個部分則處於一切可能經驗之外。因此，既然單純經驗性的證明根據並不導致任何超感性的東西，而在其序列中的缺陷也不能透過任何東西來補充，所以在透過它們來達到超感性的東西及其知識的嘗試中，就沒有絲毫的逼近，因而在透過從經驗獲取的論證對超感性的東西所作的判斷中，也沒有任何或然性。

4. 凡是應當作爲假說用於解釋一個被給予的顯象的可能性的東西，至少其可能性必須是完全確定的。我在提出一個假說時放棄對於現實性的知識（這種知識在一種冒充或然的意見那裡還是被堅持的），而這就夠了，我不可能放棄更多的東西；我當作一種解釋的基礎的東西，其可能性必須至少是無可置疑的，因爲若不然，空洞的幻影就會無休無止了。但是，假定一個按照某些概念來規定的超感性的存在者的可能性，由於爲此並沒有把一種知識的諸般必要條件的一種按照在其中基於直觀的東西給予出來，因而只剩下矛盾律（它所證明的無非是思維的可能性，而不能證明所思維的對象本身的可能性）來作爲這種可能性的標準，這就會是一種完全沒有根據的預設。

由此結果就是：對於人類理性來說，關於作爲一個神祇的原始存在者的存在，或者關於作爲一個不死精神的靈魂的存在，哪怕只是爲了造成最低程度的視之爲眞，在理論方面也絕不可能有任何證明；而這是出自完全可以理解的理由：我們根本沒有任何材料來規定超感性者的理念，因爲我們必須從感官世界裡的事物獲取這種材料，但這樣一種材料又是絕對不適合那個客體的，因而既然對這些理念沒有任何規定，所剩下來的就無非只是關於一個非感性的某物的概念了；這個某物包含著感官世界的最後根據，而這根據卻還沒有構成這個某物的內在性狀的任何知識（作爲對這個概念的擴展）。

第九十一節　論經由一種實踐信念的視之爲眞的方式

如果我們僅僅關注某物對我們來說（按照我們的表象能力的主觀性狀）能夠成爲知識客體（res cognoscibilis〔可認識的事物〕）的方式，那麼，在這種情況下，概念就不會是與客體相對照，而是僅僅與我們的認識能力及其對被給予的表象（在理論方面或者實踐方面）所能夠作的應用相對照；而某物是否是一個可認識的存在者的問題，就不是關涉到事物本身的可能性的問題，而是關涉到我們對它們的知識的問題。

可認識的事物有三種：意見之事（opinabile〔可推測之事〕）、事實（scibile〔可知之事〕）和信念之事（mere credibile〔純爲可信之事〕）。

1. 純然理性理念的對象，對於理論知識來說根本不能在任何可能的經驗中被展示出來，就此而言也根本不是可認識的事物，因而人們就連對它們有所意見也不能夠；正如要先天地有所意見，這本身就已經是荒謬的，是直通純粹的幻影的道路。因此，要麼我們的先天命題是確鑿的，要麼它就不包含任何可以視之爲眞的東西。所以，意見之事在任何時候都是一種至少就自身而言可能的經驗知識的客體（感官世界的對象），這種經驗知識只是按照我們所具有的這種能力的程度而對我們來說不可能而已。所以，近代物理學家們的乙太，即一種滲透其他一切物質（與它們最均勻地混合在一起）的彈性流質，就是一種純然的意見之事，但畢竟還具有這樣的性質，即如果外感官敏銳到極高程度，它就有可能被知覺到；但是，它卻永遠不能在某種觀察或者實驗中被展示出來。假定其他行星上的理性居民，這是一種意見之事；因爲如果我們能夠接近這些行星，而這自身是可能的，那麼，我們就會透過經驗來澄清它們是否存在了；但是，我們永遠也不會如此接近這些行星，所以也就還停留在有所意見上。然而，認爲在物質的宇宙中有純粹的、無須身體而能思維的精神（也就是說，如果人們正當地排除掉某些假充是這種精神的現實的顯象的話），就叫做虛構，它根本不是意見之事，而是當人們從一個能思維的存在者去除一切物質的東西卻畢竟給它留下思維時，所剩餘下來的一個純然的理念。但在這種情況下，這種思維（我們只是在人身上，也就是說在與一個身體的結合中才認識這種思維）是否會剩餘下來，我們就不能斷定了。這樣一種事物是一個玄想出來的存在者（ens rationis ratiocinantis〔進行推論的理性的存在者〕），而不是理性的存在者（ens rationis ratiocinatae〔推論出來的理性的存在者〕）；關於後者，畢竟有可能至少爲了理性的實踐應用，而充分地闡明它的概念的客觀實在性，因爲這種應用具有自己特殊的、確定無疑的先天原則，甚至要求（公設）這一概念。

2. 對於其客觀實在性能夠被證明的概念（或者是透過純粹理性，或者是透過經驗，而且在前一種場合是出自理性理論上的或者實踐上的材料，但在所有的場合都是憑藉一種與它們相應的直觀）來說，它們的對象都是（res facti〔實際之事〕）事實。⑪（幾何學中的）大小的數學屬性就是諸如此類的事實，因爲它們能夠對於理論的理性應用來說有一種先天的表現。此外，能夠透過經驗（親身經驗或者借助於見證的他人經驗）來闡明的事物或者事物的性狀，也同樣是事實。——但十分值得注意的是，這樣在事實中間就會甚至有一個理性理念（它就自身而言不能在直觀中有任何表現，從而也不能有其可能性的任何理論證明），而這就是自由的理念，它作爲一種特殊的因果性（這種因果性的概念在理論上來看將會是越界的），其實在性可以透過純粹理性的實踐法則，並按照這些法則在現實的行動中，因而在經驗中得到闡明。——在純粹理性的所有理念中，唯有這一個理念的對象是事實，並且必須被歸入scibilia〔可知之事〕。

3.必須與純粹實踐理性的合乎義務的應用相關（或者是作爲後果，或者是作爲根據）而被先天地思維，但對於其理論應用來說乃是越界的那些對象，是純然的信念之事。應當

⑪ 我覺得我在這裡有理由把一件事實的概念，擴展到這個詞的通常涵義之外。因爲如果說的是事物與我們的認識能力的關係，那麼，既然爲了把事物僅僅當作一種確定的認識方式的對象來談論，一種純然可能的經驗就已經足夠了，所以把這一表述僅僅限制在現實的經驗上，就是不必要的，甚至也是不可行的。

透過自由來造成的塵世的至善就是諸如此類的東西，它的概念不能在任何我們可能有的經驗中，因而對理論的理性應用來說按照其客觀實在性得到充分的證明，但它被用來最大可能地實現那個目的，卻畢竟是由實踐的純粹理性命令的，因而必須被假定為可能的。這一被命令的結果，連同其可能性的那些我們唯一能思維的條件；也就是說，上帝的存在和靈魂的不死，都是信念之事（res fidei），而且是所有對象中唯一能夠被如此稱謂的對象。⑫因為即使我們必須相信我們只能透過見證從別人的經驗中學到的東西，這東西也並不因此本身就是信念之事，因為在那些見證人的某一位那裡，它畢竟曾經是親身經驗和事實，或者被預設為親身經驗和事實。此外，透過這一途徑（歷史信念的途徑）來達到知識也必須是可能的；而歷史學和地理學的客體，就像一般而言所有按照我們的認識能力的性狀至少可能被認知的東西那樣，並不屬於信念之事，而是屬於事實。唯有純粹理性的對象也許有可能是信念之事，但並不是作為純然的純粹思辨理性的對象；因為在這裡，它們根本就不可能被有把握

⑫ 但是，信念之事並不因此就是信條，如果人們把信條理解為人們被責成去（內在地或者外在地）認信的信仰之事的話；因此，自然的神學並不包含諸如此類的信條。因為既然信條作為信仰之事不可能（像事實那樣）建立在理論的證明之上，所以這是一種自由的視之為真，並且唯有作為這樣一種視之為真才能與主體的道德性相一致。

地歸入事物，亦即歸入對我們來說可能的那種知識的客體。這就是理念，亦即人們不能在理論上保證其客觀實在性的一些概念。與此相反，應當由我們來實現的最高的終極目的，即我們唯獨因之才能夠甚至配得上是一個創造的終極目的的東西，則是一個對我們來說在實踐的關係中有客觀的實在性的理念，而且是事物；但是，由於我們不能在理論方面為這個概念取得這種實在性，它就是純粹理性的純然信念之事，與它一起的還有上帝和不死，它們是我們按照我們的（人類的）理性的性狀，唯有在其下才能思維我們的自由的合法則應用的那種效果之可能性的條件。但是，在信念之事中的視之為真是純粹實踐方面的視之為真；也就是說，是一種道德的信念，它不為理論上的純粹理性知識證明任何東西，而只為實踐上的、針對其義務的遵循的純粹理性知識作證明，而且根本不擴展思辨或者按照自愛原則的實踐上的明智規則。如果一切道德法則的至上原則是一個公設，那麼，這些法則的最高客體的可能性，從而還有我們在其下思維這種可能性的條件，也就因此而被一起公設了。這樣一來，這種可能性的知識對於這些條件的存在和性狀來說，作為理論的認識方式，就既不成為認知也不成為意見，而只是在實踐的，並且為了我們理性的道德應用而要求如此的關係中的假定而已。

即使我們表面上能夠把關於一個有理智的世界原因的**確定**概念，建立在自然目的論如此豐富地呈現給我們的種種自然目的之上，這個存在者的存在也畢竟不是信念之事。因為既然這個存在者不是為了履行我的義務，而只是為了解釋自然才被假定的，所以它只會是對我們的理性來說最合適的意見和假說罷了。如今，那種目的論絕不導致關於上帝的一個確定概念；相反的，這個概念唯有在關於一個道德的世界創造者的概念中才能夠遇到，因為只有後者才指明了終極目的，而我們只有在按照道德法則當作終極目的交付給我們，因而使我們負有義務的東西行事的時候，才能把自己視為這種終極目的。因此，關於上帝的概念唯有透過與我們義務的客體的關係，作為實現這種義務的終極目的之可能性的條件，才獲得在我們的視之為眞中被視為信念之事的優先權；與此相反，這同一個概念畢竟不能使它的客體作為事實生效，因為雖然義務的必然性對於實踐理性來說是非常清楚的，但達到義務的終極目的，就這一目的並不完全由我們控制而言，卻只是為了理性的實踐應用而假定的，因而並不像義務本身那樣在實踐上是必然的。⑬

⑬ 道德法則要求去促進的終極目的並不是義務的根據；因為這根據蘊涵在道德法則之中，而道德法則作為形式的實踐原則是絕對地進行引導的，不顧欲求能力的客體（意願的質料），因而也不顧任何一個目的。我的行動的內在道德價值僅僅在於它們的這種形式的性狀（使這些行動從屬於普遍有效性的原則），而這種性狀是完全由我們控制的；而且我完全能夠抽掉我按照那個法則而有義務去促進的目的的可能性或者不可行性（因為在它們裡面只有我的行動的外在價值），把它們當作永不完全由我控制的東西抽掉，以便僅僅關注我所能做的事情。然而，促進一切理性存在者的終極目的（幸福，就其與義務一致而可能來說）的意圖畢竟正是由義務的法則交付的。但是，思辨理性根本看不出這種意圖的可行性（無論是從我們自己的自然能力方面，還

信念（作爲habitus〔狀態〕，不是作爲actus〔行動〕）是在把對於理論知識來說無法達到的東西視之爲眞時，理性在道德上的思維方式。因此，它是心靈持久的原理，即把爲了最高的道德上的終極目的的可能性而必須預設爲條件的東西，由於對這一終極目的的責任而假定爲眞的⑭；儘管這一目的的可能性（但它的不可能性也一樣）是不能爲我們所看出的。

472

是從自然的合作方面）；毋寧說，它必然出自這樣一些原因，就我們能夠以理性的方式作出判斷而言，把我們的善行無須假定上帝和不死而從單純的自然（我們之內和之外的自然）中得出的這樣一種結果，視爲一種雖然善意的，但卻沒有根據和沒有價值的期望，而且如果它對這一判斷能夠擁有完全的確定性，它就必然把道德法則本身視爲我們理性出於實踐考慮的純然矇騙。但是，既然思辨理性完全確信後者永遠不可能發生，相反那些其對象超越了自然的理念卻能夠無矛盾地來設想，所以它爲了它自己的實踐法則和由這法則交付的任務，因而出於道德的考慮，就必須承認那些理念是實在的，以免與自身發生矛盾。

⑭ 它是對道德法則的應許的一種信賴；但是，這種應許並不是作爲一種包含在道德法則之中的應許，而是作爲一種我放進去的，並且是出自道德上充足的根據放進去的應許。因爲一個終極目的不可能爲理性的任何法則所要求，而理性卻不同時哪怕是不確定地許諾它的可實現性，並且因此而有權把我們的理性唯有在其下才能設想這種可實現性的那些條件視之爲眞。Fides（信念）這個詞也已經表達了這一點；而且可能顯得令人疑慮的僅僅是：這一表述和這個特殊的理念是如何進入道德哲學的，因爲它最初是與基督教一起被引入的，而採用這個詞也許會顯得只是對基督教的語言的一種諂媚的模仿。但是，這並不是唯一的實例，即這個奇特的宗

信念（乾脆就這樣稱謂）是對於達成一種意圖的信賴，促進這一意圖則是義務，但實現這一意圖的可能性卻不是我們所能洞察的（因此，唯一能夠爲我們所設想的那些條件的可能性也不是我們所能洞察的）。所以，與這些特殊的對象相關的信念就是完全道德的，這些對象不是可能知識或者意見的對象（在後一種場合，尤其是在歷史的東西中，信念就必須叫做輕信，而不叫做信念了）。信念是一種自由的視之爲眞，不是對於就理論上規定性的判斷力而言可以爲其發現獨斷的證明的東西，也不是對於我們認爲自己負有責任的東西，而是對於我們爲了一種意圖而按照自由的法則所假定的東西；但是，它畢竟不是像一種意見那樣沒有充分的根據，而是作爲在理性之中的（雖然只是就其實踐應用而言）而對於**理性的意圖**來說有充分的根據：因爲沒有這種信念，道德的思維方式在違背理論理性對於（道德性的客體的可能性的）證明的要求時就不具有任何牢固的持久性，而是在實踐的誡命和理論的懷疑之間搖擺不定。不信，意味著沉溺於根本不相信見證這條準則；而某人由於那些理性理念缺乏其實在性的**理論論證**而否認它們的一切有效性，則是**無信念**的。因此，他的判斷是獨斷的。但是，一種獨斷的**無信念**是不能與一種在思維方式中產生支配作用的道德準則共存的（因爲理

教在其極爲樸素的陳述中，以比哲學迄今所能夠提供的遠爲確定和純粹的道德性概念豐富了哲學，而這些概念一旦存在，就被理性自由地贊同，並且作爲理性能夠而且應當自行想到和引入的概念而被採納。

性不可能命令追求一個只能被看做是幻影的目的）；不過，一種有懷疑的信念倒是能夠做到這一點，對它來說，缺乏由思辨理性的根據而來的確信只不過是障礙罷了，對思辨理性的局限性的一種批判的洞識可以使這種障礙失去對行爲的影響，並提供一種占優勢的實踐的視之爲眞來取代它。 473

※　※　※

如果人們想引用另一條原則來取代哲學中的某些錯誤的嘗試，並使之產生影響，那麼，看出那些嘗試如何以及爲什麼必然失敗，是會帶來重大的滿足的。

上帝、自由和靈魂不死是這樣一些課題，解決它們是形而上學的一切準備的目的所在，是它的最後的和唯一的目的。於是人們相信，關於自由的學說唯有作爲消極的條件才對於實踐哲學來說是必要的，關於上帝和靈魂性狀的學說則相反，屬於理論哲學，必須予以單獨的和特別的闡明，以便此後把這兩者與道德法則（它只有在自由的條件下才是可能的）所命令的東西連結起來，並由此確立一種宗教。但是，人們很快就能夠看出，這些嘗試必然失敗。因爲從一般事物或者一個必然的存在者的實存的純然本體論概念中，絕對不能形成關於一個原始存在者的由能夠在經驗中提出，因而能夠用於知識的謂詞來規定的概念；但是，那個建立在大自然的自然合目的性的經驗之上的概念又不能提供任何對於道德，從而對於一個上帝的知識來說充足的證明。同樣，即便是透過經驗（我們只是在此生中著手進行經驗）而來的靈魂知識，也不可能造成一個關於靈魂精神性的、不死的本性的概念，使之對於道德來說是充足的。**神學和神靈學**作爲思辨理性的諸科學所需要的課題，由於其概念對於我們所有的認識能力來說都是越界的，所以不可能透過任何經驗性的材料和謂詞來完成。——對這兩個概念的規定，無論是上帝還是靈魂（就其不死性而言），都只能透過儘管本身唯有出自一個超感性的根據才可能，但仍然必須在經驗中證明自己的實在性的謂詞來進行；因爲只有這樣，它們才能使一種關於完全超感性的存在者的知識成爲可能。——諸如此類的概念就是唯一能夠在人的理性中發現的服從道德法則的人的自由，連同自由透過道德法則來規定的終極目的的概念，其中道德法則適宜於把包含著兩者的可能性的必要條件的那些屬性歸於自然的創造者，終極目的則適宜於把這些屬性歸於人，以至於恰好從這一理念中可以推論到那些通常對我們完全隱蔽起來的存在者的實存和性狀。

因此，那種證明上帝和不死的意圖純然沿著理論的道路而失敗的根據就在於：對於超感性的東西來說，沿著這條道路（自然概念的道路）根本不可能有任何知識。相反，沿著道德的道路（自由概念的道路）則能成功，其根據如下：在這裡，在這方面作爲根據的超感性的東西（自由），透過從它那裡產生的一種確定的因果性法則，不僅成就了其他超感性的東西（道德的終極目的及其可實現性的條件）的知識的材料，而且還作爲事實闡明了它在行動中的實在性，但也正因爲如此，它不能提供別的任何證明根據，而只能提供在實踐的意圖

（它也是宗教所需要的唯一意圖）中有效的證明根據。

在這裡，依然總是十分值得注意的是：在三個純粹的理性理念亦即上帝、自由和不死中，自由的理念是超感性的東西的唯一概念，透過自由在自然中可能的結果而（憑藉在這個概念中所思維的因果性）在自然身上證明了自己的客觀實在性，並由此而使另外兩個概念與自然相連結，所有這三個概念彼此相連結爲一個宗教成爲可能；因此，我們在自身中擁有一條原則，它有能力把我們裡面的超感性的東西的理念，但由此也把我們之外的超感性的東西的理念，規定成一種知識，哪怕只是在實踐的意圖中可能的知識，對此純然的思辨哲學（它也能夠對自由提出一個純然否定的概念）是必然要絕望的；因此，自由的概念（作爲一切無條件的實踐法則的基本概念）能夠把理性擴展到那些界限之外，在那些界限之內任何自然概念都必定仍然毫無希望地受著限制。

※ ※ ※

目的論的總附釋

如果問題是：道德的論證只是把上帝的存在當作實踐的純粹理性的信念之事來證明，它在哲學的其他論證中間保持著什麼級別，則這些其他論證的全部占有都可以輕而易舉地忽略不計，這裡也就表明，此處別無選擇，而只有哲學的理論能力面對一種無成見的批判必須自行放棄它的一切要求。

一切視之爲眞如果不應當是完全無根據的，就都必須首先建立在事實之上；因此，在證明中只能出現唯一的區別，即對從中得出的結論的視之爲眞是能夠作爲理論知識的認知，還是只能作爲實踐知識的信念建立在這一事實之上。一切事實都要麼屬於自然概念，自然概念是在先於一切自然概念而被給予的（或者可能被給予的）感官對象身上來證明自己的實在性的；要麼屬於自由概念，自由概念是透過理性就某些由於它而在感官世界中，有可能的結果而言的因果性來充分地闡明自己的實在性的，而這種因果性是理性在道德法則中不容反駁地公設的。於是，自然概念（僅僅屬於理論知識的自然概念）就要麼是形而上學的和完全先天的；要麼是自然的，亦即後天的和必然唯有透過確定的經驗才可思維的。因此，形而上學的自然概念（不以任何確定的經驗爲前提條件的自然概念）就是本體論的。

於是，從一個原始存在者的概念出發對上帝存在的本體論證明，要麼是從本體論的謂詞（唯有透過這些謂詞才能完全確定地設想原始存在者）推論到絕對必然的存在的證明，要麼是從某一事物（不論是何事物）的存在的絕對必然性推論到原始存在者的謂詞的證明；因爲要使一個原始存在者不是衍生的，其概念就要求其存在的無條件的必然性以及（爲了表現這種必然性）透過它的概念所做的完全規定。於是，人們相信在最實在的存在者的本體論理念的概念中能夠發現這兩種要求：這樣就產生了兩種形而上學的證明。

以一個純然形而上學的自然概念爲基礎的（被稱爲眞正本體論的）證明，從最實在的存在者推論到其絕對必然的實存；因爲（據說）如果它不實存，那麼，它就會缺少一種實在性，也就是說缺少實存。——另一種證明（人們也把它稱爲形而上學的宇宙論的證明）則從某一個事物（由於在自我意識中一種存在被給予我，諸如此類的事物是絕對必須予以承認的）的實存的必然性，推論到它作爲最實在的存在者的完全規定；因爲一切實存者都必須得到完全的規定，但絕對必然者（也就是我們應當當作這樣一種事物來認識，因而應當先天地認識的東西）卻必須通過它的概念來得到完全的規定。但是，這種情況唯有在一個最實在的事物的概念中才能夠遇到。在這裡，沒有必要去揭露這兩種推論中的詭辯，這在別的地方已經做過了；而是只需要說明：這樣的證明即使可以透過各種各樣辯證的細膩來爲自己辯護，卻永遠不能超出學院而進入公眾，對純然的健全知性產生絲毫的影響。

以一個自然概念爲基礎，這個概念只能是經驗性的，但儘管如此卻應當超越作爲感官對象之總和的自然的界限，這樣的證明不能是別的證明，只能是出自自然目的的證明。自然目的的概念雖然不能被先天地，而是只能透過經驗被給予，但畢竟預示了關於自然的原始根據的這樣一個概念，這個概念在我們能夠思維的一切概念中間唯一適合於超感性的東西的，亦即是關於作爲世界原因的最高理智的概念；這個證明也在實際上按照反思性判斷力的原則，亦即按照我們的（人的）認識能力的性狀完全做到了這一點。——但現在，它是否有能力從這同一些材料出發提供出一個至上的，亦即獨立的、有理智的存在者的這一概念，使這個存在者也是一個上帝，亦即是一個服從道德法則的世界的創造者，從而對於世界之存在的一個終極目的的理念來說是充分地規定了的，這是一個一切的關鍵所在的問題；不論我們是爲了全部自然知識而要求關於原始存在者的一個理論上充足的概念，還是爲了宗教而要求一個實踐的概念。

這個從自然目的論得來的論證是值得尊重的。它對於平常的知性和對於最精細的思想家在使之確信上具有同樣的效果；有一位萊馬魯斯（Reimarus），在他尚未被超越的作品中以其特有的縝密性和清晰性詳盡地闡述了這一證明根據，由此而立下了不朽的功勳。——然而，這種證明是從哪裡獲得對心靈的如此強有力的影響，尤其是在透過冷靜的理性作出判斷時（因爲由自然的奇蹟引起的感動和振奮，人們可以歸之於臆信），獲得對一種平心靜氣的、毫無保留的贊同的如此強有力的影響呢？並不是那些全都暗示著世界原因中的一種神祕莫測的知性的自然目的；因爲這些自然目的由於並不滿足提問的理性的需要而不足以做到這一點。因爲（理性問的是）所有那些藝術安排的自然事物爲的是什麼呢？人本身，我們作爲自然的對我們來說所能設想的最後目的必須就此止步的人本身，是爲了什麼呢？這整個自然又是爲了什麼存在呢？什麼是如此偉大又如此豐富多彩的藝術的終極目的呢？被創造來享受，或者來靜觀、來觀察、來驚讚（如果停留在這一點上，那也無非是特殊方式的享受罷了），把它當作世界和人自身存在的終極目的，這並不能滿足理性；因爲理性預設了唯有人才能給予自己的人格價值，把它當作人及其存在唯有在其下才能是終極目的的條件。如果缺少這種人格價值（唯有它才能有一個確定的概念），自然的種種目的就不能滿足人的追問，尤其是因爲它們不能提供關於最高存在者作爲一個最充足的（並且正因爲此是唯一的、眞正可以這樣稱謂的最高的）存在者，關於它的理智據以是世界的原因的那些法則的任何確定的概念。

因此，自然目的論的證明，無論它是否同時是一種神學的證明，都使人確信，這並非出自把自然的種種目的的理念當作一個最高的理智的如此之多的經驗性證明根據來使用；相反的，這裡不知不覺地在推論中摻雜進了寓於每一個人心中，並最內在地感動著他的道德證明根據，按照這種證明根據，人們也把終極目的賦予在自然的種種目的中以如此不可理解的藝術啓示自己的存在者，從而也賦予它智慧（儘管憑藉對自然目的的知覺並沒有權利這樣做），因而任意地就那個論證帶有的缺陷而言補足了它。因此，實際上只有道德的證明根據才帶來確信，而且也只有在每一個人都最內在地感到自己的贊同的道德考慮中才產生這種確信；但是，自然目的論的論證卻只有一件功績，即把心靈在觀察世界時引向目的的道路，但由此也引向一個有理智的世界創造者；因爲在這種情況下，與種種目的的道德關係和一個這樣的立法者和世界創造者的理念，作爲神學概念，雖然是純粹的附加物，但卻仍然顯得是自行從那個證明根據發展出來的。

在這裡，人們也可以繼續任由慣常的陳述。因爲對於平常的和健全的知性來說，通常很難把它所混淆的、實際上只是從其中的一條正確地得出結論的那些各不相同的原則作爲不同類的東西彼此區分開來，如果這種分離需要諸多反思的話。但是，關於上帝存在的道德上的證明根據眞正說來，也並不只是把自然目的論的證明補充成爲一個完整的證明；相反的，它是一個特殊的證明，它彌補了出自自然目的論的證明的對於確信的缺乏，因爲後者實際上能夠提供的無非是，使理性在對自然和我們唯有透過經驗才能認識的偶然的，但卻値得驚讚的秩序的根據作出判斷時，轉向一種按照目的包含著自然的根據的原因（按照我們的認識能力的性狀，我們必須把這個原因設想成知性的原因）的因果性，並對此加以注意，但這樣就使它更易於接受道德的證明。因爲後一個概念所要求的東西與自然概念所能夠包含和教導的一切有著如此本質上的不同，以至於它需要一種特殊的、完全獨立於前者的證明根據和證明，以便爲一種神學充分地說明關於原始存在者的概念，並推論到它的實存。——因此，只要我們在世界上根本找不到自然目的論的材料，或者只找到其模稜兩可的材料，那麼，道德的證明（但它當然只是在理性實踐的，畢竟也不可免除的考慮中作出證明的）就會還一直保持它的力量。可以設想，理性的存在者看到被這樣一個大自然包圍著，這個大自然沒有顯示出有機組織的任何清晰痕跡，而是僅僅顯示出粗陋物質的一種純然機械性的結果，因爲這些結果的緣故，鑑於一些僅僅偶然地合目的的形式和關係的可變性，似乎沒有理由去推論到一個有理智的創造者；在這種情況下，也就會沒有理由說一種自然目的論了；儘管如此，在這裡透過自然概念沒有得到任何指導的理性，在自由概念中以及在建立於自由概念之上的道德理念中，卻會找到一種實踐的充分根據，來公設原始存在者的概念與這些理念相適合；也就是說，是一個神祇，而自然（甚至我們自己的存在）則是一個與那個神祇及其法則相符合的終極目的，而且是考慮到實踐理性的不可免除的誡命來公設的。——但現在，在現實的世界中，對於它裡面的理性存在者來說，有自然目的論的豐富的材料（這恰恰不會是必然的），這有助於對道德的論證作出所期望的證實，只要自然能夠提出某種與理性理念（道德的理性理念）類似的東西。因爲一個具有理智（但這對於一種神學來說是遠遠不充分的）的至上原因的概念，由此就獲得了對於反思性的判斷力來說充分的現實性；但這個概念並不是在那上面建立道德的證明所需要的；而道德的證明也並不是用於透過按照唯一的一條原則的連續推論，而把那個獨自根本不指向道德性的證明補足爲一個證明。作爲自然和自由，兩條如此不同類的原則只能提出兩種不同的證明方式，因爲在這種情況下，從自然出發進行道德證明的嘗試對於應當證明的東西來說，被認爲是不充分的。

如果自然目的論的證明根據足以達到所尋求的證明，那麼，對於思辨理性來說，這就會是非常令人滿意的；因爲它就會給人以產生出一種神智學的希望（也就是說，人們將會不得不這樣稱謂對屬神本性及其實存的理論知識，它足以解釋世界的性狀，同時解釋道德法則的規定）。同樣，如果心理學足以由此達到對靈魂不死的知識，那麼，它就會使一種神靈學成爲可能，這種神靈學對於思辨理性來說也會同樣是受歡迎的。但是，兩者無論如何爲求知欲的自負所喜愛，都不能滿足理性在必須基於事物本性的知識的理論方面的願望。但是，是否自然目的論作爲神學、心理學作爲人類學，兩者都建立在道德的亦即自由的原則之上，因而與理性的實踐應用相適合，就會更好地實現其客觀的終極意圖，則是我們在這裡不必進一步探究的另一個問題。

但是，自然目的論的證明根據之所以不足以成爲神學，乃是因爲它沒有提出、也不可能給出關於原始存在者的一個對這一意圖來說充分規定了的概念；相反的，人們不得不完全從別的地方取得這一概念，或者由此而作爲一種任意的附加來彌補這一概念的缺乏。你們從自然形式及其關係的偉大的合目的性出發推論到一個有理智的世界原因，但推論到這一理智的什麼程度呢？毫無疑問，你們不能夠自以爲推論到了最高可能的理智；因爲爲此將會要求你們看出，一個比你們在世界上知覺到種種證據的理智更偉大的理智是不可思議的，而這就意味著把全知賦予你們自己了。同樣，你們從世界的偉大出發推論到創造者的一種十分偉大的力量；但是，你們將告訴你們自己，這只是相對於你們的把握能力才有意義，而且既然你們並不認識一切可能的東西，以便將其盡你們所知與世界的偉大相比較，所以你們按照一個如此渺小的尺度是不能推論出創造者的全能的，如此等等。於是，你們由此並未達到一個原始存在者的任何確定的、對於神學來說有用的概念；因爲這個概念唯有在與一個理智相結合的種種完善性的完整的概念中才能找到，純然經驗性的材料根本不可能在這方面對你們有所幫助；但沒有這樣一個確定的概念，你們也就不能推論到一個唯一的有理智的原始存在者，而是只能（不管是爲了什麼目的）假定這樣一個原始存在者。——現在，人們雖然完全可以允許你們（既然理性不能說出任何有根據的東西予以反對）任意地附加：在發現如此之多的完善性的地方，人們就可以假定一切完善性結合在一個唯一的世界原因中；因爲理性在理論上和實踐上都能夠與一條如此規定的原則更好地相處融洽。但是，你們在這種情況下畢竟不能宣揚原始存在者這個概念是由你們證明了的，因爲你們只是爲了理性的一種更好的應用而假定了它。因此，對於懷疑你們的推論鏈條的簡要性這種所謂的褻瀆所表示的一切悲歎和無力的憤怒，都是無用的自吹自擂，它可能很喜歡人們也許把針對你們的論證自由地表述的懷疑視爲對神聖眞理的懷疑，只不過是爲了讓這論證的淺薄性在這道帷幕背後悄悄地溜掉罷了。

與此相反，道德目的論在有牢固的基礎這方面並不亞於自然目的論，毋寧說，它由於先天地以與我們理性不可分離的那些原則爲依據而理應擁有優勢，它導向一種神學的可能性所要求的東西，即導向至上原因的一種確定的概念，這個至上原因是依據道德法則的世界原因，因而是一個滿足我們道德上的終極目的的原因：爲此至少要求全知、全能、全在等來作爲它應有的自然屬性，這些屬性必須被設想爲與本身是無限的道德的終極目的相結合，因而是與之相符合的，而這樣一來，道德目的論就能夠完全獨立地提供出適用於一種神學的一個唯一的世界創造者的概念。

以這樣的方式，一種神學也就直接地導向了宗教；也就是說，導向了對我們的義務是神的誡命的知識；因爲對我們的義務和其中由理性交付給我們的終極目的的知識能夠首先確定地產生出上帝的概念，因而這個概念就其起源而言就已經與對這個存在者的責任不可分割了；相反的，即使沿著純然理論的道路能夠確定地找到原始存在者的概念（也就是作為單純自然原因的原始存在者的概念），此後要透過縝密的證明來賦予這個存在者以一種依據道德法則的因果性，就還有巨大的困難，也許沒有任意的添加就根本不可能成功，而沒有那種因果性，那個所謂神學的概念就不能構成宗教的任何基礎。即使一種宗教能夠沿著這條理論的道路建立起來，它也會在意向（它的本質性的東西畢竟在於意向）方面現實地有別於上帝的概念和對上帝的存在的（實踐上的）確信產生自道德性的基本理念的那種宗教。因為如果我們必須把一個世界創造者的全能、全知等當作從別的地方給予我們的概念來預設，只不過是為了此後把我們關於義務的概念運用於我們與這個世界創造者的關係，那麼，這些概念就必然會嚴重地帶有強制和被迫服從的色彩；相反的，如果是對道德法則的敬重完全自由地按照我們自己的理性的規範向我們顯示我們的規定的終極目的，我們就以完全有別於病理學的恐懼的真誠敬畏，把一種與這終極目的及其實現協調一致的原因一起接納入我們的道德景仰，並自願地服從於它。⑮

⑮ 無論是對美的驚讚，還是一個進行反思的心靈還在對世界的一個有理性的創造者有一個清晰的表象之前，就有能力感到的由於自然如此繁多的目的而生的感動，自身就具有某種與宗教情感類似的東西。因此，它們看起來首先是透過對它們的一種與道德評判方式相類似的評判方式而作用於道德情感的（對我們不知道的原因

如果有人問，我們究竟爲什麼對一般而言擁有一種神學這件事有所牽掛，那麼顯而易見的是，神學並非對於擴展或者校正我們的自然知識和一般而言任何一種理論來說是必要的，而是僅僅對於宗教來說，亦即對於理性的實踐應用，尤其是道德應用來說，才在主觀的意圖上是必要的。如果發生這樣的事情，即導向神學對象的一個確定概念的唯一論證本身是道德的，則這不僅不令人詫異，而且如果承認這樣一種論證只是對於我們的道德規定，亦即在實踐的意圖上，才充分地闡明了上帝的存在，而思辨在它裡面絕對沒有證明自己的力量，或者由此擴大它的疆域的範圍的話，那麼，人們也將在出自這種證明根據的視之爲眞對於這一論證的終極意圖的充分性方面不會感到任何缺憾。就連此處所主張的一種神學的可能性的這種令人詫異、或者它與思辨理性的批判關於範疇所說的話——即範疇唯有在運用於感官的對象，但絕不應用於超感性的東西時，才能夠產生知識——的所謂矛盾，如果人們看到它們在這裡被運用於對上帝的知識，但不是在理論的意圖上（按照上帝對我們來說玄妙莫測的本性自身所是的東西），而是僅僅在實踐的意圖上運用的話，也都將消失。——爲了借這個機會了結對批判的那個十分必要的，但也令盲目的獨斷論者感到惱火地使理性返回到其界

感恩和崇敬的情感），因而是在它們引起與比純然理論的考察所能產生的更多得多的旨趣相結合的那種驚讚的時候，透過激發道德理念而作用於心靈的。

限之內的學說的誤解，我在這裡附加上對這一學說的如下解釋。

如果我賦予一個物體以運動的力量，從而透過因果性的範疇來思維它，那麼，我就由此而同時認識了它；也就是說，我透過特別（作爲那種關係的可能性的條件）屬於它這個感官對象的東西而規定了它作爲一般客體的概念。因爲如果我賦予它的這種運動的力量是一種排斥的力量，那麼，屬於它（儘管我還沒有在它旁邊設定另一個它對之實施斥力的物體）的就是空間中的一個地點，此外是一個廣延；也就是說，在它本身之內的空間，再就是透過其各個部分的斥力對這個空間的塡充，最後還有這種塡充的規律（即各個部分的斥力的根據的減弱，必然與物體廣延的增長和它透過這種力以這些部分所塡充的空間的增加成正比）。——與此相反，如果我把一個超感性的東西設想爲第一推動者，從而透過因果性的範疇而在同一種世界規定（物質的運動）方面來設想它，那麼，我就必須設想它不在空間中的任何一個地點，同樣也不是有廣延的，我甚至不可以設想它是在時間中並且與其他東西同時實存的。因此，我根本沒有任何規定來使我自己能夠理解透過這個存在者作爲根據而引起的運動的可能性的條件。所以，我透過原因（作爲第一推動者）的謂詞本身絲毫也沒有認識這個存在者；相反的，我只是有關於一個某物的表象，這個某物包含著世界中的運動的根據；而關於它與這些運動的關係，作爲這些運動的原因，既然它除此之外沒有提供屬於這個是原因的事物的性狀的任何東西，也就使關於這個原因的概念是完全空洞的。其理由在於：我借助唯有在感官世界中才能找到其客體的那些謂詞，雖然能夠前進到必然包含著感官世界的根據的某物的存在，但卻不能前進到它作爲超感性存在者的排除那一切謂詞的概念的規定。因此，透過因果性範疇，如果我透過一個第一推動者的概念來規定它的話，我就絲毫不能認識什麼是上帝；但是，如果我從世界秩序中獲得理由去把它的因果性不僅設想爲一個至上的理智的因果性，而是也透過對上述概念的這種規定來認識它，也許就會有更好的結果，因爲這時空間和廣延這種累贅的條件就取消了。——當然，世界上的偉大的合目的性使我們不得不把世界及其因果性的一個至上原因設想爲透過一種理智的；但我們由此卻根本沒有權利把這種理智賦予這個至上原因（例如：把上帝的永恆性設想爲在一切時間中的存在，因爲若不然，我們就根本不能形成關於純然的存在作爲一個量，亦即作爲存續的任何概念；或者把神的全在設想爲在一切地點的存在，以便使我們理解對於彼此外在的事物來說的那種直接在場，儘管如此卻不可以把這些規定中的某一個，當作在上帝那裡認識到的而賦予上帝）。如果我透過把人的因果性設想爲人的一種理智，來就某些唯有透過有意的合目的性才能解釋的產物而言來規定人的因果性，那麼，我就不需要停留在這一點上，而是能夠把這一謂詞作爲人的眾所周知的屬性來賦予人，並由此來認識人。因爲我知道，直觀被給予人的感官，並透過知性被置於一個概念之下，從而被置於一個規則之下；這個概念只包含共同的標誌（借助捨棄特殊的東西），因而是推論性的；爲了把被給予的表象置於一般意識之下，諸般規則還在直觀之前就被知性給予了等；因此，我把這種屬性賦予人，是把它當作我由以來認識人的屬性。但是，如果我想把一個超感性的存在者（上帝）設想爲理智，那麼，這在我的理性應用的某種考慮中不僅是允許的，而且也是不可避免的；但是，自詡能夠賦予它以知性，並且把知性當作它的一個屬性，由此來認識它，這是絕對不允許的；因爲我在這種情況下必須捨棄我唯有在其下才認識一個知性的那些條件，從而根本不能把只用於規定人的謂詞與一個超感性的客體聯繫起來，因此，透過一種如此規定的因果性是根本不能認識上帝是什麼的。所有的範疇都是如此，它們如果被運用於可能經驗的對象，對於理論考慮中的知識就根本不可能有任何意義。——但是，按照與一種知性的類比，我可以，甚至必須在某種別的考慮中設想一個超感性的存在者，儘管如此卻不是想在理論上認識它；也就是說，如果對它的因果性的這種規定涉及世界中的一種結果，這種結果包含著一種道德上必要的，但對於感官存在者來說無法實現的意圖的話；因爲在這種情況下，由於純然按照類比在上帝身上設想的屬性和對其因果性的規定，對上帝及其存在的一種知識（神學）就是可能的，這種知識在實踐的關係中具有、但也僅僅在考慮到這種關係時（考慮到道德的關係時）才具有一切所要求的實在性。——因此，一種倫理神學是完全可能的；因爲沒有神學，道德雖然能夠憑藉其規則而存在，但卻不是憑藉正是這種規則交付的終極意圖而存在，沒有使理性就這種終極意圖而言顯露出來。但是，一種（純粹理性的）神學倫理學是不可能的；因爲並非理性原初地自己給予的、理性作爲純粹的實踐能力也造成對其遵循的法則，就不可能是道德的。同樣，一種神學的自然學也會是一種無稽之談，因爲它不會陳述任何自然規律，而是陳述一個最高的意志的安排；與此相反，一種自然的（真正說來是自然目的論的）神學卻至少可以用做眞正的神學的預料，因爲它透過對它提供了豐富材料的種種自然目的的考察，爲自然不能提出的一種終極目的的理念提供了誘因；因而雖然能夠使一種爲了理性最高的實踐應用而充分地規定上帝概念的神學的需要變得明顯，但卻不能產生這樣的神學並把它充分地建立在其證據上面。

後記

本書譯自《康德全集》（Kants gesammelte Schriften, herausgegeben von der Königlichen PreuBischen Akademie der Wissenschaften，統稱「科學院版」）第五卷，原載《康德著作全集》，第五卷（李秋零主編，北京，中國人民大學出版社，二〇〇七）。

本次作爲單行本出版，除對原譯文有個別訂正之外，主要是增加了「科學院版」的編者導言。這篇導言在大量原始材料的基礎上，對康德的《判斷力批判》的誕生史進行了詳細的考察，不僅對於我們理解康德的《判斷力批判》，而且對於我們理解整個康德哲學體系，理解康德思想的發展演變，都有莫大的幫助。此外，譯者還從「科學院版」中挑選了一些對於我們中國讀者來說有助益、有意義的注釋譯出。

《判斷力批判》之前已有多個中文譯本，譯者在翻譯過程中參考了它們，吸取了它們的成功之處，也彌補了它們的一些疏漏之處，嘗試了一些新的譯法，但願能夠爲學界和讀書界所接受。

李秋零

二〇一一年五月三十日

於中國人民大學佛教學理論研究所

康德年表

年代	生平記事
一七二四	四月二十二日出生於德國。
一七三二	進入腓特烈學院，接受拉丁文教育。
一七三七	母親（一六九七年生）去世。
一七四六	父親（一六八二年生）去世。
一七四〇	進入柯尼斯堡大學。
一七四六	完成第一篇作品《論對活力的正確評價》。
一七五五	出版其第一部重要著作《自然通史和天體理論》。同年取得大學講師資格。
一七六二	發表《三段論法四格的詭辯》。
一七八一	出版《純粹理性批判》。
一七八三	出版《任何一種能夠作為科學出現的未來形上學導論》（未來形上學導論）。
一七八四	出版《關於一種世界公民觀點的普遍歷史的理念》、《回答這個問題：什麼是啓蒙？》。
一七八五	第一本倫理學著作《道德形上學基礎》出版。
一七八六	出版《自然形上學基礎》、《人類歷史開端的推測》。
一七八七	《純粹理性批判》再版。

一七八八	出版《實踐理性批判》。
一七九〇	出版《判斷力批判》。
一七九三	出版《純然理性界限內的宗教》、《論俗語：這在理論上可能是正確的，但不適用於實踐？》。
一七九五	出版《論永久和平》、《道德形上學》。
一七九八	出版《學科之爭》、《實用人類學》。
一八〇〇	由學生聽講筆記整理而成的康德著作《邏輯學講義》出版。
一八〇三	由學生根據康德在科尼斯堡大學講授「教育學」的教學手稿，整理而成《康德論教育》。
一八〇四	二月十二日，康德去世。

索引

五畫

六畫

七畫

八畫

九畫

十畫

十一畫

十二畫

十三畫

十四畫

十五畫

十六畫

十七畫

十八畫

十九畫

二十四畫

經典名著文庫 025

判斷力批判

作　　者 —— 康德（Immanuel Kant）
譯 注 者 —— 李秋零
文庫策劃 —— 楊榮川
編輯主編 —— 黃文瓊
責任編輯 —— 陳俐君、李敏華
封面設計 —— 姚孝慈
著者繪像 —— 莊河源
出 版 者 —— **五南圖書出版股份有限公司**
發 行 人 —— 楊榮川
總 經 理 —— 楊士清
總 編 輯 —— 楊秀麗
地　　址 —— 臺北市大安區 106 和平東路二段 339 號 4 樓
電　　話 —— 02-27055066（代表號）
傳　　眞 —— 02-27066100
劃撥帳號 —— 01068953
戶　　名 —— 五南圖書出版股份有限公司
網　　址 —— https://www.wunan.com.tw
電子郵件 —— wunan@wunan.com.tw
法律顧問 —— 林勝安律師
出版日期 —— 2019 年 10 月初版一刷
2025 年 1 月二版一刷
定　　價 —— 550 元

國家圖書館出版品預行編目資料

判斷力批判 / 康德（Immanuel Kant）著，李秋零譯注．-- 二版．-- 臺北市：五南圖書出版股份有限公司，2025.01
面；公分．--（經典名著文庫；25）
譯自：Kritik der Uiteilskraft
ISBN 978-626-393-977-6（平裝）

1.CST：康德（Kant, Immanuel, 1724-1804）
2.CST：康德哲學　3.CST：批判哲學

147.45　　113018406